U0504322

"双一流"背景下
我国大学章程功能实现研究

张 丽 著

中国社会科学出版社

图书在版编目(CIP)数据

"双一流"背景下我国大学章程功能实现研究／张丽著 . —北京：
中国社会科学出版社，2021.12

ISBN 978 - 7 - 5203 - 9366 - 9

Ⅰ.①双…　Ⅱ.①张…　Ⅲ.①高等学校—章程—研究—中国

Ⅳ.①G649.2

中国版本图书馆 CIP 数据核字(2021)第 239234 号

出 版 人　赵剑英
责任编辑　许　琳
责任校对　李　硕
责任印制　郝美娜

出　　版　中国社会科学出版社
社　　址　北京鼓楼西大街甲 158 号
邮　　编　100720
网　　址　http://www.csspw.cn
发 行 部　010 - 84083685
门 市 部　010 - 84029450
经　　销　新华书店及其他书店

印刷装订　北京君升印刷有限公司
版　　次　2021 年 12 月第 1 版
印　　次　2021 年 12 月第 1 次印刷

开　　本　710×1000　1/16
印　　张　15.75
字　　数　249 千字
定　　价　98.00 元

目　录

前　言

自 2013 年开始，经国务院教育行政部门核准后，全国多所公立高等学校纷纷发布并开始实施本校章程。在我国现代大学制度和"双一流"建设的背景下，在制度转型与创新的过程中，对大学章程能否实现其既定功能、达成优化高校治理的初衷，即章程在实施中是否充分发挥其作用的讨论与反思就显得十分重要。鉴于此，本书以 22 所公立高等学校章程为例，采用问卷调查法、访谈法、文本分析等方法，对大学章程的实施现状和功能实现程度进行分析。同时借鉴伯恩斯的行动者—系统—动力学理论，从行动者、制度和环境三个层面对影响章程功能实现的内外因素及其互动进行深入的探讨，并提出提升章程功能实现的相关建议。

章程制定结束了我国公立高校长期"无章办学"的历史，开启了依章治校的新时代。作为现代大学制度的重要内容，章程实施应当对保障大学自治、学术自由和民主管理发挥积极作用。然而，从大学章程实施的现状来看，由于高校章程执行不到位、教师和学生对章程的认知度与认同度较低，从而使章程在实施过程中的功能未能充分发挥，章程功能实现度较弱。主要表现为章程保障高校办学自主权作用不强、学术组织行使权力受限、维护师生权利作用不明显、校院两级管理体制难落实等问题。

伯恩斯的行动者—系统—动力学理论（Actor-System-Dynamics，简称 ASD 理论）认为，社会系统变迁的动力来源于行动主体的能动性及其互动、社会规则及系统所处的社会和物质环境，也即行动者、制度和环境三个方面。运用 ASD 理论分析章程功能实现的影响因素主要具有以下优势：一是章程的实施及其功能实现是一个动态的过程，ASD 理论与之相契合，尤其是对实施系统中各因素的互动分析有利于深入剖析有关章程功能实现的图景。二是 ASD 理论有助于从行动者、制度及过程等方面对章程功能实现予以整体把握和全面分析。三是系统性有助于对章程功能实现内在机理与外在动力的全局分析。章程实施处于系统中，ASD 理论源自系统动力学的优势能够较好地分析章程功能实现的系统环境，通过系统中因素的互动分析影响章程功能发挥的内在机理和外在动力。

研究借鉴 ASD 理论对章程实施中的功能实现状况进行分析，发现影响大学章程功能充分发挥的主要因素有以下三个方面：（1）行动者因素。行动者在章程功能实现中同时扮演着主体和客体的双重角色，具有主体性和客体性，并且围绕着权力和利益展开互动。一方面，行动者的互动以价值认同为前提和基础，行动者的价值认同影响其行为表现，并最终制约着章程功能的发挥；另一方面，章程是对主体权力与利益的分配，互动中的行动者所表现出的权力与权利的冲突影响章程功能的发挥。（2）制度因素。在宏观层面，章程的法律地位不明确和章程执行机制不健全，使章程的实施缺乏国家强制力的保障；在中观层面，样本高校章程制度设计中程序性条款匮乏、监督机构缺位、行动者部分权利被虚置、学院自主权弱等问题给章程功能发挥带来了实质性影响；在微观层面，原有制度体系的锁定状态和配套性制度缺位进一步阻碍了章程功能的充分发挥。（3）环境因素。政治环境与章程实施的同构性逻辑、官本位与科层制的文化环境、制度变迁中的路径依赖以及高等教育国际化和信息化等因素，也在很大程度上影响了章程功能的实现。

为提升章程实施的有效性，充分发挥章程的功能，有必要从以下四个方面着力：一是通过扩大章程宣传、提高行动者的认知水平；并在尊重主体地位的基础上，提高行动者对大学章程的价值认同，达成利益共识，以增强章程实施的内生动力。二是引入权力制衡理论，实现行动者权力与权利之间的相互制衡。三是优化章程制度设计，具体包括明确章程的法律地位、完善章程文本以及健全章程实施的配套性制度。四是改善章程实施的环境因素。通过政府的持续性推动增强章程实施的外部动力；同时突破原有制度的路径依赖，大力营造循章治校的法治文化，以充分发挥章程的功能。

本书在以下三个方面体现了一定的新颖性：（1）运用 ASD 理论建构

了大学章程功能实现及其影响因素的有特色的分析框架，即借鉴伯恩斯的行动者—系统—动力学理论，建构了大学章程功能实现及其影响因素的理论分析框架。（2）通过对行动者、章程实施的制度以及环境之间的互动分析，探索性地研究了大学章程实施中关于功能实现的一些新问题，为今后研究提供新的分析进路和角度。（3）从形式要件和实质要件两方面对22所大学章程文本的合法性与合理性进行分析，为今后研究和优化章程提供了新材料。

当然，本书研究还存在许多不足和需要完善的地方，这为今后深化研究指明了方向。首先，本书中大学章程样本的数量相对有限，虽然对高校的多样性和地域性有所考量，但从全国高校总数上来看，样本数量仍显得不足。其次，本书虽提出一个分析大学章程文本的形式要件和实质内容的整体框架，但对文本中形式要件和实质内容的分析可以更加具体而深刻。最后，大学章程实施的时间相对不长，章程功能实现问题的研究还需深入而持续地进行。

本书的出版得到了大家的帮助，许多高校及其教师和学生对本书的调研给予了大力支持；本书写作过程中借鉴了许多专家和学者的研究成果，在此一并表示感谢和敬意！对于书中的不妥之处，恳请读者批评指正！

张丽

2021 年 6 月于南昌

引　言

一　问题提出

我国多部教育政策与法规中明确提出要制定大学章程。《国家中长期教育改革与发展规划纲要（2010—2020 年)》（以下简称《规划纲要》）"建设现代学校制度"部分指出：要完善具有中国特色的现代大学制度，同时将大学章程作为现代大学制度建设的重要内容。《高等学校章程制定暂行办法》（2012）（以下简称《暂行办法》）的颁布，标志大学进入"立宪"时代，为大学章程制定提供了内容和程序方面的依据。按照教育部发布《中央部委所属高等学校章程建设行动计划（2013—2015 年)》规定："985"高校在 2014 年 6 月底前完成章程起草工作，"211"高校在 2014 年底前完成章程起草工作。[①] 至 2015 年 6 月，教育部已基本完成部属高校章程的核准工作，[②] 其后地方高校也纷纷公布本校章程，大学章程进入全面实施阶段。时至今日，自教育部核准的第一批大学章程实施已有五年。[③] 章程在实践中已经历了一段较长时间的运行，此时对章程功能的发挥状况进行深入的考察具有理论的必要性和现实的可行性。至此，对章程实施现状进行深入分析，把握章程功能的实现及其程度，进而探讨影响其实现的因素具有重要意义；同时，研究能为今后章程的修改和完善提供理论指导和依据。

---

① 教育部关于印发《中央部委所属高等学校章程建设行动计划（2013—2015 年）的通知》。

② 截至 2015 年 6 月，教育部网站公布 84 所中央部属高校章程文本。

③ 2013 年 11 月 29 日，教育部网站核准《中国人民大学章程》等六所高校章程，http：//www. moe. gov. cn。

美国当代法学家博登海默指出:"如果法律规定部分中的'应当是这样'的规定仍停留于纸上,并不实际影响人的行为,那么法律就只是神话而非现实。因此,遵守规范制度且是严格遵守规范制度,乃是法治社会的必备条件。"① 章程虽不是严格意义上的法律,但同样起着规范高校内外部治理的重要作用。因而,章程功能的实现关键也在实施。然而,进入实施阶段的大学章程因受到诸多因素的影响而致其功能未能充分发挥,特别是在保障高校办学自主权、解决高校师生权利救济、制衡行政权力与学术权力以及校院两级管理等方面未见明显成效。如何将文本的规定落实到高校治理的各个环节中,将纸上的制度转变成人们行动中的"法律",这是"双一流"建设背景下亟须解决的问题。因而,对于章程实施以来功能实现的状况予以考察,深入探讨影响章程功能发挥的因素等已成为教育政策学与教育法学研究不可回避的问题,需要我们从理论上予以回应。

(一) 大学章程功能并未充分实现的现实困境

通过前期访谈和调查发现,旨在通过大学章程颁布与实施实现高校内外部治理的初衷并未完全实现,章程规制权力和保障权利的功能并未充分发挥。主要表现为以下四个方面:

1. 高校部分办学自主权未能得到充分保障

大学章程是高校自主管理,行使办学自主权的制度依据。然而,现实中高校的部分办学自主权仍然未能得到有效的保障,章程作用发挥有限。例如,2016 年四所高校博士学位授权点被撤销引来社会广泛热议,成为学术圈内最热的"娱乐"新闻。其中某大学法学博士学位授权点被撤销倍受关注,社会各界对此争议较大。那么,学位授权点的评估标准如何确定?该专业自开办以来至评估时没有毕业生应如何评判人才培养质量?涉及撤销高校博士学位授予权等关乎高校重大利益的具体行政行为是否应当听取当事人的申辩?对评估结论存在重大争议时是否需要启动实地考察

---

① [美] E. 博登海默:《法理学:法哲学及其方法》,邓正来等译,华夏出版社 1987 年版,第 232 页。

程序？① 高校学位授权点的设立与撤销从侧面反映出我国政府对高校的管理仍是计划经济时代的行政管理逻辑。再如，章程实施后高校部分办学自主权仍然受到较大限制的原因是什么？是章程制度设计本身还是受到实施环境因素的影响？这些问题需要我们从理论上予以回应。

2. 大学章程规制行政权力和保障学术权力的作用不明显

行政至上的"官本位"思想造成了高校内部和外部管理的行政化倾向。高校行政管理部门及其工作人员利用手中的行政权力掌控各类资源，并通过学术资源配置、教师考评与晋升等方式干预学术事务、削弱学术权力，导致学术事务管理行政化倾向。据了解，某高校的课题评审中，在为数不多的"委托课题和重点课题"立项类别里面几乎全是担任各级职务的领导，即使是"普通课题"类别里担任行政领导职务的人员也占有一定比例。② 可见，高校管理中行政权力过大容易滋生腐败；高校按照行政机构模式运转将变成官僚机构，影响自身发展；官本位思想渗透于学术领域阻碍学术创新。然而，由于章程文本中权力架构的不明确和运行中主体利益互动，导致了章程实施以来对权力规制的成效并不明显，作用发挥较弱。

3. 大学章程对高校师生权利保障和救济作用较弱

教师和学生是高校办学的两大主体，对师生权利进行保障和救济是大学章程的应有之义。虽然各校章程中均对两类主体权利保障与救济做出了规定，但章程实施后高校侵害师生权利的事件仍频繁发生，且师生校内救济程序与渠道不畅，章程保障教师与学生权利作用较弱。如某高校青年教师认为在校内职称评审过程中遭到了来自学院的不公平，甚至是故意刁难时，并没有依据该校章程向相关部门提出申诉，而是选择了掌掴该院长的行为。该事件的发生让我们反思：教师为何会选择如此过激的行为？高校内部建立并健全了申诉与救济制度吗？高校教师真正享有了章程规定的权利吗？某高校出台了有关教师绩效工资改革的相关制度，却遭遇到本校多数教师的公然反对。③ 学校出台与教师利益密切相关的制度却未广泛征求

① 按照国务院学位委员会、教育部"学位〔2014〕17 号"文件的规定，在评估专家有不同意见或被评估单位提出强烈异议等有争议的情况下，学科评议组应组织专家实地考察。

② 资料来源：访谈记录整理（高校专任教师）。

③ 资料来源：访谈记录整理（某高校教师）。

教师的意见和建议；甚至部分教师在制度颁布之前根本不知道学校进行绩效改革之事。高校学生的权利保护则显得更弱，尤其是学生的知情权和参与权。如某高校修改了国家奖学金评审条件，取消了部分学生群体的参评资格。高校在出台该制度前并未召集学生讨论或听取意见，草率而"任性"地以"通知"形式修改之前的正式制度，并直接"诏告天下"。① 上述侵权事件的发生是由于章程制度设计本身抽象化的规定导致实践中的难以落实？还是高校作为管理者与作为被管理对象的师生利益冲突与博弈后的结果？总之，章程作为高校师生权利"宣言书"作用有限，章程保障师生权利的功能并未真正发挥。

4. 大学章程实现校院管理体制改革成效不大

章程实施有利于建立校院两级管理体制、通过权力下放赋予学院更多的自主权，激发二级学院办学活力。② 然而，章程实施后，学院办学自主权未见实质性改变，学校并未真正将权力下放给学院，较突出的是人事权和财权。例如，某高校某二级学院院长提到："作为一个学院的院长，我最为了解学院所急需的专业人才。我认为应该充分发挥学院学术委员会在人才引进方面的作用，由学院决定本院的人才引进。但是，目前学院在人才引进方面还受到很多限制，一些急需的人才由于种种原因进不来。主要是因为学校行政权力太大了，学院人才引进要经过多项程序、多种审批，还要受诸多限制。""学院发展主要受到人力、财力、物力等多种因素的影响，很难自主。同时，还受到学校整体发展规划的制约，需要学校层面的通盘考虑。"③ 可见，章程实施后校院两级管理体制并未真正建立，学院的办学自主权在很大程度上仍然受到学校限制。

（二）大学章程功能实现状况的研究相对不足

就目前收集的资料来看，学者们更多关注的是章程制定过程中的问题，而较少关注章程的运行与实施。虽然有部分学者对章程文本以及章程

---

① 资料来源：访谈记录整理（某高校学生）。

② 本研究中为行文便，统一将学部、学院、系等简称为学院。

③ 资料来源：访谈记录整理（某高校学院院长）。

功能实现问题做过分析，但大多数仍然是理论层面的思考；从动态的角度对其功能实现状况进行研究的则很少。这种状况与我国先有大学后"补"章程的特殊发展历程有着直接的关系；同时也与大学章程的理论研究持续性不够，基础性研究相对薄弱有关。2014 年前后国家和政府颁布了大量章程建设的政策法规，与此同时相应的论文研究数量特别多；从 2016 年开始，我国有关大学章程研究的论文开始减少，此时教育部及地方教育行政部门已基本完成了对部属和部分省属高校章程的核准工作，章程进入实施阶段。但是，大学章程不是束之高阁的制度设计，章程建设也不应止步于核准和颁布。要想充分实现大学章程内外部治理的功能，使其真正成为推动高校治理改革的利器，就必须对章程的实施进行研究。

（三）大学章程研究视角需要拓宽

从研究视角来看，学者们较多地运用治理理论、利益相关者理论、新制度主义理论等对章程建设予以考察。运用治理理论对重塑高校内外部关系、重构大学治理结构具有重要作用，因为大学章程是有关高校内外部治理的制度设计。但是，治理理论强调多元主体的共同参与，强调通过主体间的对话和协商等方式优化治理模式；治理视角下的大学章程功能实现比较关注治理主体的多元化，而较少关注章程功能实现中的主体行动选择的内外部环境因素，也很少关注章程实施过程中的制度设计与安排。运用利益相关者理论有利于全面了解高校利益相关群体和个人，通过分析理顺各利益相关主体的活动规则从而推动高校治理改革。但是，该理论重点关注的是利益相关主体及其之间的活动而未能从全局、动态的角度对大学章程实施状况进行系统的深入分析。新制度主义理论为大学章程研究提供了一个新的视角，然而新制度主义将制度作为独立的核心要素，在分析框架上将制度本身视为焦点，这容易忽略对行动主体及其互动、行动主体与环境因素的互动关系研究。

综观现有研究，学者们的研究视角逐渐从最初多集中于法学理论的探讨，过渡到向高等教育领域的视角转换；研究的内容已经关注到了大学章程的内涵、内容要素、法律性质与地位、制定主体与程序、章程完善建议等；同时也有很多学者对国外大学章程的历史发展、内容与结构、法律地位与作用、制定与修改的程序等方面进行了探讨，通过对比中外大学章程文本，提出我国大学章程建设的建议。学者们的研究与探索，为我们进一步深化和完善大学章程研究奠定了良好的基础，为本研究提供了丰富的理论基础和研究方法。

与此同时，已有研究也存在一些不足。其一，从研究内容来看，趋同性的研究和章程制定研究成果较多。研究更多关注章程的生成即制定问题，如章程的制定主体、章程的核准权等；而对章程实施与功能实现的研究较少。大量章程的颁布需要我们更多地关注章程文本如何落实，但现有研究的不足，恰恰也反映了学者们重制定轻实施的研究倾向。其二，从研究方法来看，现有研究较多地运用了文献研究法，理论与思辨性成果较多，实证分析较少，特别是问卷调查、访谈等实证方法的运用仍显薄弱。其三，从研究视角来看，治理理论、利益相关者理论、新制度主义等理论的运用丰富了我国大学章程的理论基础，拓宽了章程研究的视域，也为本研究的展开提供了丰富的借鉴。但是，章程实施中的功能实现是动态的过程，因此上述理论的相关解释稍显不足。

大学章程功能的实现是一个动态的实施过程而非静态的封闭状态，并且章程的实施总是处于一个开放的、互动的系统当中，在系统中行动主体之间、行动主体与环境之间、行动主体与制度均存在一定程度的互动，从而推动着章程功能的发挥。因此，我们需要借鉴新的理论，考察章程实施过程中的功能实现。伯恩斯的行动者—系统—动力学理论在对规则以及社会变迁等进行分析时，同时关注到行动者、制度和环境三个要素，运用该理论对章程功能实现及其影响因素进行分析具有系统性、动态性和全面性的优势。

二　研究意义

大学章程作为现代大学制度的核心组成部分，是高校的立校之本，是学校正常运行的保证，也是高等学校内部的最高"宪法"。大学章程运行中的实际效果事关功能的实现，也关乎高校治理改革与发展。

（一）理论意义

本研究围绕"大学章程功能的实现"这一核心问题，将章程的实施置于开放、动态的系统中，引入社会科学分析中的行动者—系统—动力学理论作为分析框架，运用该理论对系统中章程功能的实现及其影响要素展开分析。一方面，运用 ASD 理论分析模型，建构了我国大学章程功能实现及其影响因素的分析框架，提出了行动者、制度和环境三个基本要素，拓宽了我国大学章程研究的理论视域。另一方面，研究立足于章程功能实现的状况与效果，但又不限于现状分析，而是通过理论架构对章程实施过程中主体、制度与环境之间的多重互动机制进行分析，深入剖析影响章程功能实现的因素，丰富章程现有的理论研究。因此，研究不仅为章程功能实现问题提供了新的理论视角，同时也拓宽了 ASD 理论的应用范围。

本研究聚焦于大学章程制定后的实施问题，重点是实施过程中章程功能的实现以及影响章程功能实现的深层次原因。研究综合运用定量分析和定性分析，通过问卷调查、访谈、文本分析等方法，在大量数据资料分析的基础上得出研究结论。因此，研究探索性地对章程实施过程中的功能实现及其影响因素分析，既有定性分析，又有数据支撑；为今后研究提供新的分析进路和角度。

（二）实践意义

研究选取部分公立高校章程进行系统而全面的文本分析，为高校优化文本提供现实的指导。章程颁布虽经教育行政部门的核准，但章程制度设计仍然存在一些问题。研究以我国章程法律法规为依据，对 22 所高校的章程文本从逻辑结构、语言表述、程序性条款设计等形式方面；从权力规制、权利保障、章程价值等实质方面进行系统的分析，从而为高校优化章程制度设计，提高章程的权威性提供现实的指导。

研究将在已有研究成果的基础上，反思章程实施中功能实现的状况，为相关政策与法律的完善提供参考。大学章程是学校内部管理的纲领性文件，也是高校自主管理和约束，并依法接受监督的基本依据。从最早的《中华人民共和国教育法》（以下简称《教育法》），明确提出各级各类学校必须有自己的章程开始，章程就担负着依法办学、依法治校的重任。现行法律与政策对大学章程的制定从实体到程序做出了较为全面的规定，但仍存在不足之处。因此，研究将为我国教育法制建设提供一定的参考。

研究将为"双一流"建设提供制度性支持和保障。"双一流"是当前我国高等教育领域发展的战略决策，是今后我国高等教育发展的顶层设计。通过大学章程实施，充分发挥章程的功能既是"双一流"建设的题中之义；也是"双一流"建设的制度性保障。因此，深入分析我国大学章程功能的实现问题对于"双一流"建设具有重要作用。

三　核心概念

（一）现代大学制度

1. 大学

本文中"大学"特指公立普通高等学校也即公立大学。《中华人民共和国高等教育法》（以下简称《高等教育法》）第18条规定：高等学校系指实施本科教育和本科以上的大学以及大学设置的独立学院，还包括实施专业教育的高等专科学校。结合上文对公立的界定，我们认为，公立普通高等学校就是由国家或地方政府投资兴办并实施管理的，以教学、科研和社会服务、文化传承为主要职能的，包括专科教育、本科教育和研究生教育在内的高等教育机构，是我国高等教育系统的主体。

本文中"高校""高等学校"及"大学"等词语的使用，除特别指明外均指由国家或地方政府出资举办并实施管理的高等教育机构，不包括专科学校和民办高校；研究中的高等学校仅包括我国大陆地区，不包括台湾、香港、澳门地区。

2. 现代大学制度

《国家中长期教育改革与发展规划纲要（2010—2020年）》提出完善中国特色现代大学制度，是推动高等学校可持续发展、体现大学本质属性和组织特性、保障大学本质功能实现的制度体系。我国现代大学制度包括宏观和微观两个层面：宏观层面的大学制度往往用于平衡高校与政府、高校与社会的关系，强调保障高校办学自主权；微观层面的大学制度主要协调大学内部各主体之间的关系，强调完善高校内部治理。

我国现代大学制度的内涵包括：首先，现代大学制度必须具有正确的政治和育人方向；其次，现代大学制度要坚守"大学自治、学术自由、教授治学"的核心理念；再次，现代大学制度建设的基本内容是完善大学治理结构，提高治理能力；最后，大学章程建设是完善现代大学制度的重要突破口。总之，现代大学制度是平衡大学和政府、社会关系以及规范高校内部主体权力行使的重要制度，也是"双一流"建设的重要基石和制度保障。

（二）大学章程

1. 章程

章程在《现代汉语词典》中的解释为："书面写定的组织规程或办事条例。"① 《辞海》中"章程的含义包括：法规的名称；政党、社会团体内部共同遵守的文件；企业和事业单位的规章制度；各种规章制度。"② "章程是组织、社团经特定程序制定的关于组织规程和办事规则的法规文书，是一种根本性的规章制度。"③

"章程"所对应的英文词汇有很多，查阅《新牛津英汉双解大词典》中对于这些词的解释为："charter"释义为："君主或立法机构对建立自治城镇、公司或大学或明确说明其权利和特权的特许状、凭照、许可证；宪章，共同纲领；（英国）权利书。"④ "ordinance"释义为："权威性命令，训令；（北美）法令，法规；条令，条例；宗教仪式。"⑤ "statutes"的释义为："成文法；法令；法规；章程，规程，条例；（古圣经中）君主（或上帝）颁布的法令（或戒律）。"⑥ "legislation"释义为："（总称）法

---

① 中国社会科学院语言研究所词典编辑室：《现代汉语词典》，商务印书馆 1983 年版，第 1454 页。

② 夏征农：《辞海》（下），上海辞书出版社 1979 年版，第 4667 页。

③ 百度百科，http：//baike. baidu. com.

④ 《新牛津英汉双解大词典》，上海外语教育出版社 2007 年版，第 355 页。

⑤ 《新牛津英汉双解大词典》，上海外语教育出版社 2007 年版，第 1497 页。

⑥ 《新牛津英汉双解大词典》，上海外语教育出版社 2007 年版，第 2080 页。

律，法规；有关住房的法律。"① "by-law"的释义为："（英）地方法规，公司章程；（公司或社团的）内部规定。"② "organic-law"指"基本法"。③可见，"charter""ordinance""by-law"指总纲性的规章，主要规定基本原则或制度的具有指导性的章程；而"statutes""legislation"则可以理解为实施细则或实施办法。

从以上关于章程的词源释义以及英文词语的不同来看，章程表述虽不完全相同，但本质上却存在一定的共性，即章程是特定组织或团体必须遵守的行为规范的总称，它具有以下特征：（1）"章程"是一种行为规范或行为规则；（2）"章程"具有约束力或强制性；（3）"章程"是有类型或层次之分的，可分为指导性的总纲和具体的实施细则。

2. 大学章程

学者们从不同的角度对大学章程的概念进行界定。有学者认为是保障高校良性运行的规范性文件；④ 有学者认为是全面规范高校行为的自律性文件；⑤ 有学者认为是对高校及其管理者具有法定约束力的自律与他律性文件。⑥ 我们认为，大学章程是指为保障高校依法办学，由举办者和高校依据教育法律法规以及大学组织特性并且遵循法定程序对学校重大、基本问题做出全面规定的制度文本。其内涵主要包括以下四个方面。

（1）大学章程是高校治理的制度依据

关于大学章程的法律地位及其效力一直是学界争议的话题。"在目前中国的法律框架内，由大学制定的大学章程并不具有真正意义上的'法律'地位。"⑦ 由此可见，我国高校章程不具有法律渊源中的层级地位，其法律效力难以确定，当然也就不具有强制的效力。因此，在本研究中采取广义的制度界定，将大学章程视为对大学治理起纲领性作用的正式制度。

---

① 《新牛津英汉双解大词典》，上海外语教育出版社 2007 年版，第 1208 页。
② 《新牛津英汉双解大词典》，上海外语教育出版社 2007 年版，第 290 页。
③ 《新牛津英汉双解大词典》，上海外语教育出版社 2007 年版，第 1498 页。
④ 湛中乐、徐靖：《通过章程的现代大学治理》，《法制与社会发展》2010 年第 3 期。
⑤ 陈立鹏：《关于我国大学章程几个重要问题的探讨》，《中国高教研究》2008 年第 7 期。
⑥ 段海峰：《大学章程的内涵探析》，《高等教育研究学报》2009 年第 6 期。
⑦ 金家新、张力：《大学章程在大学法人化治理中的价值向度与法律限度》，《南京社会科学》2014 年第 12 期。

从本质上看，大学章程就是大学管理的正式制度。章程对于规范举办者、管理者以及办学者的依法治校行为均具有约束力。同时，大学章程已成为我国建设现代大学制度的核心组成部分，科学、合理、合法的大学章程有利于明确高校与外部的关系，架构内部治理结构。

（2）大学章程制定主体包括举办者和高校

《教育法》规定[①]，章程是学校成立之前提交教育行政部门审批的基本材料之一，也就是说在章程被审批之前学校不满足成立的合法要件。我国公立高等学校是由国家或地方政府出资举办的，那么举办者理应成为章程的制定者。也有学者认为，教育部颁布的《关于加强教育法制建设的意见》（1999）和《关于加强依法治校工作的若干意见》（2003），把大学章程的制定主体转变成了高校，主张章程的制定主体是高校。我们认为，由举办者或者高校单方面制定大学章程都不合适。一方面，如果由举办者来制定高校章程，举办者或因信息不对称不了解学校的实际情况，制定出来的章程"千校一面"；或制定的章程无法反映高等学校内部管理规律。因而在实践中由举办者制定大学章程行不通。另一方面，如果由高校来制定本校章程，则欠缺法律上的必要依据；更重要的在于如果大学章程的制定没有举办者的实际参与，大学"规定举办者权利义务"之权从何而来？举办者又能否遵守大学为其设置的权利义务呢？这终将导致"大学章程中应明确举办者与学校之间的关系，落实举办者的权利义务"之法律规定虚置。因此，大学章程的制定主体应包括举办者和高校。

（3）章程制定要依据教育法律法规及大学组织特性，遵循法定程序

大学章程是大学自治和依法办学的依据，因而其制定依据必须具有合法性。依据《暂行办法》中的规定，"章程的制定必须依据教育法、高等教育法及其他有关规定"，也就是说《教育法》《高等教育法》是大学章程制定的上位法，章程的内容不得与其相违背。另外，大学治理还会涉及诸多的主体以及管理制度，章程的制定还必须考虑其他相关法律规定，保持法律的统一性、严肃性。如《高等学校学术委员会规程》（2014）、《普通高等学校理事会规程》（2014）、《普通高等学校党委领导下的校长负责

---

① 《中华人民共和国教育法》第26条。

制实施意见》（2014）等。当然，章程的制定还必须严格遵循上述法律中有关制定程序的规定。此外，章程的制定还需要考虑大学的组织特性。大学是以学术性为逻辑起点的社会组织，章程应确立学术组织在学术事务中的权威地位，确保大学的学术事务由学术组织决定，大学应是学术权力的张扬而非压制。用章程确保大学的学术自由，体现大学的组织特性。

（4）大学章程应当明确高校内外部治理中的重大和基本问题

大学章程是建设现代大学的制度性根基，是高校内部治理的根本制度。高校内部治理结构是章程的核心组成部分，也是章程重点阐述的内容。通过大学章程进一步明确高校内部政治权力、行政权力和学术权力的边界并保障主体的权利。具体包括决策、执行、学术以及监督等组织的运行机制，协调不同权力主体间的利益博弈，整合与平衡各利益主体的诉求；明确权利主体的具体权利范围、权利救济等内容。

此外，章程还要明确政府与高校之间的权责。《教育法》确立高校"按照章程自主管理"的权利，《高等教育法》进一步明确高校的七项办学自主权。2011 年教育部颁布的《暂行办法》中也明确要求以章程界定高校与举办者的关系，落实举办者的职责、落实高校办学自主权。因此，大学章程应当明确界定两者之间的关系，用章程保障高校自主权。经教育部行政部门核准的章程，不仅对高校具有约束力，同样也是政府监督与管理学校的依据。

（三）章程功能

1. 大学章程的功能

章程功能是指大学章程在高等教育管理系统中所固有的影响和效用，是章程价值的外在表现。章程功能是在与高校办学实践活动的互动中实现的，其功能的发挥及其程度受制于行动主体、环境以及制度等因素的交互作用。我们认为，章程的功能定位应当考察其演近过程中所保留的固有属性，并结合章程的价值选择及其所处的特定现实条件。因此，研究认为大学章程的主要功能是保障大学自治、维护学术自由、扩大民主管理。

所谓大学自治是指大学作为学术组织为获得自身发展需要，依据其法人地位所享有的自我管理和决定大学各类事务，免受政府与其他社会力量干预的自由和权力。① 办学自主权是大学自治概念的中国化，是大学自治在当下中国的具体表现。在我国当前背景下，大学自主成为实然层面的现实诉求，自治则是我国高校发展应然的目标；高校办学自主权既是高校的法定权利，又是当下高校自治的具体表现和现实际遇。通过章程明确政府权限，使章程成为大学自主办学的制度保障，规范政府指导与监督大学的依据。

何谓学术自由？《简明不列颠百科全书》定义为："教师和学生不受法律、学校各种规定或公众压力的不合理干预，而进行讲授、学习、探索知识和研究的自由"。② 学术自由的主体包括个体和机构，主要是教师和学生、各类学术组织；学术自由的范围仅限于学术事务，具体包括教的自由、学的自由和研究的自由；学术自由具有相对性，自由受多种因素影响。③ 我国第一次正式明确学术自由的是《高等学校学术委员会规程》（2014）指出"要尊重学术自由，并且营造宽松的学术环境"。④ 在我国高校具体表现为：通过章程保障以学术委员会为核心的学术权力行使；保障教师和学生学术研究权。学术自由权的内容既包括一切与学术活动直接相关的权利；也包括为学术活动开展提供支持和保障的相关权利，其目的旨在促进教师和学生的发展。

民主管理一般是指个人或非行政团体参加自己所处的社会组织的活动。参与民主管理的群众或团体代表了不同利益集合的诉求，能最大范围采纳多元主体的建议，提高决策的合理性。本研究中的民主管理主要是指教师和学生，以及由教师和学生组成的教职工代表大会、学生代表大会（以下简称"教代会、学代会"或"双代会"）等群团组织通过不同方式参与学校日常事务管理。当前我国高校中的民主管理权，决策权是最核心的权利；知情权和参与权是师生民主管理最基本的权利内容。要提高师生民主管理程度，首先必须保障师生对学校最基本的重大事项的知情权和参与权，因为知情与参与是决策的前提和基础。

---

① 陈文干：《大学自治内涵探析》，《江苏高教》2005 年第 5 期。
② 陈晓慧、马雪玲、白杨：《学术自由主体特征分析》，《教书育人》2011 年第 4 期。
③ 陈晓慧、马雪玲、白杨：《学术自由主体特征分析》，《教书育人》2011 年第 4 期。
④ 《高等学校学术委员会规程》第 4 条："高等学校学术委员会应当遵循学术规律，尊重学术自由、学术平等，鼓励学术创新，促进学术发展和人才培养，提高学术质量"。

2. 大学章程功能的实现

任何制度安排背后都有其特定的价值选择和功能定位。大学章程的功能也即章程制度设计主体所赋予的、旨在通过章程实施而达成某种效用和预设目标。从表现形式上来看,章程功能可以分为应然的功能和实然的功能。章程预期功能也即章程的应然功能,是章程内在价值的体现,也是章程所固有的本质属性,主要表现为客观性。章程实然的功能也即章程现实中所发挥的功能,是指章程在实施过程中由于受到多种因素的影响而在实践中产生的功用和效果,主要表现为实践性。本书所要研究的重点是章程的实然功能,即章程在实施过程中所产生的实际效用,也即大学章程功能的实现问题。那么,何谓大学章程功能实现?

我们认为:大学章程实施是指章程实施相关行动者运用各种资源,通过解释、宣传、应用等多种手段和措施将章程制度内容运用于实践的动态过程;而大学章程功能的实现即章程在具体实施过程中所表现出的实际作用和功效,也即章程客观功能所产生的实际效果。具体可以从以下四个方面来理解。

(1)大学章程功能的实现处于动态的实施过程中

首先,章程功能实现是一个动态的过程。大学章程文本制度的贯彻和落实处于动态的系统中,因而章程功能实现是一个不断变化的动态过程。章程的实施受到诸多因素的影响,也就是说章程实施的内外部环境是不断变化的,这也就造成了章程实施过程的持续性改变,从而使得章程功能实现呈现动态变化。其次,章程实施是研究章程功能实现的必然途径。大学章程实施就是实施主体运用各种资源,通过多种方式和手段将章程文本内容具体贯彻落实的过程;而章程的功能实现则强调的是在这个过程中功能发挥与否以及发挥程度而产生的实际效果。因此,章程的功能实现研究不能脱离具体的动态的章程实施过程,对章程实施状况的分析有利于客观地呈现章程在实践中功能发挥的情况。

(2)大学章程功能的实现是应然向实然的转化过程

大学章程自产生之初就浸润着主体对章程功能和价值的期许,并通过章程在实践中的具体实施而发挥现实的作用。一方面,章程具有客观功能,也即章程自身所固有的本质属性,他不受外在环境和主体的好恶影响而客观地存在着，主体通过制度设计将自身对章程的预期功能嵌入章程文本中。另一方面，章程又具有实然层面的现实功能，也即章程在作用于行动者的实践过程中所产生的实际效果。章程不是束之高阁的制度，其功能的充分发挥才能实现设计初衷。因而，章程功能的实现是将应然层面的章程功能转化为实然层面的现实功能的动态过程。

（3）大学章程功能的实现受制于复杂的组织系统

大学章程的实施处于动态的系统中，其功能的实现必然受到内外部多种因素的影响。即使再完美的制度设计都需要在实践中的运用，但是在具体实施过程中，由于章程的功能目标与章程实际功能的发挥存在一定差距，特别是章程实施过程中受到来自复杂的组织系统中各种因素影响，从而导致实施过程受阻，难以有效发挥其应有的功能。这种复杂的组织系统因素既包括章程实施行动者之间围绕利益分配与再分配而产生的互动与博弈；也包括章程实施外在环境系统的复杂与多变。总之，章程的功能实现受制于复杂的组织系统的影响。

（4）大学章程功能的实现是修改与完善章程的重要依据

章程功能的实现过程实质上也就是实施主体运用各自手中的权力围绕利益展开博弈的过程。在章程功能的实现中内隐着权力与权利、部门利益与个人利益之间的冲突与制衡。由于之前的研究更多地关注了章程的制定而非实施，那么在章程进入全面实施的重要阶段就更加需要对章程的功能实现问题进行深入的研究。章程实施过程无论好坏，也不论是否达到预期的功能目标，它都将会产生一定的客观结果。当前我们所面临的功能实现状况也就是大学章程作为制度设计在实践中所发挥影响而产生的结果。因此，要以章程实施后反馈的各种信息为依据，以章程功能的实现为出发点反思章程制度设计，从而为下一步修改和完善大学章程提供现实依据。

（四）大学治理

治理（governance）源于拉丁语中的"掌舵"一词，原意是控制、引导和操纵。治理不同于统治（rule），统治强调的是权威与强制，表现为自上而下的发号施令；治理则要求合作与协商，表现为上下互动（政府与公民、社会组织合作）的管理过程，不以国家领土为界限。治理不同于管理

（management），管理一词来源于拉丁语中的"manus"，指"亲自控制"，治理则强调无须依靠外在的强制力量来实现，是各种公共的或私人的主体管理其共同事务的诸多方式的总称。治理的核心是多元主体（包括政府和私人或民间组织）共同通过参与、谈判、协商的方式，最大限度增进公共利益服务，实现善治。

大学治理是指一种由共同的目标和文化支持的活动，是多元主体运用参与、谈判、协商的方式，使相互冲突或不同的利益得以调和，最大限度增进公共利益服务。大学治理的内涵包括：一是治理主体的多元参与。大学是大学人的学术和生活共同体，这暗示着在大学事务中人人参与，在大学治理中人人是主体，又是治理的对象。二是强调政府角色的转变。与高校息息相关的内外部行政主体不能依靠命令式的强制性管理，应用民主协商的方式鼓励多元主体参与学校治理，让更多主体共享政府与行政权力并共同承担职能。三是强调治理方式的多元化，主张运用"参与""谈判""协商"等手段，突出治理主体的自主与合作，使各个主体成为具有依赖和互动的伙伴关系。大学治理本质上即多元主体为实现共同目标而进行的上下互动、合作与协调的过程。

（五）行动者

基于行动者—系统—动力学理论，我们将行动者置于动态系统中进行解读，强调行动者的能动性（创造力或破坏力）。行动者可以通过能动的行为选择对规则系统进行创制和不断的改进；行动者不能独立存在，行动者的需要、目的、手段等和规则共同组成社会行动。本文在借鉴前人成果的基础上，立足于研究对象的实际情况，将大学章程功能实现的行动者界定为"在章程功能实现过程中具有能动性的利益相关方，即对章程功能和价值实现产生影响的个人和组织"。

基于章程规制权力的基本功能和价值诉求，以高校内外部权力（权利）为核心，立足于高校治理中的几对主要矛盾，将大学章程功能实现的核心行动者界定为政府、高校、学校党委、校长、学术组织、二级学院、教师和学生等。

四　研究思路

在教育部的推动下，公立高校纷纷发布并开始实施本校章程。中国的大学章程建设处于起步阶段，经历着从无到有的过渡时期。当前有关章程文本是否能明确地界分各主体权力与权利、文本表述的规范性与条款内容的操作性；章程在实践中运行效果等问题已经成为教育政策学与教育法学研究的基本理论问题。本研究旨在对章程实施中的功能实现情况进行整体分析，考察章程功能实现中存在的问题和困难，深入剖析影响章程功能实现的因素及其互动机制，并在此基础上提出充分实现章程功能的政策建议。

首先，对大学章程实施现状以及实施中功能发挥状况进行分析。研究以章程的功能和价值为基础，借鉴前人研究成果，选取并设置大学章程实施现状的章程执行度、认知度和认同度三个分析维度，通过对章程实施现状的描述反观章程功能的发挥。因此，研究选取了22所公立高校作为研究对象，包括"985"高校、"211"高校以及地方省属高校各若干所，[①]主要通过问卷和访谈等方法进行实地调研，收集数据，并运用相关软件对数据进行整理与分析，了解章程在实施过程中功能实现的状况以及存在的主要问题。

其次，建构大学章程实施中的功能实现问题的理论分析框架。高校是一个具有自身内部运行规律的组织，大学在保持自身运行的同时也会与其所处的外部环境发生持续性的频繁互动。作为规范和调整大学运行的制度设计，章程在实施过程中必然与内外部环境之间发生互动。ASD理论强调行动者、制度、环境及其之间的互动，具有较好的适切性。结合ASD理论的核心观点，大学章程运行的动力主要源于行动者的能动性、行动者之间的互动与规则及其所处的社会和物质环境系统，也即行动者、规则设计与环境三大因素。因此，研究建构了章程实施过程中关于功能实现状况的理论分析框架，并通过行动者之间、行动者与制度、环境之间的多重互动关

---

① "双一流"建设背景下已不再使用"985""211"区分各类高校。鉴于章程颁布与实施时的相关政策文本中均使用"985""211"高校，同时也是研究的需要，故本书仍然使用上述提法。

系分析章程的功能实现问题。

再次，针对章程功能实现度不高的问题，深入剖析影响章程功能实现的主要因素。研究运用行动者—系统—动力学的分析框架，从行动者、制度和环境三个方面进行了系统的分析。大学章程实施中主要是受到核心行动者的价值冲突、权力与利益的分配失衡；章程制度设计不完善；章程实施内外部环境的同构性程度低等因素的影响，并最终阻滞了大学章程功能的充分发挥。

最后，针对章程实施中功能发挥不足的现实问题，并结合影响章程功能实现的行动者、制度和环境三大因素分析，提出了充分发挥章程功能的对策建议。

五 研究方法

任何研究都必须借助于一定的研究方法，方法的选择在某种程度上成为决定研究结论科学性和准确性的重要因素。本书主要运用了文献法、调查法和文本分析等方法。

（一）文献法

文献法是指依据一定的研究目的，通过对文献进行搜集、分析和整理从而探寻事物本质属性的研究方法。[①]

研究紧紧围绕大学章程功能的实现这一问题，搜集大量文献资料，主要包括以下四类：（1）大学章程建设的相关政策与法规，具体包括法律法规、部门行政规章、政府工作报告、实施细则等。通过对国家政策和法规的梳理，了解我国章程建设的具体规定和要求，以为大学章程文本分析提供法理依据，明确章程功能实现的具体要求和政策方向。（2）大学章程文本。研究搜集了百余所高校的大学章程文本，最后确定了 22 所高校的章程作为分析样本。研究结合章程功能的实现对 22 所高校章程文本从形式方面和实质方面进行了较为系统而深入的分析。（3）论文和著作等文献资料。通过对其他

---

① 陈向明：《质的研究方法与社会科学研究》，教育科学出版社 2000 年版，第 327 页。

学者已有研究成果的梳理和分析，以及现实问题的观照，研究最后确定了以大学章程功能的实现作为研究问题；同时，论文整体分析框架以及章程实施现状分析维度的确立借鉴了前人的研究成果。此外，研究对与大学章程相关的国外前沿理论进行了梳理，在适切性分析的基础上确定了以行动者—系统—动力学理论作为研究基础。总之，通过大量的文献资料、政策文本、章程文本的分析，为本研究奠定了良好的文献研究基础。

（二）问卷调查法

问卷法也称问卷调查法，是调查者运用设计的问卷向调查对象了解情况或征询意见的调查方法。① 调查问卷分为结构性问卷和非结构性问卷，是社会科学研究中获取第一手资料和数据的常用方法。本研究中调查问卷设计采用结构型和非结构型题目相结合的方式：以封闭式题目为主，要求作答者从中选择一个或多个选项；问卷同时设计了少量的开放型问题，旨在开放作答者的思路，充分表述自己的观点。

调查问卷旨在收集受访者对章程实施中的态度和意见，了解章程实施的现状及其功能实现存在的问题等。调查问卷设计主要经历了四个阶段：首先，分析维度的确定。通过查阅国内外相关文献资料，并运用德尔菲法确定分析维度，以确保调查问卷设计符合研究目的。其次，调查问卷的初步设计和概念操作化。根据相关维度拟定问卷题目，设计调查问卷初稿。再次，小规模测试。研究选取部分高校进行前测，旨在了解提问的方式是否科学、问题的用词是否准确和清晰、问项的表达是否易于理解等。最后，再次修改，确定问卷内容。修改问卷中模糊、容易产生歧义的问题，并最终形成章程实施状况调查问卷。研究共收集问卷 2918 份：教师问卷1053 份，有效问卷 962 份，有效率 91.4%；发放学生问卷 1865 份，有效问卷 1746 份，有效率为 93.6%。

（三）访谈法

访谈法是"研究者通过口头谈话的方式从被研究者那里收集第一手资

---

① 江芳、王国英：《教育研究方法》，华东师范大学出版社 2009 年版，第 135 页。

料来了解某人、某事、某种行为或态度的一种研究方法",① 具体包括结构性访谈和非结构性访谈。

　　研究先后访谈了 40 余位高校教师和学生，其中包括十余位高校章程制定或实施的主要负责人，学校领导、高校章程的制定者、资深专家学者、章程实施负责人、二级学院负责人、专任教师等。具体而言，访谈对象主要涉及三类：一是高校教师，主要是不担任行政职务的专任教师。教师层面的访谈侧重于章程功能实现后，对教师权利保障、教职工代表大会民主管理、教师权利救济以及二级学院自主管理方面的作用发挥情况。二是高校行政管理人员，包括学校职能部门的主要负责人和行政人员、学院主要负责人和行政人员、学校领导。高校行政管理层面的访谈侧重于章程功能实现对于保障高校办学自主权、学术自由、去行政化、师生权利所起的作用。三是在读学生，包括本科生、硕士研究生和博士研究生。学生层面的访谈侧重于章程功能实现后对于学生权利保障、学生代表大会民主管理、学生权利救济等方面所起的作用。

（四）文本分析法

　　文本分析法是针对文本资料进行解构与分析，以期挖掘其背后深层含义的研究方法。文本分析主要有两类：一类是定量分析，通过词频统计了解关键词在政策文本中出现的次数和变化趋势；另一类是定性分析，主要包括语词分析、语义分析、价值分析等，研究文本的逻辑结构以及蕴含的价值。研究收集了 22 所高校章程、章程制定的相关法律与政策、相关制度文本等，综合运用定量分析和定性分析，具体包括词频分析、语义分析、价值分析等方法对文本进行解构与研究。

　　当然，研究虽然多角度考虑大学章程文本选取的科学性、全面性、多样性，但仍然存在一些问题。比如案例高校章程中北京地区、上海地区的数量偏多而西部地区较少，地域上无法覆盖到所有省份；从全国高校总量上来看，样本高校数量仍显单薄；特别是只选取了 3 所地方高校，数量比较少等。上述问题主要是由于研究者的能力、精力以及论文的篇幅所限。

---

① 江芳、王国英：《教育研究方法》，华东师范大学出版社 2009 年版，第 135 页。

第一章 "双一流"背景下的大学章程建设

"双一流"建设是国家改革和发展的重大战略决策，也是新时期国家对高等教育建设的顶层设计。一流的大学和学科建设需要良好的治理，没有良好的治理模式和现代化的治理能力就很难真正实现"双一流"的建设目标。我国大学章程建设正处于现代大学制度和"双一流"建设的背景下，在制度转型与创新的过程中，充分发挥大学章程的功能，对于进一步深化高等教育领域综合改革，完善高校治理具有重要意义。

第一节 大学章程与现代大学制度建设

完善大学治理结构、提升大学治理能力，深化高等教育综合改革是现代大学制度的基本内容。大学章程是高校依法治校和自主管理的依据，是平衡高校各主体权利与义务关系的制度安排，是完善高校治理结构的重要内容，也是现代大学制度建设的核心。

一 现代大学制度的基本内涵

"现代大学制度"在 20 世纪 90 年代开始受到学者的关注和研究，国家政策层面是在《国家中长期教育改革和发展规划纲要（2010—2020年)》（以下简称《教育规划纲要》）才明确提出"完善中国特色现代大学制度、完善治理结构"。一般而言，现代大学制度指大学作为独立法人，遵守国家政策法规并在政府宏观调控指导下，依法独立自主办学、合理界分权力边界并保障主体权利、规范内部管理，从而实现大学与政府、社会和谐发展的制度。《教育规划纲要》关于现代大学制度的具体内容包括公办高等学校要坚持和完善党委领导下的校长负责制；健全议事规则与决策程序、依法落实党委、校长职权；完善大学校长选拔任用办法；充分发挥学术委员会在学科建设、学术评价、学术发展中的重要作用；探索教授治学的有效途径，充分发挥教授在教学、学术研究和学校管理中的作用；加强教职工代表大会、学生代表大会建设，发挥群众团体的作用。[①]《教育规划纲要》体现了国家对完善现代大学制度的高度重视，也对我国现代大学制度建设做出了明确的规定。

现代大学制度作为大学的行为规范和价值追求，是大学持续发展的制度保障，也是中国高等教育强国之路的必然选择。从制度体系看，我国现代大学制度包括宏观和微观两个层面：宏观层面的大学制度用于平衡高校与政府、社会的关系，强调保障高校办学自主权；微观层面的大学制度主要指章程协调校内各主体之间关系，强调完善高校内部治理。由此可见，现代大学制度建设是为克服既有大学制度的弊病，也是高校完成历史使命、走向社会中心的需要。一流的大学不仅需要一流的科研和一流的教学，也需要一流的制度设计，大学必须在坚守大学本质属性的前提下，在内涵式发展的基础上并在更高的价值考量和精神凝练中完善制度构建。

中国特色现代大学制度是基于我国特定的时代背景和社会现实，强调适应我国现代大学特征、符合我国高等教育方针的要求，旨在解决我国高校发展过程中的问题的制度设计。高等教育发展处于我国现代化发展的背景中，在全面依法治校的要求下，未来我们要建设以大学章程为引领的自主办学、自我管理、自我约束的现代大学制度，推动高校的可持续性发展。《教育规划纲要》提出要从"完善治理结构、建设大学章程、扩大社会合作、推进专业评价"等方面加强现代大学制度建设，这体现了社会各方对现代大学制度建设的共识。据此，我们认为我国现代大学的基本内涵包括：

首先，现代大学制度必须具有正确的政治方向和育人方向。我国是社会主义国家，我国现代大学制度必须坚持社会主义办学方向，坚定不移地

---

① 《国家中长期教育改革和发展规划纲要（2010—2020年）》。

为中国特色社会主义教育服务。要围绕培养什么人和为谁培养人这一根本问题，坚持党对教育事业和大学的全面领导；把立德树人作为根本任务，扎根中国大地办教育；深化教育改革创新。① 要完善大学领导体制，坚持党委领导下的校长负责制。这一体制是由我国基本政治制度决定的，是中国特色现代大学制度的重要内容，也是体现政府对大学治理以及大学内部的权力配置。完善大学领导体制，有利于加强大学管理和决策的民主性、科学性，有利于党政团结和协调。

其次，现代大学制度要坚守"大学自治、学术自由、教授治学"的核心理念。大学作为集人才培养、学术研究、社会服务与文化创新于一体的组织机构有着自身独特的属性与灵魂，其中最核心的就是大学自治、学术自由、教授治学。这彰显着大学的特质和本性，构成了现代大学制度的基本内涵，并张扬着大学这一神圣组织的生命力和使命。② 大学自治的核心是保障大学的办学自主权；学术自由是一种学术信念和学术价值观，学术自由必须坚守学术责任；教授治学的基本要义是学术内行管理学术事务。

最后，现代大学制度包括治理结构和治理能力等基本内容。要坚持党委领导下的校长负责制，明确分工、规范议事规则与决策程序；要平衡行政权力与学术权力，充分发挥学术权力在高校学术事务中的作用；要完善大学治理结构必须建立学术（教授）委员会，充分发挥学术组织在人才培养、学科建设、学术事务中的重要作用；拓宽教授参与学校事务咨询、决策与管理的路径；要完善以教职工代表大会为主要形式的民主管理和监督机制，调动教职工的积极性和主动性，提升大学民主管理和科学决策的水平；要强化高校内部管理体制改革，完善校院两级管理，扩大学院自主权，推动高校人事制度等改革。

现代大学制度构建是一项长期而复杂的系统工程，它涉及观念转变、制度更新和利益格局调整，关乎政府、高校、社会等多方主体，是一场意义重大且影响深远的深层次变革。③ 完善中国特色现代大学制度要以现行

---

① 彭佳景：《吹响教育强国的时代号角》，《湖南教育（C版）》2018 年第 9 期。

② 邬大光：《现代大学制度的根基》，《现代大学教育》2001 年第 3 期。

③ 钟秉林、赵应生、洪煜：《中国特色现代大学制度建设——目标、特征、内容及推进策略》，《北京师范大学学报》2011 年第 4 期。

法律和政策为基础，沿着现代大学制度建设方向，深刻反思与持续改进，对现有大学制度"升级"。

二 大学章程是现代大学制度建设的基础

《教育规划纲要》指出"高校应依法治校、制定大学章程"，这是高校走向法治的关键，也是现代大学制度创新的重点。现代大学必须以章程为载体并作为运行的根本依据。因此，大学章程建设成为建立和完善中国特色现代大学制度的基础和重要内容。

（一）通过章程建设做好顶层设计，奠定现代大学制度基础

大学章程是高校治理的基本纲领和基本准则。章程的制定和修改必须遵循法治精神，遵循高等教育办学规律，理清高校发展中的内外部关系，并在此基础上形成完备的现代大学章程。在遵循上位法的前提下，高校可以在章程中对办学宗旨、教育理念、治理机制等方面做出延伸和具体化、个性化的设计。从中外大学发展规律来看，正是大学章程奠定了现代大学制度的基础。随着我国高等教育领域改革的深化，完善的大学章程成为现代大学制度的基础和关键环节。章程是高校科学发展和依法治校的必要条件，是高校实现依法自主管理的必要条件；同时也是完善治理结构、建设现代大学制度的重要载体。大学章程不仅是现代大学文明的重要表现，同样也是现代大学制度的核心价值诉求。

要提高大学章程的生命力，就必须重视章程的落地与实施。高校应从顶层设计和全局的高度，以系统性思维完善章程制度体系设计，建立规范统一和协调有效的章程实施保障制度。大学章程建设是我国探索中国特色现代大学制度的重要步骤，也是我国"双一流"建设的重要制度保障。高校要以大学章程建设为契机，不断完善高校治理体系与治理能力现代化，加强以章程为核心的高校管理机制创新，持续推进中国特色现代大学制度建设。

（二）通过章程建设制衡权力与权利，推动现代大学制度法治化

大学章程上承国家教育法规，下启学校规章制度，是规范与平衡大学与政府、大学与社会及内部各主体权力和权利的基本准则。高校在遵守国家法律规定的同时，章程就成为内部规章制度、部门职责以及各主体权利

的来源。作为大学内部制度体系的核心，章程影响着高校管理体制与制度的运行状态。可见，依章治校是依法治国方略在高等教育领域的重要体现；也是提升高等教育治理现代化的具体要求。高等教育治理现代化是国家治理现代化的重要组成部分，在大学治理的框架设计下，通过章程进一步明确和规制各种权力的行使范围，保障高校与各主体的权利行使。

大学章程是高校立校之本，通过章程建设完善高校法人治理结构，有助于推动现代大学制度法治化。从宏观层面来看，就是要理顺大学与政府、社会的关系，明确大学作为办学主体的权利与责任，合理界分政府与大学、社会与大学之间的关系，重点解决政府如何依法管理大学及保障高校办学自主权；从微观层面来看，要对大学内部各种权力进行规制，保障高校内部各主体的权利，建立符合大学自身发展规律、民主、有序的内部运行机制，形成良好的治理结构。大学内部治理实质上就是政治权力、行政权力、学术权力及民主权力的分配和协调问题。① 可见，通过章程建设既可以规范高校权力运行，强化自我发展和监督机制；又能保障教师和学生等主体的合法权益，弘扬民主与法治的精神，形成遵章守法的法治氛围。大学章程功能实现所释放出的善治能量将进一步推动高等教育治理现代化，推动现代大学制度法治化建设。

（三）通过章程建设凝练办学特色，推动现代大学制度创新

我国高等教育改革处于全球化和信息化的国际背景下。面对日趋激烈的竞争和复杂的环境，大学要在竞争中脱颖而出就必须深化改革、创新管理体制机制；同时凝练办学特色，充分发挥自身的特色和优势。大学章程内涵着大学的办学理念和办学思路，章程的建设过程也正是高校不断凝练办学特色、传承文化传统和精神的过程。通过章程建设，提炼和总结大学办学理念、目标愿景、传统文化并将其写入大学章程，有助于高校继承和弘扬学校办学特色和发展理念。从某种程度上说，大学章程正是对大学文化节精髓的凝练和诠释，也是推动高校发展"软实力"的重要载体。

在现代大学制度建设和创新背景下，大学章程作为现代大学制度的核

---

① 林群：《大学章程建设与现代大学制度创新》，《教育研究》2013 年第 9 期。

心内容，是高校依法治校和民主管理的根本制度，也是依法治校原则的价值体现。章程建设不仅能够凝练办学特色，也体现了现代大学制度的创新。只有以章程制定为抓手，才能真正依照中国特色现代大学制度的建设要求；只有以章程实施为契机，才能真正突破原有制度的路径依赖，实现高等教育管理体制创新。大学章程的制定、修改和实施的过程既是中国特色现代大学制度的实现路径，也是现代大学制度的创新过程。大学章程建设应当成为现代大学制度建设和完善的重要内容，应当成为体现现代大学制度体系的重要载体，应当成为中国特色现代大学制度理念创新的基本准则。通过章程建设构建完善而健全的现代大学制度体系，推动中国特色现代大学发展和"双一流"建设。

第二节　大学章程与"双一流"建设

"双一流"建设是新时期国家对高等教育建设的顶层设计，是中国高等教育发展史上又一里程碑式的战略举措。"双一流"建设需要章程作为制度性支持；同时章程作用的充分发挥也是"双一流"建设的要求，两者具有共同的诉求和内在的耦合性。

一　"双一流"建设的基本内涵

2015 年国务院颁布《统筹推进世界一流大学和一流学科建设总体方案》（以下简称《总体方案》）、2017 年教育部等部委联合颁布《统筹推进世界一流大学和一流学科建设实施办法（暂行）》（以下简称《实施办法》）。至此，高等教育领域开启了以"双一流"战略理念为指导的高等教育领域改革。此次改革旨在推动"双一流"建设，聚焦打造世界一流高校和一流学科。

（一）"双一流"建设的内涵

"双一流"建设是习近平总书记治国理念在高等教育领域的重要体现，也是新时期高校发展的战略定位和方向指引。"双一流"建设符合当前我国高等教育发展的现实需要，遵循了高等教育改革与发展的规律；同时也为我国今后高等教育改革指明了方向，为大学建设制定了发展蓝图。一方面，随着"双一流"建设的启动必将推进和带动我国高校的整体发展，提升我国高等教育的综合实力，实现我国从高等教育大国向高等教育强国的转变。另一方面，"双一流"政策为不同类型高校发展创造了更为有利和公平的发展空间；同时也意味着原有高等院校格局的打破，"985、211"固有等级将重新定义。此外，"双一流"遴选绝不是对原有"985"和"211"高校的重新命名，而是对所有大学提出了"一流"的新标准。

（二）"双一流"建设的实施

2015 年国务院印发的《总体方案》对我国"双一流"建设总体要求、建设任务、改革任务、支持措施、组织实施等方面进行了整体规划和设计，为提升我国高等教育发展水平、增强国家核心竞争力，做出重大战略决策。2017 年 9 月，教育部等部委发布"双一流"建设高校及建设学科名单，标志着我国"双一流"建设正式进入实施操作阶段。"双一流"建设要从以下方面着力。

1. 契合高校的多元需求并引导高校分类发展

当前我国高等教育正从大众化向普及化迈进，高校多元化的发展定位才能满足社会对高等教育多样化的需求。"双一流"建设为高校的多元化、差异化、特色化发展提供了机会，政府应当根据不同类型和不同学科的人才培养规律给予高校不同的经费资助标准和支持政策，通过资源的分配和政策支持引导高校结合区域需要和自身特色进行定位，实现公平竞争中"扶优扶强扶特"，促进高校多元化发展。

2. 通过制度创新赋予高校办学自主权

"双一流"建设要淡化行政命令和财政性拨款等强制性政策工具，增加混合型政策（权力下放、简化程序等）和自愿性政策工具，[①] 从内部激发高校发展的内生性动力，赋予高校充分的办学自主权。通过现代大学制度的建立，排除来自内外部的干扰，回归教育本质使高校沿着自身规律和学术逻辑健康发展。唯有如此，"双一流"建设才能真正推动高校的优势和特色发展，避免同质化趋势。

---

① 张端鸿：《"双一流"：新时期我国院校重点建设政策的延续与调适》，《教育发展研究》2016 年第 7 期。

3. 实施动态遴选制度，避免身份固化

"双一流"建设初衷旨在激发大学发展活力，消除重点建设中的利益或身份固化问题。《总体方案》和《实施办法》指出要根据综合评估评价结果以及资金使用情况等因素，动态调整对高校的支持力度，增强"双一流"建设的有效性。"评估评价结果"成为"双一流"建设中高校进出和政策扶持的重要依据，要以评估评价结果为依据，通过专家评选、政府比选、动态筛选等方式确定"双一流"建设的学校和学科；切实落实评估评价与绩效问责及奖惩制度相结合，引入竞争意识激发高校发展的内生动力，实现对建设高校与学科的动态调整机制，避免身份固化。

4. 夯实队伍建设，注重学术引领

"双一流"建设学科是基础，人才是关键。人才资源是第一资源，人才竞争是核心竞争。"双一流"建设必须将人才队伍建设作为经常性的重点工作，发挥人才在学校与学科建设中的战略性和决定性作用。同时，培养拔尖创新人才，提高科学研究水平和成果转化是"双一流"建设的核心任务。人才培养是高校基本职能，也是大学的根本使命。"双一流"建设不仅关注科学研究，更要关注拔尖创新人才的培养；高水平人才培养既是大学办学声誉的重要体现，也是"双一流"建设的重要任务。

二 大学章程是"双一流"建设的制度保障

落实大学章程实施是推进"双一流"建设的重要维度，章程功能实现对于建立现代大学制度，实现高等教育治理能力和治理结构现代化具有重要的保障作用。以此为基础，从章程功能实现所释放的"善意"能量与高校发展的内在规律出发，深入探讨章程功能实现与"双一流"建设的耦合性，才能把握高校治理的方向，加快推进高等教育治理能力和治理体系现代化，实现高校善治愿景。

（一）"双一流"建设与大学章程具有内在耦合性

"双一流"建设是高等教育领域中治理理念的重要体现，是新时代高校发展的战略定位和方向指引。"双一流"既遵循了高等教育发展的规律又契合当前我国高等教育发展的现实需要；同时也为高等教育改革指明方向和发展蓝图。

1. 大学章程建设是"双一流"建设的重要任务。《总体方案》中明确指出：要完善高校治理，建立健全章程落实机制，建成以章程为统领的统一且规范的制度体系；健全以学术委员会为核心的学术组织建设和架构，充分发挥学术委员会在学术事务中的重要作用。同时，还要进一步完善高校的民主管理和监督机制，充分发挥教代会、学生会等组织的民主决策作用，扩大师生代表有序参与，探索多元参与学校决策机制。可见，健全章程落实机制，完善以章程为统领的制度体系是现代大学治理和"双一流"建设的应有之义。"双一流"不仅要建设一流大学和一流学科，培养创新人才并创造一流的科研成果，还应该具有一流的办学理念和治理结构。

2. 大学章程实现为"双一流"建设提供制度性保障。首先，一流大学建设需要完善的章程制度。《关于高等学校加快"双一流"建设的指导意见》（2018）明确指出，要规范高校内部治理结构，推进管理权力下移，强化依法治校。大学章程是优化大学治理结构和提升现代治理能力的重要制度，章程实施释放的治理能量能充分实现章程的功能。大学章程是提升治理能力的重要制度设计，也是推动"双一流"建设的重要制度保障。

其次，一流的学科建设需要一流的学科治理。学科治理是指对学科建设和发展中的重大事务进行决策和安排，它关系到一流学科建设的成败和进度，同时深刻影响着现代大学治理体系及其成效。三部委联合发布的《指导意见》中再次强调"要以学科建设为基础，统筹推进学校整体建设和学科建设"，打造一流学科高峰。学科建设是一项持续性的系统工程，高校学科治理现代化是学科建设的重要保障。现代大学内部治理要围绕着学科治理来展开，以学科治理现代化标识并支撑高校内部治理的现代化。可见，学术治理现代化以学术化为目标、以科学化和高效性为核心，以大学章程等制度设计为保障，通过章程的切实有效实施，提升高校治理能力；以学科治理现代化推动大学内部治理现代化，推动"双一流"建设任务的完成具有重要的理论和实践意义。

总之，一流的大学建设和一流的学科都需要良好的治理，没有一流的治理模式和现代化治理能力难以真正实现"双一流"建设目标。"双一流"建设旨在激发高校办学的积极性和主动性，通过"扶优扶强扶特"的政策对资源进行再分配，提升高校科学研究、人才培养及社会服务的功能。

（二）"双一流"建设体现大学章程功能实现的诉求

"双一流"建设旨在激发高校办学的内在活力、调动高校的积极性和主动性，通过"扶优扶强扶特"的政策对高校办学资源进行重新分配，从而提升高校在科学研究、创新人才培养以及社会服务方面的功能实现。大学章程是优化大学治理结构、提升高校治理能力的重要制度，章程的实施将释放治理能量实现高校善治模式并最终实现章程的价值追求。由此可见，"双一流"建设与章程功能实现具有共同的价值诉求，体现了章程功能实现对科研、人才和社会服务功能的定位。

1. 优化内部治理结构是"双一流"建设的重要任务。"双一流"不仅意味着要建设一流大学和一流学科，会聚一流人才并创造一流的科研成果，而且还应该具有一流的办学理念和一流的治理，以及完善的现代大学制度。治理从本质上来看就是对各种契约关系的确立和有效规制，并且通过制度安排予以实现。"大学治理制度是组织治理的利益相关者群体在价值协商基础上达成的规则体系"①。大学章程制度设计旨在对高校组织治理利益相关者的权力与利益进行合理安排，章程的有效实施在优化高校治理结构的同时，实现"双一流"建设的重要任务。

2. "双一流"建设要求健全大学章程功能实现机制，形成以章程为统领的制度体系。《总体方案》中明确指出：通过落实章程功能实现，健全以学术委员会为核心的学术组织建设和架构，充分发挥学术委员会在学术事务中的重要作用。同时，还要进一步完善高校的民主管理和监督机制，充分发挥教代会、学代会等组织的民主决策作用，扩大师生代表有序参与，探索多元参与学校决策机制。由此可见，健全章程落实机制，完善以章程为统领的制度体系，建立规范、统一的现代大学制度是现代大学治理和"双一流"建设的本质要求。推进"双一流"建设，实现高等教育治理现代化的过程中，要抓住高校治理中的关键性要素，强化科学发展、以共治求善治，协同推进一流的学术治理，实现学术治理现代化。

总之，"双一流"建设是国家的重大战略决策，是新时代国家对高等

---

① 胡仁东：《大学组织治理制度生成机制探析》，《江苏高教》2011年第5期。

教育发展与建设的顶层设计，也是我国今后进一步推进高等教育改革的重要抓手，是实现"中国梦"的有力支撑。推进"双一流"建设，开启高等教育领域的新一轮综合改革，全面提高我国高等教育水平，从而大力推进高等教育强国建设。

第二章 大学章程实施现状的实证研究

自 2013 年 11 月始，教育部先后核准并在其网站上发布了多所高校的章程，地方高校章程也逐步得到核准并公布，我国公立高校章程的制定工作取得了实质性进展，章程进入全面实施阶段。由于章程功能的充分发挥与行动者的态度和素养、章程执行情况等因素相关，因此本书综合运用问卷调查、访谈等方法对样本高校章程实施现状进行调研，通过了解章程实施的整体状况反观章程功能实现存在的主要问题。

第一节 大学章程实施的分析维度

一 理论依据

任何制度安排的背后都有其特定的价值选择以及想要实现的功能，在制度建构中其抽象的价值和功能通过文字的形式呈现与固定下来，并形成相应的规范文本。随着制度环境的变化，制度本身的价值以及功能也可能随之发生改变。价值表现为客体属性对于主体需求的满足，强调主客体之间的关系，因而价值具有目的性或社会性；功能主要是通过事物基于自身属性在对外界产生积极影响的作用中表现出来的，功能强调事物的固有属性，因而功能具有客观性。价值的体现依赖于事物功能的发挥，只有功能发挥了才能真正体现事物的价值；事物因其功能的存在和发挥才具有价值，因而价值对于功能具有依赖性。总之，价值是制度产生的思想先导和内在精神依据，并且最终通过功能的发挥得以实现；价值和功能成为制度得以存在并产生效果的基础，价值和功能之于制度具有重要的意义。

大学章程作为高校治理的一项正式制度，背后也必然有其特殊的价值诉求与功能。章程的功能是其所具有的内在属性而非外在形态，具有客观性；章程的价值是外在社会赋予的，表明人们对大学章程存在意义的社会认同。同时，章程的价值和功能又是密不可分的：章程价值为其制定提供了思想先导，成为章程功能实现的思想保证及内在精神依据；章程功能的发挥表明其产生的积极效果，章程价值得以实现。章程价值依赖于章程功能，章程功能实现章程价值；章程功能具有价值性，章程的价值又是功能的最终显现。可见，章程的价值和功能之于章程具有重要的意义，也是分析章程实施中功能实现的理论依据。

（一）大学章程的功能

大学章程的功能是指章程在高等教育管理系统中所固有的影响和效用，是大学章程存在价值的外在表现。章程功能表现为其与高校办学实践活动的互动中，取决于其与外部环境、相关主体的交互作用。大学章程的功能具有多重性。章程的功能定位应当考察其演进中所保留的固有属性，并结合章程的价值选择及其所处的特定现实条件。我国现代意义上的大学属于西方的舶来品，但中国的大学自诞生之日起同样承载着"人才培养和科研创新"的核心使命，"自治和自由"等理念同样应该注入我国章程的机体之中。因此，本书认为大学章程的主要功能即保障大学自治、维护学术自由、扩大民主管理。

1. 大学章程功能之保障大学自治

（1）大学自治的内涵

自治是大学的核心理念，也是现代大学的本质特征，"自治和自由"一直被大学所珍视。

大学自治是指大学作为一个学术组织为获得自身的发展需要，依据其法人地位所享有的自我管理和决定大学各类事务，免受政府与其他社会力量干预的自由和权力。[①] 从性质上看，大学自治体现了大学作为学术组织的固有特征和本质属性，表明大学对于政府和社会的一种相对独立的状态。从主体上看，大学自治包括大学作为独立机构对抗来自外部势力的自

---

① 陈文干：《大学自治内涵探析》，《江苏高教》2005 年第 5 期。

治和大学内部事务的团体而非个人名义的自主决策。从内容上看,大学自治包括学术事务自治、行政事务自治、经费和人事自治等。从层次上看,由个人层面、学院或学部层面、大学层面和大学系统自治构成。

（2）大学自治的中国诠释:保障高校办学自主权

办学自主权是大学自治概念的中国化,是大学自治在当下中国的具体表现。首先,它是高校的法定权利。到目前为止,我国教育法律或政策文本中均使用"自主"而非"自治"。其次,"自治"不符合我国现有制度架构。公立高校实行党委领导下的校长负责制,为保证社会主义的办学方向,必须坚持和完善党委领导下的校长负责制。再次,从高校办学自主权的产生和演变来看,是政府为适应教育发展需要所实施的行政行为,是以政府行政管理改革为前提的外部有限赋权。在我国当前背景下,大学"自主"成为实然层面的现实诉求,"自治"则是我国高校发展应然的目标;"高校办学自主权"既是高校的法定权利,又是当下高校自治的具体表现和现实际遇。

2. 大学章程功能之维护学术自由

（1）学术自由的内涵

学术自由是大学的核心理念。"学术自由是学术界的要塞",[①] 是建立现代大学制度的基础。学术自由作为大学理念被知识分子普遍接受并扎根于心里。何谓学术自由? 美国大学教授协会将学术自由定义为"在教室和实验室内的各个方面的自由"。[②]《简明不列颠百科全书》界定为"师生免受不合理的干涉"。[③] 学术自由的内涵包括以下方面:学术自由的主体包括个体和机构,在高校主要是教师和学生、各类学术组织;学术自由的范围仅限于大学的学术事务,以思想自由和表述自由为核心,具体包括教的自由、学的自由和研究的自由;学术自由具有相对性,自由受多种因素影响且在不同的社会和大学里表现不同。[④]

---

① ［美］约翰·S. 布鲁贝克:《高等教育哲学》,王承绪等译,浙江教育出版社1998年版,第49页。

② 劳凯声:《尊重学术自由　培育大学精神》,《教书育人》2011年第3期。

③ 《简明不列颠百科全书》(第8卷),中国大百科全书出版社1986年版,第123页。

④ 裴指挥、张丽:《理性捍卫学术自由》,《高等教育研究》2015年第10期。

（2）学术自由主要表现为保障学术权力

学术自由体现了多元并存与学术争鸣，它不仅反映了大学核心的办学理念，更反映了学术人从事学术活动时正义、适切的权利诉求。我国目前尚无法律明确学术自由，但也有学者认为《宪法》[①]中赋予了公民学术自由权，因而学术自由也是一种宪法权利。我国第一次正式明确学术自由是教育部颁发的《高等学校学术委员会规程》（2014）中指出"要尊重学术自由，并且营造宽松的学术环境"[②]，这对于推动高校改革和发展具有一定的促进和保障作用。具体表现为：

首先，通过章程保障以学术委员会为核心的权力行使。保障学术自由首先要确立并维护学术组织在处理学术事务中的学术权力。学术是大学产生的逻辑起点，高校的人才培养和科学研究都需要自由的学术氛围。学术组织是与学术事务相关的专业委员会，主要包括学术委员会或教授委员会等。通过章程制定明确大学内部各组织之间的权利和义务，赋予各学术组织相应的学术权力，确立其在高校学术事务中的最高地位；保障其学术事务的最终决策权。通过实施，将章程中的规定落实，依法治校，保障学术机构在实践中学术权力的充分行使而不被虚置。

其次，保障教师和学生研究的自由。学术自由源于思想自由，产生的基本前提是探究高深学问，获知真理。学术自由权与其他权利的根本区别即在于学术性。教师和学生是大学从事知识探究、传播和学习的两大主体，大学应当为教师和学生的学术活动提供免于外界力量不合理干预的制度保障，保障广大师生的学术自由权。学术自由的内容包括思想自由和表达自由，大学内部具体表现为师生研究的自由、教的自由和学的自由。

3. 章程功能之扩大民主管理

（1）民主管理的内涵

民主管理一般是指个人或非行政团体参加自己所处的社会组织的活动。民主管理既可以理解为一种制度，也可以理解为一种管理方式。其特

---

① 《宪法》第 47 条："中华人民共和国公民有进行科学研究、文学艺术创作和其他文化活动的自由。"

② 《高等学校学术委员会规程》第 4 条："高等学校学术委员会应当遵循学术规律，尊重学术自由、学术平等，鼓励学术创新，促进学术发展和人才培养，提高学术质量。"

征为：一是参与性。民主管理的主体主要是群众或由群众组成的团体，按照少数服从多数的原则进行管理和决策，是一种自下而上的管理，体现了群众的参与性。二是程序性。群众参与管理需要制度的保障、程序的指引，没有程序就没有民主管理。三是利益诉求的多元性。参与民主管理的群众或团体代表了不同利益集合的诉求，最大范围采纳多元主体的建议，提高决策的合理性。

大学的民主管理有广义和狭义之分。① 广义的民主管理强调民主理念、作风和方法；狭义的民主管理主要是指教师和学生，以及由教师和学生组成的教职工代表大会、学生代表大会等群团组织通过不同方式参与学校日常事务管理。本书从狭义角度展开，主要指师生个体民主管理和"双代会"的民主管理。

（2）民主管理权主要是保障师生知情权与参与权

教师和学生是高校办学的两大主体，是大学的重要成员。教师的民主管理权是一项法定权利，神圣不可侵犯；学生的民主管理虽并非法定权利，也得到了高校的确认。民主管理主要包括学校发展重大改革事项、涉及教师或学生切身利益的重大制度出台和改革方案、学校管理部门工作等；具体权利表现为知情权、参与权、建议权等；方式包括个人参与和团体参与。就民主管理权而言，民主决策权是最核心的权利；知情权与参与权则是师生民主管理最基本的权利内容。要提高师生民主管理程度，首先必须保障师生最基本的重大事项知情权和参与权，因为知情与参与是决策的前提和基础。

总之，大学章程功能理论之于本研究十分重要，它是推动章程建设和实施的出发点、落脚点，体现章程价值诉求，承载大学使命。大学章程功能决定其作用产生的内在动因与前提，并被置于外部环境与外部互动的过程中受到评价。

（二）大学章程的价值

大学章程的价值诉求也即章程的价值追求或价值目标选择，它是指章

---

① 刘松年：《论大学内部治理结构中的民主管理》，《国家教育行政学院学报》2013 年第 6 期。

程制定者基于自身对章程价值判断的基础上所做出的集体选择。只有以价值作为评价指导，才有可能选取和设置科学、合理的分析维度。章程作为高校"纲领性"的制度安排，只有明确其价值目标，才能提供实施的思想保证，并通过章程功能发挥得以实现。

大学章程作为一种正式存在的制度形态，浸润着社会制度、大学现实条件、制定者以及大学成员的诉求，被寄予了价值主体或明或暗的期盼性价值追求。章程价值是指表现于章程与主体之间互动关系基础之上的，作为价值客体的章程固有属性对于价值主体需要的满足以及主体对于章程属性未来发展方向的指引。大学章程价值选择是章程主体活动的出发点与归宿。本研究中主要是讨论大学章程的预期价值和现实价值。预期价值是指主体在章程制定时所体现出来的理想性价值状态，反映了章程活动的思想设计结果。现实价值是指章程功能实现后所体现出的现实性价值状态，是章程价值主体依据章程规范进行相关活动，通过控制教育资源从中获得满足或不满足，享受利益或利益受损的现实价值状态。具体而言，章程应当确立"自治与自由"的预期价值目标，"秩序和分权"的现实价值目标。前者反映了章程制定主体对于章程未来的价值选择；后者表明了章程功能实现后的现实价值状态。

1. 自治和自由

自治是我国大学章程制定主体指向未来的预期价值诉求。大学自治意味着广泛的办学自主权，大学可以在法律授权范围内独立开展内外部活动，在此限度内免除外部干预；我国《高等教育法》和其他法律法规中也确立了高校的"办学自主权"。根据罗伯特·伯达尔的观点，大学自治可分为程序性自治和实质性自治。程序性自治主要指向治理大学的手段、方法自治，是指大学或学院以团体的形式自主选择实现学校教育教学、人才培养和科学研究的目标和计划的手段的权力。实质性自治主要指向大学的理念、目标和计划等的自主设定，即指大学或学院以团体的形式自行确定大学的愿景、理念、目标和各种内容的权力。[1] 由于特定的政治制度和社

---

[1] Berdahl, Robert, Co-ordinating Structures: The UGC and US State Co-ordinating Agencies, in Shattock, Mi-chael, *The Structure and Governance of Higher Education*, Society for Research into Higher Education, 1983, p. 69.

会背景，各国在某个时期内对同一概念会做出不同的诠释。

自由是我国大学章程的预期价值诉求。大学的自由包括两个方面，即大学享有法律授权范围内的自主决定和处理高校自身事务的权利；同时享有免于来自政府或其他社会力量干预、限制的自由。自由在大学的具体表现即学术自由。学术是大学的基本属性，也是大学的逻辑起点，大学从未放弃过对自由价值的追求。大学在与政府的博弈中逐渐确立了学术自由，一直延续和保存下来，且不断地被诠释及赋予新的内涵。因此，自由是章程的预期价值诉求，表明章程主体对章程理想价值状态的期望和追求。

2. 秩序与分权

所谓秩序是指事物运动过程中所表现出来的稳定的、连续的结构和模式。大学章程的实施首先表现为秩序的建立。秩序表征了大学教育活动的状态和结果。从外部宏观管理来看，秩序反映了举办者、办学者和管理者在大学管理过程中的稳定性和连续性；从内部微观管理来看，秩序反映了学校职能部门与院系之间、学校各类管理部门之间、学术组织与行政机构之间在管理过程中的稳定性和连续性。通过章程建立教育秩序，必须明确划分各主体权利和义务，合理规制权力范围。秩序是大学章程的价值诉求之一，也是大学各类规章制度的价值定位。

分权是指将过度集中的国家教育权力通过下放、转移、分化等方式，在政府与高校、高校与社会、高校内部组织之间进行分配，实现权力的合理配置与共享。权力的行使需要制衡、制衡的有效方式即对权力进行合理配置。国家教育权力是一种公权力，它是国家"教育责任"和教育政治功能的集中体现。① 分权作为大学章程的价值诉求包括两方面的含义：一是实现教育权力在政府与高校之间的合理配置。二是实现教育权力在高校内部的合理配置与共享。

研究确立了"自治和自由"的预期价值诉求，"秩序和分权"的现实价值诉求。预期价值和现实价值表征了章程活动过程中不同阶段的价值状态，"自治和自由"表征着目的，"秩序和分权"表征的是结果，章程功能实现即预期价值向现实价值的转化过程。

---

① 劳凯声：《规矩方圆：教育管理与法律》，中国铁道出版社1997年版，第108、117页。

二　分析维度

"维度"一词被用于不同的学科：在数学和物理学中，维度指为使每个点落在特定空间内对整体空间进行的最小划分；社会科学中，维度常用于描述特定事物的构成要素或重要组织方面。[①] 大学章程实施现状分析必须立足于章程的价值诉求和功能定位，科学合理地选取和设置分析维度，从而使我们对章程功能的实际状况有较为全面的了解和掌握。本书结合现代大学的发展与我国高等教育领域改革的现实背景，立足于章程的功能和价值，确立章程实施现状的分析维度。

（一）相关研究的借鉴

由于大学章程实施状况分析是一项探索性研究，尚无现成的经验可供直接使用。因此，研究需要借鉴前人成果，同时结合本研究的理论建构将概念操作化、具体化，从而设置契合本研究的分析维度。

1. 关于政策执行相关研究

20 世纪 70 年代初期，由于美国在公共管理、教育等领域推行的政策在执行中多遭遇失败，从而引发了政策研究人员对于政策执行的反思，也推动了西方尤其是美国的公共政策执行的研究热潮，即"执行研究运动"。众多学者投入政策执行研究中，提出了有关政策执行研究的理论、模式、途径等，拓展了政策科学的研究方法和研究范围。

梳理国外相关文献对于政策评估维度的选取如下：学者 Morris & Fitz Gibbon 认为，[②] 政策执行评估应包括政策背景与政策环境、政策内容、政策特性、执行评估描述等。学者 Nakamura & Smallwood（1980）[③] 提出，政策目标达成、效率、顾客支持度、顾客响应性、系统持续性。学者 Dunn（1994）[④] 提出，效能、效率、充分、公平性、回应性、适切性。学者 Vedung（1997）[⑤] 提出，效能、生产力、效率、成本效益、成本效能；学者

---

① 吴剑南等：《中国地方政府绩效评估中的绩效维度》，《现状与未来情报杂志》2009 年第 10 期。

② 林水波、张世贤：《公共政策》，五南图书出版公司 2006 年版，第 88 页。

③ Nakamura, R. T. and Smallwood, F.（1980），*The Politics of Policy Implementation*，N. Y.：St. Martin's Press.

④ Dunn. William N.（1994），*Public Policy Analysis：An Introduction. Englewood Cliffs*，N. J.：Prentice Hillnc.

⑤ Vedung（1997），*Public Policy and Program Evaluation*，N. Y. New Bruswick.

Owen & Rogers（1999）[①] 指出，效用性、可能性、适当性、正确性。威廉·邓恩提出的评估标准包括效率、效果、公平性、充足性、适宜性和回应性。[②] 斯图亚特·内格尔提出了"3PS"标准即可预见程度（Predictive）、公众参与程度（Participation）、程序公正程度（Procedural Fairness）。[③] 学者萨斯曼提出政策评估的效果、效果的充分性、效率、工作量和执行过程五项标准。[④]

我国学者在研究政策执行评估时，根据研究主题提出了适切性的评估维度。学者陈振明提出政策评估标准包括生产力、效益、效率、公平和政策回应度。[⑤] 朱美音提出目标达成度、政策营销能力、顾客支持度、顾客满意度、政策执行能力、利害关系人态度与意向。[⑥] 有学者提出公共教育财政政策评估的四个维度是执行度、公平度、绩效、目标达成度。[⑦] 有学者认为教育政策评估应包括效率标准（成本—效益）、效益标准（效果）和效能标准（目标达成度）三方面。[⑧]

2. 关于制度实施相关研究

制度实施的有效性是制度研究的核心问题。制度实施状况分析同样有赖于一定的分析维度和标准。法学领域中，学者们对制度实施的考察偏重于法律制度的合法性，即探求一项法律制度是否应当被遵守。政治学领域中，对于制度实施的研究侧重于制度的工具性，即制度是否实现了预期功能。学者们从制度目标的实现程度进行分析，考察制度实施的实际绩效。经济学领域中，学者们对制度实施的关注更着重于制度的效率。"好的制度应该可以激励人们的创造力，提高生产效率，有效地运用高技术"[⑨]。柯

---

① Owen, John M. and Rogers, Patrica J.（1999），*Program Evaluation-Formand Approaches*, Australia：Sage Publication Inc.

② ［美］威廉·邓恩：《公共政策分析导论》，中国人民大学出版社 2005 年版，第 101 页。

③ ［美］斯图亚特·内格尔：《政策研究：整合与评估》，吉林人民出版社 1994 年版，第 3 页。

④ 转引自郑中华《基于制度视角的高等教育政策评估》，博士学位论文，中国科学技术大学，2009 年。

⑤ 陈振明：《政策科学——公共政策分析导论》，中国人民大学出版社 2003 年版，第 471—472 页。

⑥ 朱美音：《我国洗钱防治政策评估之研究》，硕士学位论文，台北大学，2004 年。

⑦ 魏真：《公共教育财政政策评估研究》，博士学位论文，北京师范大学，2005 年。

⑧ 白贝迩：《师范生免费教育政策评估研究》，博士学位论文，陕西师范大学，2016 年。

⑨ ［美］道格拉斯·诺斯：《制度、制度变迁与经济绩效》，杭行译，上海人民出版社 2008 年版，第 129—130 页。

武刚和史漫飞提出了制度有效的普适性、复杂世界中的简单规则、禁忌三个特征,[①] 其中的普适性强调的是制度的一般性、确定性和开放性。

我国学者张文健在博弈视角下提出制度实施的效率,即制度被主体所认同以及遵循的程度,认为"制度是管理者与被管理者互相博弈的规则,参与者的选择最终决定了制度是否被遵守"[②]。学者褚松燕指出:"制度是否有效,依赖于被执行和被遵守的情况"。[③] 学者霍春龙认为,制度实现其预期效果在于获得了制度相关人的认知和遵守;[④] 学者蒯正明认为,处于一定环境中的制度要获得自我实现的能力则必须获得制度相关人的承认和遵守。[⑤] 学者赵立莹提出了目标确定、实现目标的能力、目标实现效果三个核心要素,强调不同指标需要运用不同的评估方法和程序。[⑥] 学者李重照在研究公开选拔领导干部制度的研究中提出了目标达成度、干部能力符合度、制度功能发挥度、制度可实施度、公众满意度五个分析维度。[⑦]

(二) 分析维度的确立

前文对章程执行和制度实施综述后发现,两类研究提出了一些共同的分析维度:主体的认知与认同、主体的遵守程度、制度执行度、目标达成度、成本—效能等,这些分析维度为本研究的开展提供重要的借鉴。因此,研究立足于章程的功能和价值,在借鉴前人经验的基础上,提出契合本研究的分析维度。具体而言,包括章程执行度、主体的认知度、主体的认同度三个分析维度。

1. 章程执行度是指高校为发挥章程功能从而落实相关政策的要求及章程文本具体规定的情况。章程执行状况是实现章程预期效果的前提和基础,只

[①] 参见柯武刚、史漫飞《制度经济学:社会秩序与公共政策》,商务印书馆 2008 年版,第126 页。

[②] 张文健:《基于博弈论的制度有效性分析》,《淮北煤炭师范学院学报》(哲学社会科学版) 2009 年第 8 期。

[③] 褚松燕:《论制度的有效性——人们何以遵守规则》,《天津社会科学》2010 年第 4 期。

[④] 霍春龙、包国宪:《新制度主义政治学视角下的制度有效性》,《内蒙古社会科学》2010年第 1 期。

[⑤] 蒯正明:《新制度主义政治学关于制度有效性的三维解读》,《理论与改革》2012 年第 1 期。

[⑥] 赵立莹:《美国博士生教育质量评估体系发展研究》,博士学位论文,华中科技大学,2009 年。

[⑦] 李重照:《公开选拔领导干部制度有效性研究》,博士学位论文,复旦大学,2013 年。

有相关政策和章程的内容被具体落实，主体才有可能了解和知悉，章程的功能和价值才有可能实现，达成其预期效果、成为实然有效的制度。

2. 章程认知度旨在了解章程实施后相关主体对章程的整体认知水平和程度。高校落实政策层面和章程中的具体要求，必然对相关主体的认知水平产生影响。一方面，相关主体的认知水平受到章程执行程度与状况的影响；另一方面，主体的认知度会间接反映主体是否愿意遵守章程的意向，并影响章程的运行效果及程度。章程的有效实施以主体的认同和接受为前提，章程相关主体的认同和接受又是以认知为基础。因此，主体对章程认知水平之于章程功能实现十分重要。

3. 章程认同度旨在了解章程实施后相关主体对章程的接受与认可程度以及实现趋同的意向和过程。章程的执行程度不仅影响相关主体的认知水平，并通过主体的认同程度表现出来。章程的实施离不开主体，主体的认同水平反映了其是否愿意遵守并执行章程的趋向，直接关系到章程的实施效果。章程如果要获得自我实现的能力就必须被相关主体认同并遵守。一般而言，执行情况好的章程才能获得主体的高度认同，认同度越高的章程越能获得主体遵守。

第二节　大学章程实施现状分析

研究运用问卷调查法、深度访谈等方法收集样本高校大学章程运行情况数据，使用社会统计分析软件 SPSS20.0 对数据进行分析。为提升研究结论的准确性和可靠性，研究将定量分析与访谈记录、二手资料等质性材料相结合，两类材料相互印证、相互支持。

一　数据的采集与整理

（一）样本高校的选取与总体情况

研究共选取 22 所①公立高校的大学章程作为研究对象。首先，样本选

---

① 中国人民大学、东南大学、东华大学、上海外国语大学、武汉理工大学、华中师范大学、吉林大学、上海交通大学、同济大学、四川大学、西北农林科技大学、东北师范大学、上海财经大学、中国矿业大学、西南大学、北京大学、清华大学、中山大学、北京师范大学、江西财经大学、江西农业大学、江西师范大学。

取遵循多样性和全面性原则。样本高校的性质、类别、覆盖地域，基本涵盖了我国公立高校的不同类型、学科门类以及发展水平不同的地区。其次，样本选取体现典型性。"985"工程高校在我国高等教育领域具有举足轻重的地位和作用，其发展方向对其他高校具有较强的引领和示范作用。最后，从时间维度来看体现科学性。研究选取了教育部最早核准的第一批和第二批共 15 所大学章程，包括北京大学、清华大学、中山大学和北京师范大学等；此外，选取了 3 所颁布较早的省属地方高校。

（二）调查问卷的收集与整理

大样本的数据调查可以使我们获得研究对象的"全景图"，并且得出简单且具有较强说服力的结论。[①] 研究共收集问卷 2918 份：教师问卷 1053份，有效问卷 962 份，有效率 91.4%；学生问卷 1865 份，有效问卷 1746份，有效率为 93.6%。受访者基本信息详见表 2-1 和表 2-2。

表 2-1　　　　　　　　　　受访教师基本信息

人口统计变量	统计变项	人数（人）	百分比（%）
性别	男	442	45.9
	女	520	54.1
年龄	30 岁以下	81	8.4
	31—40 岁	387	40.2
	41—50 岁	378	39.3
	51 岁以上	116	12.1
职称	助教（初级）	104	10.8
	讲师（中级）	378	39.3
	副教授（副高）	341	35.4
	教授（正高）	139	14.5
所在院校	985 工程高校	339	35.2
	211 工程高校	323	33.6
	其他一般高校	300	31.2

---

① 熊易寒：《城市化的孩子：农民工子女的身份产生于政治社会化》，上海世纪出版集团2010 年版，第 33 页。

续表

人口统计变量	统计变项	人数（人）	百分比（%）
岗位类别	行政管理人员	356	37.0
	专任教师	606	63.0

表 2-2 　　　　　　　　　受访学生基本信息

人口统计变量	统计变项	人数（人）	百分比（%）
性别	男	603	34.5
	女	1143	65.5
年龄	20 岁以下	824	47.2
	21—30 岁	878	50.3
	31 岁以上	44	2.5
学历	本科生	1126	64.5
	硕士研究生	494	28.3
	博士研究生	126	7.2
所在院校	985 工程高校	574	32.9
	211 工程高校	631	36.1
	省属高校	541	31.0
年级	2015 级学生①	644	36.9
	其他年级学生	1102	63.1

（三）访谈资料的收集与整理

研究对样本高校的教师和学生进行访谈，通过主体性引导扩展所设计的问题，从而将访谈半结构化。研究先后访谈了 40 余位高校教师和学生，其中包括十余位高校章程制定或实施的主要负责人。具体有学校领导、高校章程的制定者、资深专家学者、章程实施负责人、二级学院负责人等。基于研究伦理原则，访谈记录均隐去了受访者的真实姓名、单位等信息。

----

① 2011—2014 年教育部颁布大量与高校章程建设相关的政策法规，为考察章程实施后的功能实现状况，研究将 2015 年学生单独列出与其他年级学生进行差异性分析。

二　实施的总体概况

（一）章程执行度不高

大学章程的执行度旨在了解样本高校推进章程实施的具体落实情况。研究以章程实施相关政策要求为依据，从章程执行总体情况、对外公布和校内宣传、校内制度清理和修改、校内专门机构的设立、教代会讨论与报告、师生权利救济机构等方面对章程执行情况进行分析。

教师问卷数据反映章程执行度不高。研究对执行度的整体情况进行了分析（表 2-3），具体而言，其中学校章程对外公布、校内制度清理、章程解释和监督机构设立方面执行情况相对较好；向教代会汇报、设立教师申诉部门、校内宣传学习工作等执行情况则较弱。

表 2-3　　　　　　　　章程执行度分析（教师）　　　　　　单位:%

执行情况	有	不清楚	没有	合计
是否向社会公布	53.8	32.7	13.5	100
是否在校内进行宣传或组织学习	43.0	29.6	27.4	100
是否对校内规章制度进行清理和修改	46.4	37.5	16.1	100
是否设专门机构解释并监督章程功能实现	46.8	45.0	8.2	100
是否在教代会中讨论	39.5	40.7	19.8	100
是否向教代会作专门汇报	34.7	47.6	17.7	100
是否设立教师权利申诉部门	41.2	46.4	12.4	100
是否调整校学术组织成员	42.7	49.5	7.8	100

研究对执行度各题赋分，结果显示章程执行度平均得分为 18.2557（见表 2-4），多数教师评分集中于 15—20 分，评分为 16 分的教师人数最多（见图 2-1）。数据表明受访高校大学章程执行情况一般。

表 2-4　　　　　　　　章程执行度得分情况（教师）

	N	最小值	最大值	平均数	标准差
执行度总分	962	8	24	18.2557	3.5194

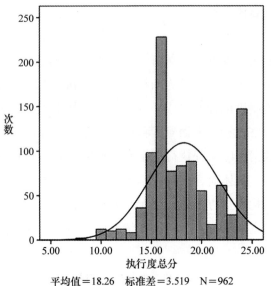

平均值=18.26　标准差=3.519　N=962

图2-1　章程执行度得分情况分布（教师）

学生问卷数据反映执行度较低。研究对章程执行的整体情况进行分析（表2-5），发现高校章程执行度整体较低，特别是在校内宣传和组织学习、学代会中讨论等方面的执行情况较差。

研究对执行度各题赋分，结果显示章程执行度平均得分为12.8001（见表2-6），多数学生的评分集中于11—16分，评分为12分的学生人数最多（见图2-2）。数据表明受访高校章程执行整体情况一般。

表2-5　　　　　　　　章程执行度整体情况（学生）　　　　　　　单位:%

执行情况	有	不清楚	没有
是否向社会公布	26.3	61.6	12.1
是否在校内进行宣传或组织学习	26.3	54.0	19.1
是否对校内规章制度进行清理和修改	25.4	67.1	7.5
是否设专门机构解释并监督章程功能实现	20.2	72.3	7.5
是否在学代会中讨论	20.1	70.0	9.9
是否设立学生申诉部门	25.5	66.7	7.8

表2-6 章程执行度得分情况（学生）

	N	最小值	最大值	平均数	标准差
执行度总分	1746	6	18	12.8001	2.08766

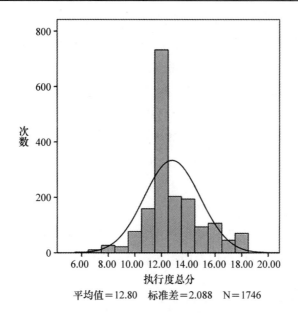

图2-2　章程执行度得分情况分布（学生）

1. 章程对外公布与校内宣传工作力度不够

教师中选择学校章程没有对外公布和不清楚的占比46.2%，没有在校内宣传或不清楚的占比57.0%；学生中选择学校章程没有对外公布和不清楚的占比73.7%，没有在校内宣传或不清楚的占比73.1%。

高校在对外发布和宣传的执行过程中，确实做了一些工作。但是，由于高校章程宣传渠道比较有限和单一，教师和学生获悉范围有限；另外，高校也未发布有关章程的解读。因而，教师和学生选择不清楚和没有的比例较高，这说明高校的宣传和组织学习工作执行不好。

2. 部分高校的校内规章制度清理和修改不及时

教师选择还未清理的占比16.1%，不清楚的占比37.5%，不清楚及以下的比例超过一半以上。学生表示还没有清理的占比7.5%；不清楚的占67.1%，不清楚及以下的比例超过70.0%。

调研发现，高校对校内规章制度的清理和修改工作缓慢，部分高校未能及时对校内规章制度进行"合章性审查"。

3. 部分高校章程解释与监督的专门机构缺位

53.2%的教师表示不清楚或还没有设立章程解释与监督的专门机构；79.8%的学生表示不清楚或还没有设立章程解释与监督的专门机构。可见，选择不清楚和没有的比例非常高。

数据表明，高校设立章程监督专门机构的执行情况不太理想。《暂行办法》① 和教育部相关文件②中均明确规定高校要设立专门机构监督章程执行情况。但从实际执行来看，部分高校并未设立相对独立的、专门的章程执行监督部门；部分高校也只是原则性地将监督权指定由教代会行使，但未实际落实。

4. "双代会"民主参与程度不高

39.5%的教师表示章程曾在教代会中讨论，34.7%的教师表示其所在学校校长就章程向教代会作专门报告；只有20.1%的学生表示学校章程曾在学代会中讨论。

数据表明，"双代会"民主参与程度不高，校内民主监督作用未充分发挥。

5. 教师和学生申诉机制不健全

41.2%的教师表示学校已设立教师申诉机构；25.5%的学生表示学校已经设立专门的学生申诉机构。

> 我们学校章程中专门有一条关于师生权利的维护和申诉，鼓励教师和学生通过合法的渠道进行维权。教师有劳动人事仲裁委员会，学校的纪检监察部门也可以接受师生的部分申诉。③

---

① 《高等学校章程制定暂行办法》第30条规定："高等学校应当指定专门机构监督章程的执行情况，依据章程审查学校内部规章制度、规范性文件，受理对违反章程的管理行为、办学活动的举报和投诉。"

② 教育部办公厅《关于加快推进高等学校章程制定、核准与实施工作的通知》（2014）。

③ 资料来源：访谈记录整理（某高校章程制定人员）。

6.985 工程高校执行度好于 211 工程和省属高校

（1）教师问卷：985 工程和 211 工程高校章程执行度好于省属高校

研究对不同类型高校教师的章程执行度得分情况进行方差齐性检验，发现三组的差异极其显著，p 值为 0.000 < 0.01，即方差为非齐性[①]（参见表 2 – 8）。单因素方差分析结果表明，不同类型高校的受访教师对执行度的评分存在极其显著差异（见表 2 – 9，F 值为 33.682，p 值为 0.000）。采用 Games-Howell 法进行多重比较，985 高校与省属高校教师执行度评分存在极其显著差异，985 工程高校评分显著高于省属高校；211 高校与省属高校教师执行度评分也存在极其显著差异，211 工程高校教师执行度评分显著高于省属高校；985 工程高校与 211 工程高校执行度评分不存在显著差异。数据表明，985 工程高校与 211 工程高校章程执行度好于省属高校。（见表 2 – 7 和表 2 – 10）

表 2 – 7　　　　　　**不同类型高校章程执行度评价情况统计（教师）**

高校类型	N	平均数	标准差[②]	标准误	平均值的95%置信区间		最小值	最大值
					下限	上限		
985 工程高校	339	18.4749	3.13528	0.17029	18.14	18.8099	14	24
211 工程高校	323	19.1981	3.8679	0.21522	18.7747	19.6215	8	24
省属高校	300	16.9933	3.15804	0.18233	16.6345	17.3521	10	24
总计	962	18.2557	3.5194	0.11347	18.033	18.4784	8	24

表 2 – 8　　　**不同类型高校章程执行度评价方差齐性检验（教师）**

Levene 统计资料	df1	df2	显著性
19.679	2	959	0.000

[①]　为简化表述，除非有特别说明，以下涉及不同类型、人员等的比较时，均使用方差齐性检验并结合单因素方差分析。同时采用 Games-Howell 法进行多重比较分析各组之间的差异情况。

[②]　标准偏差改为标准差；标准错误改为标准误。

表2-9　　　　　不同类型高校章程执行度评价方差分析（教师）

	平方和	df	平均值平方	F	显著性
群组之间	781.251	2	390.626	33.682	0.000
在群组内	11121.842	959	11.597		
总计	11903.094	961			

表2-10　　　　　不同类型高校章程执行度评价多重比较（教师）

（I）院校	（J）院校	平均差异（I-J）	标准误	显著性
985工程高校	211工程高校	-0.72322*	0.27444	0.023
985工程高校	省属高校	1.48159*	0.24948	0.000
211工程高校	省属高校	2.20481*	0.28207	0.000

（2）学生问卷：985工程高校章程执行度好于省属和211工程高校

表2-12和表2-13显示方差非齐性，不同类型高校受访学生执行度评分存在极其显著差异。进行多重比较后发现：985高校与211高校学生执行度评分存在极其显著差异，985高校显著高于211高校；985高校与省属高校学生执行度评分存在显著差异，985高校显著高于省属高校；省属高校与211高校受学生执行度评分存在显著差异，省属高校显著高于211高校。数据表明，985高校章程执行度好于省属高校，省属高校好于211高校。（见表2-11和表2-14）

表2-11　　　　　不同类型高校章程执行度评价情况统计（学生）

高校类型	N	平均数	标准差	标准误	平均值的95%置信区间		最小值	最大值
					下限	上限		
985工程高校	541	13.1349	2.15043	0.09245	12.9533	13.3165	6	18
211工程高校	631	12.4992	1.94844	0.07757	12.3469	12.6515	6	18
省属高校	574	12.8153	2.1295	0.08888	12.6408	12.9899	7	18
总计	1746	12.8001	2.08766	0.04996	12.7021	12.8981	6	18

表2 - 12　　　　不同类型高校章程执行度评价的方差齐性检验（学生）

Levene 统计资料	df1	df2	显著性
9.812	2	1743	0.000

表2 - 13　　　　不同类型高校章程执行度评价的方差分析（学生）

	平方和	df	平均值平方	F	显著性
群组之间	117.916	2	58.958	13.725	0.000
在群组内	7487.324	1743	4.296		
总计	7605.24	1745			

表2 - 14　　　　不同类型高校章程执行度评价的多重比较（学生）

（I）院校	（J）院校	平均差异（I-J）	标准误	显著性
985 工程高校	211 工程高校	0.63573 *	0.12068	0.000
985 工程高校	省属高校	0.31960 *	0.12825	0.034
211 工程高校	省属高校	- 0.31612 *	0.11797	0.02

注：* 表示平均值差异在5%的显著性水平下。

（二）受访师生章程认知度偏低

章程认知度的分析旨在了解章程实施后，受访者对章程的整体认知水平和程度。学校实施章程必然对相关主体的认知水平产生影响，从而影响主体对章程的遵守和认可。研究从主体对章程的了解、性质、内容、功能等方面分析主体的认知水平。数据表明，受访者章程认知度偏低。

教师方面，章程整体认知平均得分为15.0717（见表2 - 15），多数评分集中于10—22分，评10分的人数最多（见图2 - 3），表明受访教师的章程认知水平较低。

表2 - 15　　　　　　　章程认知情况（教师）

	N	最小值	最大值	平均数	标准差
整体认知度	962	3	23	15.0717	5.26094

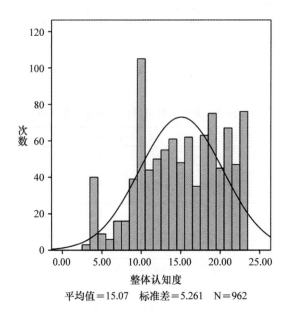

平均值=15.07 标准差=5.261 N=962

图 2-3 章程认知度得分情况分布（教师）

学生方面，章程整体认知平均得分 15.5097（见表 2-16），多数评分集中于 8—22 分，评 22 分的人数最多（见图 2-4），表明受访学生章程认知水平较低。

表 2-16 　　　　　　　　　　　　　章程认知情况（学生）

	N	最小值	最大值	平均数	标准差
整体认知度	1746	3	23	15.5097	4.74014

1. 本校章程了解程度不高

教师中表示不了解本校章程的占比 33.9%；学生中表示不了解本校章程的占比 53.8%。数据表明，师生对本校章程了解程度较低。主要原因在于高校内部宣传工作不到位，未能深入开展本校章程的学习工作。

2. 章程性质的认知存在偏差

数据显示，师生选择最多的三项为"应当依据法律和学校实际情况制

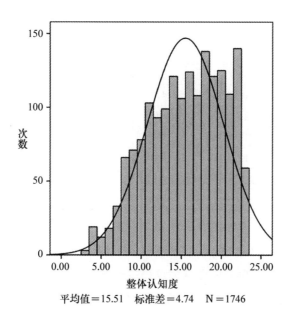

平均值＝15.51   标准差＝4.74   N＝1746

图 2 - 4   章程认知度得分情况分布（学生）

定、应规定学校的重大问题、核准后对教育行政部门具有约束力"（见表2 - 17 和表2 - 18）。

本研究认为，"章程应当由举办者和高校共同制定；要明确大学与政府、举办者的义务"等。师生选择"只是大学内部管理制度"等选项的比例较大，说明其认知存在一定程度的偏差。

表 2 - 17   **章程性质认知频数分析（教师）**

大学章程性质	频数	百分比（%）	观察值百分比（%）
只是大学内部管理制度	225	8.2	23.4
应当依据法律和学校实际情况制定	750	27.5	78.0
高校管理的法律	378	13.8	39.3
核准后对教育行政部门具有约束力	539	19.7	56.0
应规定学校的重大基本问题	580	21.2	60.3
由学校制定的政策文本	259	9.5	26.9
总计	2731	100.0	283.9

表 2 - 18   章程性质认知频数分析（学生）

	N	百分比（%）	观察值的百分比（%）
只是大学内部管理制度	433	8.7	24.8
应当依据法律和学校实际情况制定	1419	28.4	81.3
就是高校管理的法律	559	11.2	32.0
核准后对教育行政部门具有约束力	984	19.7	56.4
应规定学校的重大问题	1060	21.2	60.7
由学校制定的政策文本	537	10.8	30.8
总计	4992	100.0	285.9

3. 章程内容认知情况反映其较强的权利意识

数据显示，受访师生一致认为章程最应当明确内容的前三项是"教师和学生的权利义务、举办者与学校的权利义务、办学理念与特色"（表 2 - 19和表 2 - 20）。可见，师生非常关注章程中权利内容的表述，反映其强烈的权利意识。

表 2 - 19   章程内容认知频数分析（教师）

主要内容	频数	百分比（%）	观察值百分比（%）
办学理念与特色	719	18.9	74.7
举办者与学校的权利义务	737	19.4	76.6
内部管理机构	556	14.6	57.8
章程的制定与修改	530	14.0	55.1
教师和学生的权利义务	741	19.5	77.0
经费、资产管理	516	13.6	53.6
合计	3799	100.0	394.9

表 2 - 20   章程内容认知频数分析（学生）

主要内容	频数	百分比（%）	观察值百分比（%）
办学理念与特色	1286	17.9	73.7
举办者与学校的权利义务	1254	17.4	71.8
内部管理机构	1160	16.1	66.4

续表

主要内容	频数	百分比（%）	观察值百分比（%）
章程的制定与修改	1070	14.9	61.3
教师和学生的权利义务	1401	19.5	80.2
经费、资产管理	1026	14.3	58.8
合计	7197	100.0	412.2

4. 对章程制定主体的认知情况反映其较强的参与意识

数据显示，师生选择最多的前三项均为"教师和学生代表、教育行政部门代表、学校党政领导"（见表 2 - 21 和表 2 - 22）。

> 章程制定必须有学生参与，只有真正让学生参与到章程的制定过程中，才能得到学生的支持。但我觉得目前学生的声音都比较弱。[①]

调研表明，师生对自身参与有强烈的愿望，同时也认为教育行政部门与学校领导参与的重要性，但并未对于其他人员参与予以重视。

表 2 - 21　　　　**参与章程制定主体认知频数分析（教师）**

大学章程制定主体	频数	百分比（%）	观察值百分比（%）
学校党政领导	674	18.4	70.1
教育行政部门代表	761	20.8	79.1
教师和学生代表	758	20.7	78.8
有关专家	534	14.6	55.5
社会人士和相关代表	496	13.6	51.6
校友及退休人员代表	436	11.9	45.3
合计	3659	100.0	380.4

---

① 资料来源：访谈记录整理（某高校研究生）。

表2-22   参与章程制定主体认知频数分析（学生）

大学章程制定主体	频数	百分比（％）	观察值百分比（％）
学校党政领导	1332	18.7	76.3
教育行政部门代表	1404	19.7	80.4
教师和学生代表	1549	21.8	88.7
有关专家	1152	16.2	66.0
社会人士和相关代表	914	12.9	52.3
校友及退休人员代表	759	10.7	43.5
总计	7110	100.0	407.2

（三）受访师生章程认同度较低

大学章程认同度主要了解受访者对章程的接受与认可程度以及实现趋同的意向和过程。一般而言，章程获得主体的认同度越高就越容易被遵守。研究从章程的合理性、章程的可行性、寻求章程保护意向等方面来分析受访者对章程的认同度。数据表明，师生对所在高校章程的整体认同度较低。

1. 教师对章程认同度较低

表2-23显示，受访教师选择"章程内容合理"的只有16.9％，选择"章程切实可行"的17.7％，明确表示"会依据章程提出诉求"的29.1％。教师章程整体认同度平均得分为5.1757（见表2-24），多数评分集中于4—6分（见图2-5），频次最多的为4分。数据表明，教师对章程整体认同度较低。

> 我们学校颁布了章程，也挂在学校的网上了。我读过章程，内容太原则、太抽象了；而且章程实施后好像也没有什么变化。[①]
> "我看过高校的大学章程，感觉一般。我认为大学章程有可能变成摆设、变成一个花瓶。"[②]

① 资料来源：访谈记录整理（某高校专任教师）。
② 资料来源：访谈记录整理（某高校专任教师）。

表2-23 章程认同度分析（教师）

	同意（%）	不清楚（%）	不同意（%）
大学章程内容合理	16.9	24.0	59.0
大学章程切实可行	17.7	16.1	66.2
权利受到侵害会依据章程提出诉求	29.1	50.0	20.9

表2-24 章程认同度得分情况（教师）

	N	最小值	最大值	平均数	标准差
整体认同度	962	3	9	5.1757	1.68278

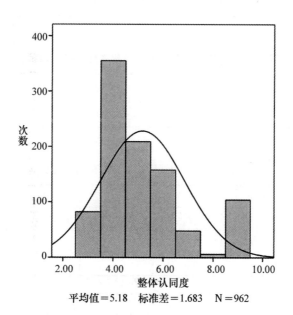

平均值=5.18　标准差=1.683　N=962

图2-5 章程认同度得分分布（教师）

2. 不同类型高校教师对章程认同度存在明显差异

表2-25和表2-26显示方差非齐性，不同类型高校教师对章程认同度评分存在显著差异。经多重比较后发现：211高校与985高校、省属高校教师在章程整体认同度上存在显著差异；985高校与省属高校不存在显

著差异（见表 2 - 27）。211 高校教师的整体认同度显著高于 985 高校和省属高校。（见表 2 - 25 和图 2 - 6）

表 2 - 25　　　　　　**不同类型高校章程认同度情况统计（教师）**

高校类型	N	平均数	标准差	标准误	平均值的95%置信区间		最小值	最大值
					下限	上限		
985 工程高校	339	5.0177	1.62806	0.08842	4.8438	5.1916	3	9
211 工程高校	323	5.6656	1.96071	0.1091	5.451	5.8803	3	9
省属高校	300	4.8267	1.24705	0.072	4.685	4.9684	3	9
总计	962	5.1757	1.68278	0.05426	5.0692	5.2821	3	9

表 2 - 26　　　　**不同类型高校章程认同度的方差齐性检验（教师）**

Levene 统计资料	df1	df2	显著性
38.46	2	959	0.000

表 2 - 27　　　　**不同类型高校章程认同度的方差分析（教师）**

	平方和	df	平均值平方	F	显著性
群组之间	122.542	2	61.271	22.61	0.000
在群组内	2598.769	959	2.71		
总计	2721.311	961			

表 2 - 28　　　　**不同类型高校章程认同度的多重比较（教师）**

（I）院校	（J）院校	平均差异（I-J）	标准误	显著性
985 工程高校	省属高校	0.19103	0.11403	0.216
211 工程高校	985 工程高校	0.64794 *	0.14043	0.000
211 工程高校	省属高校	0.83897 *	0.13071	0.000

注：* 表示平均值差异在 5% 的显著性水平下。

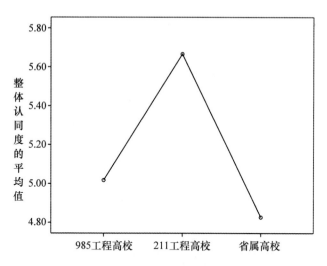

图 2 - 6　不同类型高校认同度平均值分布（教师）

3. 学生对章程认同度较低

表 2 - 29 显示，受访学生选择"章程内容合理"的只有 5%，选择"章程切实可行"的 7.3%，明确表示"会依据章程提出诉求"的 23.1%。学生章程整体认同度平均得分 5.1037（见表 2 - 30），多数评分集中于 4—6 分，频次最多的 4 分（见图 2 - 7）。数据表明，受访学生对章程的整体认同度较低。

　　如果我的权利受到侵害了，我会先征求导师的意见。我也可能会查找学校的相关规章制度，包括学校章程。[①]

表 2 - 29　　　　　　　　**章程认同度分析（学生）**

	同意（%）	不清楚（%）	不同意（%）
大学章程内容合理	5	39.1	55.9
大学章程切实可行	7.3	36.6	56.1
权利受到侵害会依据章程提出诉求	23.1	63.9	13

① 资料来源：访谈记录整理（某高校研究生）。

表 2 – 30   章程认同度得分情况 （学生）

	频数	最小值	最大值	平均数	标准差
整体认同度	1746	3	9	5.1037	1.25496

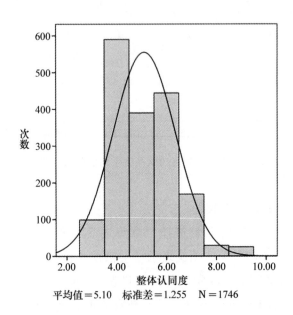

平均值＝5.10   标准差＝1.255   N＝1746

图 2 – 7   章程认同度得分分布 （学生）

4. 不同年级学生章程认同度存在明显差异

研究采用独立样本 T 检验，发现不同年级学生对章程认同度存在显著差异（t 值为 2.867，p 值为 0.004 ＜ 0.05）（见表 2 – 32），2015 级学生整体认同度显著高于其他年级学生（见表 2 – 31）。

表 2 – 31   2015 级与其他年级章程认同度情况统计 （学生）

年　级	N	平均数	标准差	标准误平均值
2015 级	644	5.2189	1.32808	0.05233
其他年级	1102	5.0363	1.2057	0.03632

表 2 - 32　　　　　2015 级与其他年级章程认同度差异检验（学生）

	t	显著性（双尾）
整体认同度	2.867	0.004

我觉得学校的章程挺好的，以学生为主、以学生为中心。①

我觉得章程基本上没有多大的作用，很多学校都不会按照章程去做。②

调研表明，不同年级学生的章程认同度存在明显差异，2015 级学生明显高于其他年级。2015 年是高校制定并出台本校章程的关键期，因而与其他年份相比，在章程的宣传与落实等方面执行情况相对较好。

第三节　大学章程的功能实现度
不高及其表现

大学章程功能实现度旨在了解章程运行过程中章程功能的实现情况和程度。结合章程执行度、认知度和认同度的结果，对章程在保障高校办学自主权、学术权力、民主权利等方面功能的实现情况进行分析。章程功能实现的"中梗阻"现象，意味着章程功能实现受阻；而这往往与行动主体的态度和素养、章程执行程度等因素相关。行动者的低认识知和低认同使得章程被动实施、低效运行；相关政策与制度的消极或被动执行，影响甚至是阻碍章程的功能实现。调研发现，章程功能实现度整体较弱。

教师数据分析显示，章程功能实现度平均得分 26.0613（见表 2 - 33），多数评分集中于 23—29 分，频次最多 27 分（见图 2 - 8）。数据表明，教师对章程的功能实现度评价较低。

---

① 资料来源：访谈记录整理（某高校 2015 级学生）。
② 资料来源：访谈记录整理（某高校本科生）。

表2-33　　　　　　　章程功能实现度情况分析（教师）

	N	最小值	最大值	平均数	标准差
功能实现度	962	9	36	26.0613	5.24185

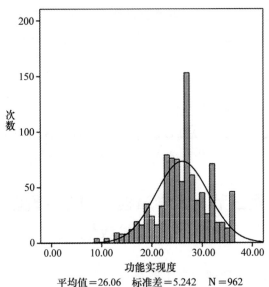

平均值＝26.06　标准差＝5.242　N＝962

图2-8　章程功能实现度得分分布（教师）

学生数据分析显示，章程的功能实现度平均得分19.3356（见表2-34），多数评分集中于16—20分，频次最多为21分（见图2-9）。数据表明，学生对章程的功能度评分较低。

表2-34　　　　　　章程功能实现度得分情况统计（学生）

	N	最小值	最大值	平均数	标准差
功能实现度	1746	7	28	19.3356	3.36094

研究进一步从章程保障高校办学自主权、学术权力、师生权利以及实现校院两级管理等方面，对章程的功能实现状况进行分析。分析结果表明，章程功能实现度不高具体表现为以下几个方面。

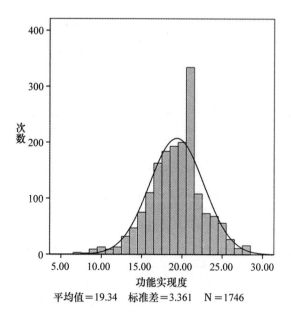

平均值＝19.34　标准差＝3.361　N＝1746

图 2 - 9　章程功能实现度得分分布（学生）

一　大学章程保障高校办学自主权功能较弱

（一）师生数据分析：章程保障办学自主权功能发挥较弱

关于章程能保障高校办学自主权的数据分析：受访教师 25.6% 表示完全同意，55.2% 表示比较同意，不太同意和不同意的占比 19.2%；受访学生表示完全同意的 8.9%，表示比较同意的 63.7%，表示不太同意和不同意的占比 27.4%。

（二）省属高校章程保障办学自主权功能发挥最弱

1. 教师问卷分析：表 2 - 35 和表 2 - 36 显示方差非齐性，不同类型高校教师评分存在显著差异。经多重比较后发现：省属高校与 985、211 高校教师的评价存在显著差异；985 高校和 211 高校不存在显著差异（见表 2 - 40）。985 高校评分最高，省属高校评分最低（见表 2 - 37）。

2. 学生问卷分析：表 2 - 39 和表 2 - 40 显示方差非齐性，不同类型高校学生评分存在显著差异。经多重比较后发现：985 高校与 211、省属高校学生的评价存在极其显著的差异；211 高校与省属高校不存在显著差异（见表 2 - 41）。985 高校评分最高，省属高校评分最低（见表 2 - 39）。

表 2 - 35   不同类型高校章程保障办学自主权评价情况统计（教师）

高校类型	N	平均数	标准差	标准误	平均值的95%置信区间		最小值	最大值
					下限	上限		
985 工程高校	339	3.1003	0.80786	0.04388	3.014	3.1866	1	4
211 工程高校	323	3.0341	0.93687	0.05213	2.9315	3.1366	1	4
省属高校	300	2.7367	0.79336	0.0458	2.6465	2.8268	1	4
总计	962	2.9647	0.86244	0.02781	2.9101	3.0192	1	4

表 2 - 36   不同类型高校章程保障办学自主权评价的方差齐性检验（教师）

Levene 统计资料	df1	df2	显著性
3.323	2	959	0.036

表 2 - 37   不同类型高校章程保障办学自主权评价的方差分析（教师）

	平方和	df	平均值平方	F	显著性
群组之间	23.386	2	11.693	16.219	0.000
在群组内	691.412	959	0.721		
总计	714.798	961			

表 2 - 38   不同类型高校章程保障办学自主权评价的多重比较（教师）

（I）院校	（J）院校	平均差异（I-J）	标准误	显著性
985 工程高校	211 工程高校	0.06624	0.06814	0.595
985 工程高校	省属高校	0.36363 *	0.06343	0.000
211 工程高校	省属高校	0.29739 *	0.06939	0.000

注：* 表示平均值差异在 5% 的显著性水平下。

表 2 - 39　　不同类型高校章程保障办学自主权评价情况统计（学生）

高校类型	N	平均数	标准差	标准误	平均值的95%置信区间		最小值	最大值
					下限	上限		
985 工程高校	541	2.8244	0.73323	0.03152	2.7625	2.8863	1	4
211 工程高校	631	2.6941	0.70819	0.02819	2.6388	2.7495	1	4
省属高校	574	2.6376	0.82988	0.03464	2.5696	2.7057	1	4
总计	1746	2.7159	0.7612	0.01822	2.6802	2.7517	1	4

表 2 - 40　　不同类型高校章程保障办学自主权评价的方差齐性检验（学生）

Levene 统计资料	df1	df2	显著性
15.863	2	1743	0.000

表 2 - 41　　不同类型高校章程保障办学自主权评价的方差分析（学生）

	平方和	df	平均值平方	F	显著性
群组之间	10.184	2	5.092	8.867	0.000
在群组内	1000.913	1744	0.574		
总计	1011.097	1746			

表 2 - 42　　不同类型高校章程保障办学自主权评价的多重比较（学生）

（I）院校	（J）院校	平均差异（I-J）	标准误	显著性
985 工程高校	211 工程高校	0.13026 *	0.04229	0.006
985 工程高校	省属高校	0.18677 *	0.04684	0.000
211 工程高校	省属高校	0.05651	0.04466	0.415

注：* 表示平均值差异在5%的显著性水平下。

二　学术委员会等学术组织权力行使受限

关于章程能克服或缓解学术行政化的功能分析：26.2%的受访教师表示完全同意；53.2%表示比较同意，不太同意和不同意的占比20.6%。调研表明，章程对缓解学术行政化发挥了一定的作用，但程度还比较弱。

我们学校在落实去行政化方面做了很多工作。首先就是取消学院一级领导行政级别，院长和副院长最多只能连任两届，之后要么轮岗要么做专任教师。学院领导在职期间按照各自的职称拿工资和津贴的，而不是按照行政级别拿处级或副处级待遇的，这个是我们学校的特色。[①]

我们学校的校领导也是拿教授、博导津贴。学校收入最高的就是首席教授，而不是校长。所以，很多人都愿意做老师、当博导。我们学院有个副院长任期到了，学校让他去教务处当副处长，可是他不愿意，后来就直接转为教师了。[②]

此外，985 工程和 211 工程高校此功能评分显著高于省属高校。表 2 - 43 和 2 - 44 显示方差非齐性，不同类型高校教师评分存在显著差异。经多重比较后发现：省属高校与 985、211 工程高校教师的评价存在极其显著的差异；985 工程高校和 211 工程高校不存在显著差异（见表 2 - 45）。985 工程高校评分最高，省属高校评分最低（见表 2 - 43）。

表 2 - 43　不同类型高校章程克服学术行政化的评价情况统计（教师）

高校类型	N	平均数	标准差	标准误	平均值的 95% 置信区间		最小值	最大值
					下限	上限		
985 工程高校	339	3.1386	0.65832	0.03575	3.0683	3.209	1	4
211 工程高校	323	3.0495	0.78655	0.04376	2.9634	3.1356	1	4
省属高校	300	2.88	0.76215	0.044	2.7934	2.9666	1	4
总计	962	3.0281	0.74281	0.02395	2.9811	3.0751	1	4

---

① 资料来源：访谈记录整理（某高校院级领导）。
② 资料来源：访谈记录整理（某高校行政管理人员）。

表2-44　不同类型高校章程克服学术行政化的方差齐性检验（教师）

Levene 统计资料	df1	df2	显著性
1.903	2	959	0.15

表2-45　　不同类型高校章程克服学术行政化的方差分析（教师）

	平方和	df	平均值平方	F	显著性
群组之间	10.871	2	5.435	10.036	0.000
在群组内	519.371	959	0.542		
总计	530.242	961			

表2-46　　不同类型高校章程克服学术行政化的多重比较（教师）

（I）院校	（J）院校	平均差异（I-J）	标准误	显著性
985 工程高校	211 工程高校	0.08911	0.05722	0.12
985 工程高校	省属高校	0.25864 *	0.05833	0.000
211 工程高校	省属高校	0.16954 *	0.05901	0.004

注：* 表示平均值差异在5%的显著性水平下。

三　大学章程保障师生权利作用不明显

（一）大学章程保障教师权利功能发挥较弱

关于章程保障教师权利功能分析：19.5%教师表示完全同意；表示不太同意和不同意的占21.9%。数据表明，章程实施后保障教师权利的功能发挥还比较弱。

对比教师的"公平发展权、参与权和知情权"，教师认为"重大事项知情权"实现程度最低；其次是"参与权"；相对较好的是"公平发展权"（见图2-10）。

（二）大学章程保障学生权利功能发挥较弱

关于章程保障学生权利功能的分析：教师表示完全同意的21.2%，表示不太同意和不同意的24.5%；学生表示完全同意的仅为9%，表示不太同意和不同意的24.3%。数据表明，章程实施后师生均认为章程保障学生

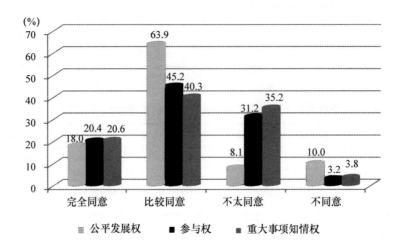

图 2 - 10 章程保障发展、参与、知情权分布（教师）

权利的功能实现程度不高。

1. 985 工程高校章程保障学生权利功能实现好于 211 工程和省属高校

表 2 - 47 和表 2 - 48 显示方差非齐性，不同类型高校学生评分存在显著差异。经多重比较后发现，985 高校与 211 高校、省属高校学生评分存在极其显著的差异；211 高校与省属高校没有显著差异（见表 2 - 48），985 高校评价最高，显著高于 211 和省属高校（见表 2 - 47）。

　　某 985 高校学生："我觉得能保障师生权益的。章程中不仅有对学生和教师的行为规范，同时也规范了学校的行为。双方可以建立平等的关系，所以我觉得有积极作用的。"①

　　某 211 高校学生："我觉得章程对于保护师生权益有积极作用，我对学校的章程还是比较认可的。"②

　　省属高校学生："我个人觉得章程不能保证学生的基本权利。比如奖学金、科研项目的评审虽然表面上公平、平等，但实际受到很多

---

① 资料来源：学生访谈记录整理（某高校 2015 级学生）。
② 资料来源：学生访谈记录整理（某高校 2015 级学生）。

因素的影响，章程在实践中作用不大。"①

表 2 - 47　　不同类型高校章程保障自身权利的评价情况统计（学生）

高校类型	N	平均数	标准差	标准误	平均值的95%置信区间		最小值	最大值
					下限	上限		
985 工程高校	541	2.8688	0.71967	0.03094	2.808	2.9295	1	4
211 工程高校	631	2.7322	0.69206	0.02755	2.6781	2.7863	1	4
省属高校	574	2.6916	0.76851	0.03208	2.6286	2.7546	1	4
总计	1746	2.7612	0.7298	0.01747	2.7269	2.7954	1	4

表 2 - 48　　不同类型高校章程保障自身权利的方差齐性检验（学生）

Levene 统计资料	df1	df2	显著性
7.804	2	1743	0.000

表 2 - 49　　不同类型高校章程保障自身权利的方差分析（学生）

	平方和	df	平均值平方	F	显著性
群组之间	9.568	2	4.784	9.066	0.000
在群组内	919.839	1743	0.528		
总计	929.407	1745			

表 2 - 50　　不同类型高校章程保障自身权利的多重比较（学生）

（I）院校	（J）院校	平均差异（I - J）	标准误	显著性
985 工程高校	211 工程高校	0.13659 *	0.04143	0.003
985 工程高校	省属高校	0.17712 *	0.04457	0.000
211 工程高校	省属高校	0.04053	0.04228	0.603

注：* 表示平均值差异在 5% 的显著性水平下。

---

① 资料来源：学生访谈记录整理（某高校本科生）。

2. 985 工程高校章程在保障学生"公平发展权、参与权与知情权"等方面实现度高于 211 工程和省属高校

第一，学生的"公平发展权"：学生对"章程能为学生提供公平发展机会"表示完全同意的占 9.6%，表示不太同意和不同意的比例为 24.4%；学生对"章程能使学生的奖励与荣誉评审公开和公平"完全同意的占 19.6%，表示不太同意和不同意的为 21.2%。

> 某985高校学生："我觉得学校章程比较全面，各种评优评先都很公平。"①
>
> 某211高校学生："要保证章程的有效性，除了要完善制度本身，还要保证它的实施。比如学校的奖学金、学生科研项目的评审应该公开。"②
>
> 某省属高校学生："我们学校章程虽然实施了，但学生关心的奖学金、科研项目的评审并不受到影响，我个人觉得章程保证不了公平性，学校部门和人员根本就不会按照章程做。"③

表 2-51 和 2-52 显示方差非齐性，不同类型高校学生评分存在显著差异。进行多重比较后发现，985 高校与 211、省属高校学生评分存在极其显著的差异；211 高校和省属高校不存在显著差异（见表 2-53）。985 高校学生评价最高，显著高于 211 和省属高校（见表 2-51）。

第二，学生的"参与权与知情权"。学生对"章程实施后学生参与权利更大"表示完全同意的占 12%，表示不太同意和不同意的为 40.9%；学生对"章程实施后学校重大制度会在学生中宣传"表示完全同意占 13.9%，表示不太同意和不同意的占 36.8%；学生对"章程实施后学校会听取学生意见"表示完全同意的占 16.6%，表示不太同意和不同意的占 31.5%。

---

① 资料来源：学生访谈记录整理（某高校 2015 级学生）。
② 资料来源：学生访谈记录整理（某高校研究生）。
③ 资料来源：学生访谈记录整理（某高校研究生）。

表 2 - 51　　不同类型高校章程保障公平发展权评价的情况统计（学生）

	N	平均数	标准差	标准误	平均值的95%置信区间		最小值	最大值
					下限	上限		
985 工程高校	541	5.8743	1.14621	0.04928	5.7775	5.9711	2	8
211 工程高校	631	5.6149	1.08629	0.04324	5.53	5.6998	2	8
省属高校	574	5.7021	1.138	0.0475	5.6088	5.7954	2	8
总计	1746	5.7239	1.12663	0.02696	5.6711	5.7768	2	8

表 2 - 52　　不同类型高校章程保障公平发展权评价的方差齐性检验（学生）

Levene 统计资料	df1	df2	显著性
0.097	2	1743	0.907

表 2 - 53　　　不同类型高校章程保障公平发展权评价的方差分析（学生）

	平方和	df	平均值平方	F	显著性
群组之间	20.009	2	10.004	7.945	0.000
在群组内	2194.93	1743	1.259		
总计	2214.939	1745			

表 2 - 54　　　不同类型高校章程保障公平发展权评价的多重比较（学生）

（I）院校	（J）院校	平均差异（I-J）	标准误	显著性
985 工程高校	211 工程高校	0.25941 *	0.06575	0.000
985 工程高校	省属高校	0.17222 *	0.06724	0.011
211 工程高校	省属高校	- 0.08719	0.06473	0.178

注：* 表示平均值差异在 0.05 的显著。

表 2 - 55 和 2 - 56 显示方差非齐性，不同类型高校学生评分存在显著

差异。进行多重比较后发现：985 高校与211、省属高校学生评分存在极其显著的差异；211 高校与省属高校学生评分不存在显著差异（见表2－57），985 工程高校学生评价最高，显著高于211 高校和省属高校（见表2－55）。

　　某985 高校学生："我觉得学校的章程还是比较完善的，无论是制定还是具体实施都能听听学生的意见。"①

　　某211 高校学生："虽然学生有很多组织、社团，但其实声音很弱，有很多不同意在内部就被否定了，更别说反映到学校去。"②

　　省属高校学生："学校很多事情我们学生都不知道，学生管理的制度也都是由学校制定的，如果不遵守就违规了，就可能受到各种惩罚，甚至影响到毕业。"③

表2－55　不同类型高校章程保障参与权和知情权评价情况统计（学生）

	N	平均数	标准差	标准误	平均值的95% 置信区间		最小值	最大值
					下限	上限		
985 工程高校	541	8.6599	1.80607	0.07765	8.5074	8.8124	3	12
211 工程高校	631	7.8114	2.09328	0.08333	7.6478	7.9751	3	12
省属高校	574	7.9948	1.91576	0.07996	7.8377	8.1518	3	12
总计	1746	8.1346	1.98149	0.04742	8.0416	8.2276	3	12

表2－56　不同类型高校章程保障参与权和知情权的方差齐性检验（学生）

Levene 统计资料	df1	df2	显著性
9.768	2	1743	0.000

---

① 资料来源：学生访谈记录整理（某高校2015 级学生）。
② 资料来源：学生访谈记录整理（某高校本科生）。
③ 资料来源：学生访谈记录整理（某高校本科生）。

表2-57　不同类型高校章程保障参与权和知情权方差分析（学生）

	平方和	df	平均值平方	F	显著性
群组之间	226.409	2	113.204	29.784	0.000
在群组内	6624.962	1744	3.801		
总计	6851.371	1746			

表2-58　不同类型高校章程保障参与权和知情权的多重比较（学生）

（I）院校	（J）院校	平均差异（I-J）	标准误	显著性
985工程高校	211工程高校	0.84848*	0.1139	0.000
985工程高校	省属高校	0.66512*	0.11146	0.000
211工程高校	省属高校	-0.18336	0.11549	0.251

注：*表示平均值差异在5%的显著性水平下。

四　有限放权影响校院两级管理体制建立

受访教师对"章程实施后学院享有更多自主权"表示不太同意及以下的占33.5%；对"章程功能实现后院学术委员会发挥作用更大"表示不太同意及以下的占21.5%（见图2-11）。

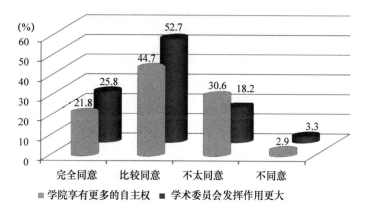

图2-11　校院管理功能实现度分布（教师）

研究对教师的回答进行赋分，章程实现校院两级管理功能的平均分为5.8分（见表2-59和图2-12）。数据表明，章程该项功能的实现度较低。

表2-59   校院管理功能实现度评价情况（教师）

	N	最小值	最大值	平均数	标准差
院校两级管理功能实现度	962	2	8	5.8638	1.41243

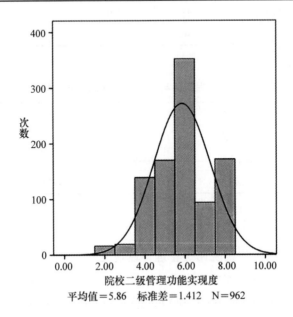

图2-12 校院管理功能实现度得分分布（教师）

（一）二级学院办学自主权相对不足

研究根据各校章程规定，将二级学院办学自主权归纳为八项，请受访者选择认为最弱的前三项，共获得2636个答案。由图可知，受访教师认为学院办学自主权最弱的三项是"教师考核、奖励分配权"（16.5%）、"教学科研自主、资源使用与调配权（15%）。"

数据表明，高校探索校院两级体制改革，赋予学院较多自主权，但程度不高，尤其是对教师考核、资源使用、教学科研等与学院发展最为密切的权利。

"说实话，学院办好了，学校肯定能办好。学校最大的问题就是资源比较集中，还是行政化分配，这对于激发学院活力非常不利。学院在人才培养方面也不能完全自己说了算。比如学院制定的培养方案必须经过学校审核才能实施。"①

"目前我们学校教师的考核是由学校制定统一标准，按照一年一小考、三年一大考的形式进行的。学校不了解每个学院的具体情况，制定出来的标准不符合各个学院的实际情况，教师们也是多有抱怨。我认为教师考核就应该由学院根据本院的具体情况制定标准，由学院来进行。除了对教师的业绩进行考核，还要全面考核教师对学院发展的贡献大小，并且将考核与绩效挂钩。当然，为防止考核标准过低，在执行之前应该报学校相关部门，由院校商量着制定。但目前这种考核并不符合学校、学院的实际情况。"②

（二）学院教授委员会作用发挥不充分

本研究根据各校章程规定，将二级学院教授委员会（学术委员会）权利概括为六项，请受访者选择作用发挥最弱的三项，共获得2273个答案（见图2-13）。由图可知，教师认为作用发挥最弱的三项是专业设置（20.5%）、人才引进（19.8%）以及学科建设（17.8%）。

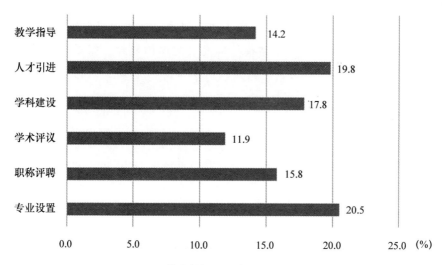

图2-13　学院教授委员会权利分布（教师）

---

① 资料来源：访谈记录整理（某高校院级领导）。
② 资料来源：访谈记录整理（某高校院级领导）。

"作为一个学院的院长，我最为了解学院所急需的专业人才。我认为应该充分发挥学院学术委员会在人才引进方面的作用，由学院决定本院的人才引进。但是，目前学院在人才引进方面还受到很多限制，一些急需的人才由于种种原因进不来。主要是因为学校行政权力太大了，学院人才引进要经过多项程序、多种审批，还要受诸多限制。"①

"最近学校试行学院对副教授（含）以下职称进行评审，程序上是先由学院排队，再报学校高评会审查，原则上尊重学院的决定。但实际中仍有改变学院评审结果的发生。我跟人事处相关人员说，学院的评审小组都是行业专家，最清楚每个人的业绩水平，但你们聘请的评审人员很多都不懂我的专业。此外，除了业绩成绩之外，我们学院评审还要考虑很多因素，其中是否对学院做出贡献就非常重要，但这个你们是看不到的。有些老师一心只埋头干自己的事情，对学院的发展根本不关心，更不愿意为学院做事情。如果大家只顾自己那还要组织干吗？要办好一个学院，必须要有组织凝聚力。所以职称评审权就应该下放到学院。"②

"学院的学科发展主要受到人力、财力、物力等多种因素的影响，很难自主。同时，还受到学校整体发展规划的制约，需要学校层面的通盘考虑。"③

---

① 资料来源：访谈记录整理（某高校院级领导）。
② 资料来源：访谈记录整理（某高校院级领导）。
③ 资料来源：访谈记录整理（某高校院级领导）。

第三章　大学章程功能实现问题的分析框架

在政府相关部门的推动下，我国公立高校纷纷发布并开始实施章程。选择契合的研究工具、视角与路径是章程功能实现研究开展的基础和前提。近年来，社会科学领域中的行动者—系统—动力学理论逐渐受到更多的关注。该理论最早运用于分析系统的变迁和优化问题，强调系统变迁的行动者、制度和环境影响三大动力来源。本书围绕章程功能实现问题，运用行动者—系统—动力学理论作为分析工具，建立章程功能实现研究分析框架，探索章程研究的新路径。

第一节　行动者—系统—动力学理论概述

行动者—系统—动力学理论被认为是 20 世纪 70 年代系统论最大的成就。它将社会、组织、社区等看作既独具内部结构和运动规律，又彼此保持既定边界的对外开放的社会系统；同时，作为系统的整体又与外部环境之间维持着频繁的互动关系。该理论被广泛运用于社会系统分析中，主要关注社会制度与文化的变迁与优化。

一　ASD 理论的源起

行动者—系统—动力学理论最早是由社会学家汤姆·R. 伯恩斯（Tom R. Burns）提出来的。1962 年还在斯坦福大学攻读硕士学位的伯恩斯就非常热衷于行动者—系统—动力学理论，该理论强调行动者与系统之间的有机的稳定性联系，它强调主体的能动性作用（创造或破坏）、制度、系统、关系等，在行动者价值或利益发生作用的同时接纳、改变或转化系统的制度安排。① 随后，伯恩斯运用实证方法将该理论从理论分析推及至实证分析，形成了以伯恩斯为主的"乌普萨拉学"社会理论学派，即规则—系统理论。

ASD 理论最早起源于能动主体与社会系统之间互动关系的争论。能动主体与结构是社会学理论研究的重要问题，围绕着参与社会生活的个人与社会系统的关系而展开，尤其是主体能动性在社会系统限定下独立行动的程度。以乔治·齐美尔（George Simmel）和赫尔伯特·布拉姆（Herbert Blummer）为代表的互动主义者认为能动主体最重要；以门菲瑞德·库恩（Manfred Kuhn）为代表的互动主义者认为如果没有社会系统，主体则几乎什么也不能做，社会系统才是最重要的。安东尼·吉登斯（Anthony Giddens）综合了两派的观点，主张将行动者与社会系统联系起来，认为任何将两者截然分开的观点都是片面的。

伯恩斯将自己的理论植根于吉登斯和戈夫曼（Goffman）等人的研究之中，汲取了结构化功能主义、组织理论、新制度主义理论中关于组织变迁、路径依赖、行动者、制度和环境等思想，创造性地提出行动者—系统—动力学这一新的社会理论，"在行动者和结构之间架起了一座桥梁"②，提供了认识能动的行动者与社会的新视角。伯恩斯认为，复杂的社会规则网络并非既定，"社会规则系统是人类的构建"，"能动主体不断地形成和改进社会规则系统"。③ 该理论主张社会系统对外在的社会和物质环境是开放的，在互动中获得新的特性；将人类行动者建构成为具有创造性或者是破坏性的变革力量非常重要。④ 行动者从一开始就具有创造性，自我组织、自我反省，选择偏离特定的价值观等，甚至于反对或采取革命性的行动方式，并在这个社会系统的持续行动中相互作用、相互影响。

---

① 李永亮：《高等学校内部治理结构优化研究》，博士学位论文，山东大学，2016 年。
② ［瑞典］汤姆·R. 伯恩斯：《经济与社会变迁的结构化——行动者、制度与环境》，周长城等译，社会科学文献出版社 2010 年版，第 2 页。
③ ［瑞典］汤姆·R. 伯恩斯：《经济与社会变迁的结构化——行动者、制度与环境》，周长城等译，社会科学文献出版社 2010 年版，第 3 页。
④ ［瑞典］汤姆·R. 伯恩斯：《经济与社会变迁的结构化——行动者、制度与环境》，周长城等译，社会科学文献出版社 2010 年版，第 3 页。

从社会科学系统论来看，ASD 理论主要表现为五个方面的创新：（1）个人被看作是有创造力（破坏力）并且能自我反省、自我转变的行动者；（2）文化和制度是主体行为的主要环境，行动者必须通过社会规范或社会系统加以内化；（3）互动过程嵌入于文化与制度结构中；（4）制度和文化的矛盾及团体之间斗争的存在，社会系统能调和紧张与不协调的状态；（5）互动中的主体行为、社会行动作用形成的选择机制会影响社会规范系统的发展与变化。

二 ASD 理论的分析框架

ASD 理论重点关注社会行动者、制度和文化之间的相互逻辑影响，试图建立行动者与系统之间的联结，行动者、制度和文化之间相互作用、重构并转换。ASD 理论认为社会系统变迁的动力源自行动主体的能动性（创造性或破坏性）、主体间的互动与社会规则及整体系统所处的开放的社会和物质环境，也即行动主体、规则设计和环境三个方面。ASD 理论建构了自身的概念体系，将社会关系、组织、社区、群体等作为独特的结构和规律的系统，系统在开放的状态中与外部环境产生着持续性的互动，从而产生新的要素最终导致连续性的变革的发生。ASD 理论对社会系统进行分析和模型建构具有非常重要的作用，分析框架见图 3 – 1：[①]

（Ⅰ）代表行动者互动中的制约因素或协调者。（IA）社会结构，即制度和文化——规范行动者及其互动，限制有利于社会规则创新与转型的机遇。（IB）是指物质系统包括物质环境和生态环境，它是维持和限制人类行动的基础，提供生命与物质发展所必需的资源。（IA，IB）是指社会技术系统，它将社会结构因素和物质融合。（IA – S）和（IB – S）分别代表社会和物质（自然）建构、选择机制，是社会行动者与外界互动的主要因素。[②]

（Ⅱ）指互动的社会行动者。他们分别扮演不同的社会角色并在给定

---

① ［瑞典］汤姆·R. 伯恩斯：《经济与社会变迁的结构化——行动者、制度与环境》，周长城等译，社会科学文献出版社 2010 年版，第 6 页。

② ［瑞典］汤姆·R. 伯恩斯：《经济与社会变迁的结构化——行动者、制度与环境》，周长城等译，社会科学文献出版社 2010 年版，第 8 页。

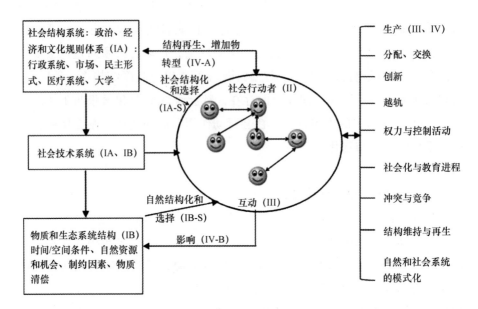

图3-1 ASD一般模型：结构化力量和互动行动者的社会文化和物质嵌入

的社会系统中持续互动与交流。社会行动者（个体、集体）通过制度等社会结构彼此联系起来，又不断地且能动地对社会规则进行修改、补充、创新。

（Ⅲ）指社会行动者通过已建立的社会物质条件使社会行动通过互动达到结构化的过程。

（Ⅳ）指社会行动者与系统作用产生的多种后果。[①] 对社会产生的损害结果，以及为限制行动互动或提供便利制定的社会结构的Ⅳ-A、Ⅳ-B分别是ⅠA、ⅠB结构上运行。通过互动，行动者接纳或改变社会结构、生态条件。

ASD理论将社会行动者和社会结构系统联结起来，将复合的社会系统融入"多重行动者"概念中。社会行动者（个体、集体）在行动与互动中受限于一定社会的制度、文化和物质环境，但由于社会行动者的能动性，

---

① ［瑞典］汤姆·R.伯恩斯：《经济与社会变迁的结构化——行动者、制度与环境》，周长城等译，社会科学文献出版社2010年版，第9页。

其又能主动地破坏或重塑制度与环境。社会行动者在社会结构框架和各种条件限制下，通过相互间的斗争、谈判、合作等互动形式修改或建构重要制度。他们改变社会系统的物质环境（有意或无意），而社会物质系统又反过来影响和建构行动主体的互动，但物质和制度常常并非如社会行动者所愿。

三　ASD 理论的发展与应用

伯恩斯提出的行动者—系统—动力学理论已被广泛地运用到社会现象和政策分析中，诸如经济社会与社会经济学、互动主义与社会博弈论、制度与组织、权力研究等。

（一）制度研究

ASD 理论被运用于规则系统理论的开发，并用来分析社会制度、组织形态及其动态。伯恩斯认为，处于社会核心位置的规则是具有权威性的规则综合体[①]。制度架构将行动者的关系、角色以及他们之间的人际互动组织起来，这也就是伯恩斯所说的处于核心位置的组织制度或制度安排（规则系统）。它通过社会行动者的行动方式或角色关系规定主体的权利和义务。这些制度包括社会关系、角色、规则等，具体包括谁或谁应当做，可以或应当做什么、何时何地怎样做、谁排除在外等。

社会中处于核心地位的规则体系以正式制度呈现，包括以下主要内容:[②]（1）制度是一套权威和权力的关系体系。通过社会地位限定社会行动者参与规则系统的合法性或适当性、主体的权利和义务、获取和控制资源的资格，从而建构特殊的社会规则体系。（2）通过规定制度性场景，使制度在限定的范围内组织、协调并规范社会行动者的互动。（3）提供判断行动恰当性的标准，限定主体活动和互动的规则范围。（4）制度规则提供给有认知能力的参与主体领悟、理解的内容，便于主体对行为方向和后果的预见。制度体系为理解和掌握规则的人提供模式化的行动特征，并赋予

[①] Burns, T. T., T. Baumgartner, and Deville, 1985, Man, Decision and Society, London: Gordon and Breach. Burns, T. R., and H. Flam, 1978, The Shaping of Social Organization, London: Sage Publications.

[②] 李永亮:《高等学校内部治理结构优化研究》，博士学位论文，山东大学，2016 年。

行动以意义。（5）制度在关于规范的论述和要求、批评或宽恕的行动成果中明确规定核心价值观、规范、信仰。

社会系统中的制度诸如家庭、政府机构、教育等，每一种制度都在社会系统限定的领域内互动。每种制度安排为行动者的定位和他们之间的互动提供了系统的、有意义的基础；也为架构和解释主体间的方式提供了系统的、有意义的基础；同样也是评论、批评、辩护主体之间行动与互动的基础。因而，每一种制度安排都有自身特定的互动逻辑。总之，社会系统以规则为基础，制度在社会组织、认知规范、话语层面得以体现并发挥重要作用。

（二）社会规范体系研究

ASD 理论认为，社会规范体系是存在于群体或组织中的制度构件。社会规则及其系统调整着复杂多且种类繁杂的人类社会活动。社会规则从制定、解释和实施的全过程对于规范人类行动和互动发挥了根本性的作用。社会规范体系不是先验的抽象概念，而是与权利分配、权利冲突甚至权利斗争相关的表现于集体和组织中的具体行为准则、法律、风俗等制度。

社会行动者（个体和群体）是社会规则的生产者、载体和变革者。他们在制定、解释、实施、调整规则时更多地表现出理性与谨慎，而有些时候所表现出来的激进则成为文化和体制改革的动力。行动主体通过主观能动性创制规则，并且在规则系统中利用规则组织并协调行动者之间的活动，以预见性的方式把握规则的变化与系统的发展，并在适当的时候运用规则解释或批评某些违反规则的行为以及可能产生的后果。社会行动者在掌握互动所必备的情景性规则，也即实践中的知识和技能，通过情景规则的运用从而遵守或修改着具体的规则系统，在持续性的实践过程中逐步确立行动主体间互动的规则设置。部分行动者有可能在实践过程中拒绝执行规则，也有部分行动者可能偏离现有的社会规则体系，此时，他们有可能受到其他遵守以及认同现有规范或规则体系的行动者的反对。也正因为如此，社会规范过程的情境政治为社会冲突解决和社会规则的执行、变迁或调查预设了伏笔。

社会行动者对政治情境会有不同的理解和意见，反映在对情境规则及其体系的适用以及规则体系适用的优先权方面。基于对规则体系的不同理解，在运用于具体情境进行解释时同样会产生不同的观点，并由此而展开权力争斗。ASD 理论研究的一个中心问题就是权力问题，既涉及特殊权力关系与制度安排中的权力，同时也关乎用以执行规则体系或改变社会规范体系的制度安排的权力。社会规则体系虽然不完全按照社会行动者的预期而发展，但集体或个人的行动者在社会规范体系的产生和发展中发挥核心作用。

此外，我国也有学者借鉴 ASD 理论对政策执行进行研究。研究者根据该理论的分析框架，设置了互动中的行动者、制度、内外环境三个分析维度，对县级政府政策执行的有效性进行了较为全面的分析。研究中指出了政策执行与行动者互动、相关配套制度及执行内外环境等主要因素对于政策执行有效性的影响。[①] 还有学者运用 ASD 理论对高校内部治理及其优化进行了深入的分析，同样设置了行动者、制度和环境三个分析维度。[②]

第二节　行动者—系统—动力学理论的适切性分析

本书以大学章程为研究对象，借鉴行动者—系统—动力学理论作为研究的理论基础，架构影响大学章程实施状况的分析框架，对章程功能的实现问题进行研究。因此，我们首先要对 ASD 理论运用的适切性予以分析。

一　已有研究视角的局限性

通过前文对大学章程研究的梳理我们了解到以往学者们更多地运用利益相关者理论、治理理论、新制度主义理论对章程予以考察。

"利益相关者"（Stakeholder）也即"相关利益者""利害相关者""利害关系人"。此定义最早与企业密切相关，所有影响企业目标的个人和群

---

① 高焕清：《互动中的行动者与系统力：我国县级政府政策执行研究——基于 ASD 模型的分析框架》，博士学位论文，华中师范大学，2012 年。

② 李永亮：《高等学校内部治理结构优化研究》，博士学位论文，山东大学，2016 年。

体都被看作利益相关者。① 20 世纪 80 年代该理论被广泛运用于研究企业的社会责任问题，从而弥补了传统的股东利益至上理论的缺陷。随后，利益相关者理论被广泛地运用于社会领域，"其他事业单位、组织和团体都相继运用这种方法来解决类似问题"②，为社会学的研究提供了一个新的视角。对大学这一典型的利益相关者组织进行系统研究的首推美国的罗索夫斯基。③ 学者们以此作为理论分析框架，对高等教育发展与改革过程中的诸多问题进行研究。运用利益相关者理论对高校内外部治理问题进行分析，有助于全面了解影响高校发展的利益群体或个人，通过理性的方式理顺各种权利关系，改变利益相关者参与活动的规则，促进高校健康发展。然而，当前运用该理论对大学制度、大学内外部管理、高等教育质量等问题进行研究也存在一些问题。该理论更多地关注利益相关主体对于高校的影响，而未能从全局、动态的角度对利益相关主体之间的互动予以深入的研究。同时，该理论运用于高等教育本身也存在一定的不足。利益相关者理论的研究受到企业组织分析的局限，但高校与企业不同，这就需要结合当前高等教育改革的大背景，找出高校作为典型的利益相关者组织的独特之处，从而探讨高校自身发展的特点和规律，以促进高校良性运转。

治理（governance）原意是控制、引导和操纵。治理理论的核心是多元主体对社会公共事务的共同参与，包括政府和私人或民间组织；通过主体参与、谈判、协商的方式和手段；最大限度增进公共利益服务，实现善治。治理理论迅速兴起、传播和应用，政府治理、公司治理等方面的研究成果也被运用于高等教育管理领域。以治理理论为基础，重塑政府与大学的关系，重构大学治理结构、完善大学内外部治理十分重要。然而，治理在分析高校内外部治理的过程中也存在一定的局限性。治理理论的核心在于强调多元主体的共同参与，通过主体之间对话、协商等方式促进高校治

① Freetnan, R. E., Strategic Management: Stakeholder Approach, MA: Pitman, Boston. 1984. coded From: Elise T. Sautter, Birgit Leisen. (1999), Managing Stakeholders: A Tourism Planning Model, Annals of Tourism Research, Vol. 26 (2): 312 – 328.

② ［美］约瑟夫·W. 韦斯：《商业伦理利益相关分析与问题管理方法》（第 3 版），符彩霞译，中国人民大学出版社 2005 年版，第 46 页。

③ 刘宗让：《大学战略：利益相关者的影响与管理》，《高教探索》2010 年第 2 期。

理模式优化，该理论关注了高校内外部管理中的重要主体，并对他们之间的互动给予了一定的分析。但是，治理理论却较少涉及主体行动选择的内外部环境因素分析。也就是说，治理理论未能对影响主体及其之间互动的内外部环境进行深入的研究，更多地关注的是主体行动。同时，该理论对于治理本身的制度安排与制度设计的研究也较少。

"制度"作为社会科学领域的主要研究对象有着丰富的研究成果。20世纪50年代后是新制度主义的崛起时期。[①] 新制度主义以其独特的理论视角和分析范式成为近年来制度分析中的重要理论之一。新制度主义理论作为一个新的研究范式，为高校制度研究提供了新的视角。但与此同时，新制度主义理论的研究在运用于高校制度解释的过程中也存在一些不足：新制度主义理论中制度是核心概念，将制度作为独立的要素，更多地关注的是制度本身对于政策选择的影响，而较少地对制度产生与变化进行充分阐述；此外，新制度主义理论的分析框架将焦点集中于制度本身，容易忽略对社会行动主体之间互动的解释，特别是主体与外部因素之间的多重互动关系。

综观利益相关者理论、治理理论、新制度主义理论在解释高等教育领域内的诸多问题方面，为我们提供了新的路径和视角，也为本书的开展提供了重要的理论借鉴。然而，一方面，由于上述理论在方法论方面还存在着一定的不足或片面性，无法较为全面、系统、动态地对高等教育管理问题做出深入分析；另一方面，高等教育学科的领域也需要吸收和借鉴更多理论的研究方法和分析框架，以丰富研究视域，推动高校提升自我办学能力，促进高等教育健康发展。因此，我们需要一种新的理论视角，深入探寻高校内外部治理的本质问题，揭示章程功能实现过程中主体、制度与环境之间的互动关系。

二　ASD 理论的优势

ASD 理论从系统动力学角度论述了系统变迁的原理，将行动主体、制

---

① B. Guy Peters, *Institutional Theory in Political Science*, London and New York: Wellington House, 1999.

度和内外部环境置于一定的系统中,通过对三者之间相互影响、相互促进的多重互动性分析,揭示系统的变迁并实现系统的优化。

(一)互动性有助于把握章程功能实现的动态过程

ASD 理论认为,系统变迁和发展的动力来源于互动,也即行动者、制度和环境在系统中的相互影响、相互作用产生推动系统变迁和优化的动力。作为一个开放的系统,行动主体与主体之间、行动主体与制度、行动主体与环境发生着互动,通过互动推动整个系统的变迁。大学章程实施本就是一个动态的过程,在开放的系统中实现着规则系统的认同和遵守,或冲突与抗衡,各行动主体在此过程中通过博弈与对抗推动着章程的实施。因此,运用 ASD 理论对大学章程功能实现进行分析,契合章程功能实现的动态性、过程性,尤其是对实施系统中各因素动态的互动分析更有利于深入剖析章程功能实现的图景。互动性表现在以下两个方面。

1. 互动性体现为行动主体、制度、环境三因素内部及其之间的互动。其一,行动者作为系统变迁和优化的主体,其行为选择必然对系统产生作用,行动者内部发生的相互关系推动着系统的变迁。社会行动者既是规则的生产者,也是规则体系的变革者。不同利益的主体基于对社会情况的不同认识,反映在对规则及其体系的适用方面,并由此而展开权力的争斗。ASD 理论研究的一个重要问题即权力问题,涉及特殊权力关系与制度安排的权力、规则执行体系制度安排中的权力。不同利益主体之间的互动也即围绕着制度安排中的权力而展开。其二,行动者将与制度体系之间产生互动。ASD 理论不仅关注制度本身,还关注与制度设计与执行的制度环境,包括配套的制度体系、系统运行的制度环境等。其三,行动者与内外部的环境产生互动。ASD 理论阐述了多种因果力,利用因果关系分析法对系统结构进行研究,由此而影响主体的行动过程和结果。不同利益主体由于自身认知模式不同或力量对比的变化,从而影响其行为模式并做出行为选择,促使行动主体的行为与环境产生相互影响。

2. 互动性还体现为行动者、制度、环境三因素作为整体与整个社会系统之间产生的互动。这种互动既有个体与社会系统之间的互动,也包括综合因素体与外部之间的互动。在多重互动、相互作用的过程中产生系统变迁的动力,推动系统内部的演化或变革,最终实现系统优化。

（二）全面性有助于章程功能实现主体和过程的整体呈现

通过前文对利益相关者理论、治理理论和新制度主义理论的分析可知，上述理论在分析框架和解释力方面各有偏重，或强调利益相关主体、或强调制度本身，存在不同程度的偏向性。运用 ASD 理论分析大学章程功能实现具有全面性，具体体现在以下方面。

1. 分析维度的全面性。从 ASD 理论的分析框架可知，该理论非常关注行动主体、制度（规则设计）和文化之间的相互逻辑与影响，通过建立行动主体与系统的联结，促进行动者、制度和文化之间的相互作用与重构。行动主体的创造性或破坏性、主体与社会规则及社会系统的互动成为系统变迁的动力，也即行动主体、规则设计和环境三个因素。因此，ASD 理论的分析框架体现了维度上的全面性，较之前的理论更有利于我们探究章程功能实现的全图景。

2. 分析主体的全面性。ASD 理论中将所有参与互动的主体看作能影响环境系统的行动者，包括社会个体行动者和集体行动者以及社区等。该理论在主体分析方面的全面性，有助于我们考察大学章程功能实施中的各类主体，特别是对主要权力关系剖析时能更加全面地洞察主体的行为选择及其行为冲突产生的原因。权力（权利）的掌握者和行使者均为具有"富有创造力或破坏力"的行动者，他们将主动地不断地对规则进行创生或修改、补充。因此，无论行动主体的权能大小、地位如何都将在章程实施过程中产生一定的影响作用，包括负向影响。赋予主体价值、理念和思考有助于我们对章程功能实现研究的全面性。

3. 分析过程的全面性。ASD 理论在分析框架中创造性地将行动者和社会结构系统联结起来，运用规则系统、制度和文化、互动模式等概念，将复杂的社会系统融入多重行动主体的互动中。该理论的分析过程体现较为完整的全面性，有助于我们在分析章程实施中综合考虑多种影响因素并整合与行动主体的互动予以深度考察。

（三）系统性有助于对章程功能实现内在机理与外在动力的全局分析

ASD 理论不但建构了自身的概念体系，而且将社会、组织、社区、群体等作为独具结构和运动规律的系统。开放中的系统与外部环境维持频繁的互动，且在互动中不断改变从而发生连续性的变革。该理论系统地将组织外部的宏观环境与内部的微观环境相结合，系统地分析了制度的变迁。由于 ASD 理论研究视角的系统性，其被广泛运用于制度研究、社会规范研究、政治体系与功能研究等；也正是由于研究视角的系统性有助于章程功能实现研究的全局性分析，为本书的展开提供一个新的视角。可见，该理论的解释力和穿透力均较强，尤其是该理论独特的制度变迁阐述对于章程功能实现具有非常重要的理论指导意义。同时，伯恩斯引入实证方法将该理论从理论分析推及至实证分析，从而在方法论上进一步完善并发展该理论。研究如果仅凭理论架构难免显得虚而不实；只有实证又将减弱研究的说服力。ASD 理论既有理论证成，又有实证研究方法的支撑，运用该理论对大学章程功能实现进行研究较为契合。因此，研究将章程功能实现置于系统环境中，通过分析章程背后的互动模式来考察行为主体的能动性，探讨其产生与变迁的内在机理和外在动力。

第三节　本书分析框架的确立

ASD 理论将行动者具有创造或破坏的能动性视为社会系统变迁的动力源，将社会关系、组织、群体等视为独具结构和运动规律的系统，行动者之间的互动、与社会规则及整个开放的社会和物质系统互动，推动系统的持续性的变化和发展，也即行动者、制度和环境三个因素。本书以大学章程功能的实现为研究对象，将 ASD 理论运用于章程功能实现及其影响因素的分析之中，将三要素具体归纳为互动的行动者、行动者互动的制度安排、互动的环境。具体内容如图 3 - 2 所示。

一　行动者分析

大学章程功能实现的行动者分析主要是阐明大学章程功能实现的核心行动主体及其相互之间的互动关系。大学章程功能实现的行动者是指在章程功能实现过程中具有能动性的利益相关方，即任何能对章程功能实现产生影响的个人和组织。大学章程作为高校内外部治理的纲领性文件，作为大学的"宪法"，其实施必然涉及众多的行动个人和组织，牵动着众多个人或群体的利益。从内部看，有学校党委会、校长办公会、学术委员会、

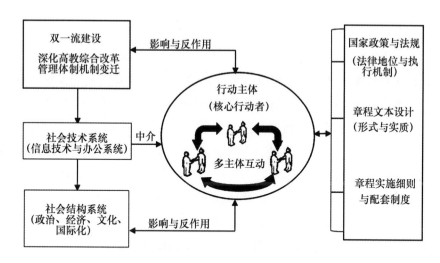

图 3 - 2 章程功能实现及其影响因素分析框架

教授委员会、教学委员会、二级学院、教职工代表大会、学生代表大会等组织；有校党委书记、校长、教师、学生、行政管理人员等个体。从外部看，有政府教育行政部门、其他行政机关、校友、学生家长、社会捐赠者、公众等组织和个人。这些行动个体与组织与章程功能实现存在不同程度的互动与影响。

鉴于章程功能实现涉及行动主体多而复杂，全面分析所有主体可能无法深入和表面化。故本书将章程功能实现行动主体界分为核心行动者和非核心行动者，重点对核心行动者及其互动进行深入分析。由于章程规制权力和保障权利的基本价值诉求，我们以权力和权利为主线，立足于高校治理中的几对主要矛盾，确定了大学章程功能实现的核心行动者为政府、高校、学校党委、校长、学术组织、教师和学生、二级学院等。大学内外部权力与权利主体在不断的行为选择中竞争、冲突、平衡，并暂时形成一种新的权力关系或权利结构。章程功能实现受制于核心行动主体之间关系的平衡与协调。运用 ASD 理论深入分析行动主体在大学章程功能实现过程中的地位与作用以及他们之间的互动。

二 制度分析

章程功能实现的制度设计包括宏观的制度（国家政策与法律法规）、中观的章程制度设计以及微观的配套性制度体系。学者们关于大学章程性质的看法不尽相同。本书不对章程的性质进行探讨，而是将章程作为制度，从更为广泛的制度层面对其进行考察。运用 ASD 理论对大学章程的功能实现进行研究，要求我们对整个制度系统以及行动者与制度系统之间的互动进行分析，既包括对章程规则设计本身以及保障其实施的配套性制度层面的考察，也包括对章程实施的所处宏观层面制度的分析。

具体而言：首先，要对国家层面与章程建设相关的政策与法律制度进行梳理，了解宏观层面有关章程制定与实施的整体制度设计，分析影响章程功能实现的制度障碍。其次，要对规则设计本身也即大学章程文本进行分析，考察中观制度层面的影响因素。章程文本设计是章程实施的前提，对章程文本从形式和实质方面进行全面而系统的分析，特别是通过对章程文本的价值和功能等实质方面的分析把脉影响章程功能发挥的文本设计因素。再次，要对保障章程在实践中运行和落实的实施细则及配套性制度体系进行分析，从微观制度层面考察影响章程功能实现的制度因素。章程文本设计的抽象化和原则性条款内容的落实要求建立健全相应的实施办法或细则，对抽象的条款内容做出明确规定；高校还要清理或修改相应的配套性制度，完善缺位的程序性条款从而保障章程的实施效果。

三 环境分析

社会规则系统既是一个动态的互动过程，又必然处于开放的环境系统中，通过主体的行为选择或遵守、执行规则；或拒绝、修改规则。伯恩斯提出了"使行动者进入场景"的概念，强调行动者与环境的互动。大学是遗传和环境的产物，运用 ASD 理论分析大学章程功能的实现就必须对章程实施所处的环境因素进行分析。大学章程是高校内外部治理的制度安排，章程功能和价值的实现不仅受到行动主体与制度等因素的影响，同样受到实施环境的制约。随着国内与国际环境的变化，特别是高等教育改革环境的巨大变革，大学的发展也面临着重大机遇和挑战。大学必须应对外部力量的挑战，优化内部组织结构，应对新时期不断变化的环境。章程的实施本身就是一个动态的过程，章程功能发挥所处的环境也是一个动态变化的系统。因此，要对章程实施中功能实现状况进行分析就必然对影响章程运行的环境因素进行考察。

环境是一个系统的概念，开放的环境系统由宏观环境和微观环境组成。具体而言，一方面，要对章程实施所处的宏观环境进行分析。当前我国高等教育改革处于机遇与挑战并存的新时期，章程实施要抓住"双一流"建设、高等教育综合改革、高等教育管理体制机制改革的时机，促进章程建设的持续性发展。另一方面，要对章程实施所处的社会结构系统也即社会环境进行分析。环境的形成与演变是一个动态的过程，章程功能的实现依赖于环境又受制于环境，特别是社会环境中的政治环境和文化环境对章程实施产生重要的影响。章程实施环境的优劣直接影响着章程功能实现的空间和时间系统，制约着章程的功能实现。将章程功能实现置于动态的环境系统中，通过考察章程实施过程中环境与其他因素的互动从而对章程功能的实现进行深入的剖析。

第四章　大学章程功能实现的
　　　　　行动者分析

行动者—系统—动力学理论认为，能动的主体不断地形成和改进社会规则系统，行动者是具有创造性或破坏性的能量。因此，行动者的能动性成为推动社会系统变迁的动力源泉。他们通过能动性的信息加工、角色扮演做出决策和行为选择，并在与制度、环境的互动中表现出强大的变革能力，寻求利益最大化。大学章程功能实现处于开放的社会系统中，不仅与外部环境产生频繁的相互作用与互动，更与行动者发生互动，从某种程度上来看，与行动者之间的这种互动成为推动章程功能实现的重要动力。

第一节　行动者的定位与角色

行动者—系统—动力学理论将行动者划分为个人行动者和集体行动者两个层面，他们分别扮演不同的社会角色并在给定的社会系统中持续性地互动与交往，成为具有能动性的变革力量。个体社会行动者和集体社会行动者通过制度等社会结构彼此联系起来，又不断地且能动地对社会规则进行修改、补充、创新。

一　行动者的内涵

要对大学章程功能实现与行动者之间的互动进行分析，首先需要我们合理地界定大学章程功能实现的行动者。何谓行动者？不同的学科、不同理论流派和学者对此做出了不同的阐释。传统意义上，"行动者"一词专属人类，指具有主观能动性的人。美国哲学家哈曼提出了"事物为本哲学"的概念，主张人、事、物皆可以为主角①，从而在哲学上奠定了非人类作为行动者的合法性。此后，行动者网络理论被广泛地运用于诸多的社会学科中，教育领域的学者们开始运用此理论分析教育中的问题。② 例如，有学者运用行动者网络理论研究学前教育；③ 也有学者运用此理论研究教育政策中的物；④ 还有学者运用此理论分析学科群建设的评估问题。⑤

功能主义者也对行动者理论进行了相关研究并做出了界定，认为行动者是完成所处特定位置所预设功能的个体。由此可以看出，功能主义理论所指代的行动者特指人，即具有完成某位置预期功能的主体。

费埃德伯格认为，所谓行动者指在某个行动领域中由于其行为选择对该领域中规则的构建产生影响和作用的组织或个人。他指出："行动领域中的个体并非因为对事件的理解和控制而获得行动者的身份，也不是由于意识到自身的利益及各种有利于他的行动的可能性而成为行动者……行动者拥有该身份仅仅因为其行为对所在领域的构建起作用。所有的行动者都有可能超越系统指派的角色或任务并参与规则系统，在遵守规则系统的同时，又打破规则；既维护规则的运行，又修改或改变着规则。行动者既可能是个体的人，也可能是集体中的个体。"⑥ 科尔曼则认为行动系统由委托人、代理人和第三方（交易对象）组成，行动者在系统中进行利益之间的交换，并存在于群体内部的竞争和选择中。⑦

我国学者对行动者进行了界定：有学者认为行动者是参与社会行动的人，即有目的、有意识活动的人。行动者享有文化和价值的基础，表现出

---

① Harman, G., The Importance of Bruno Latour for Philosophy, *Cultural Studies Review*, 2007, 13.

② 左璜、黄甫全：《行动者网络理论：教育研究的新视界》，《教育发展研究》2012 年第 4 期。

③ 张玉敏、许卓娅：《行动者理论视角下的学前教育》，《学前教育研究》2015 年第 8 期。

④ 杨月华：《行动者网络理论视角下教育政策中物的问题》，硕士学位论文，山东大学，2016 年。

⑤ 孙颖：《行动者网络视角下学科群建设评估体系研究》，硕士学位论文，哈尔滨工业大学，2018 年。

⑥ ［法］埃哈尔·费埃德伯格：《权力与规则：组织行动的动力》，张月译，上海人民出版社 2005 年版，第 203—205 页。

⑦ ［美］詹姆斯·科尔曼：《社会理论的基础》，社会科学文献出版社 1999 年版，第 28 页。

主体性与客体性的统一；① 有学者认为行动者指自身的行为选择会对某特定领域规则建构起一定作用的个人或组织；② 有学者认为，行动者是指政策过程中的利益相关者，即对该领域内规则建构起一定作用的个人或组织，具体包括执行主体、目标群体和第三部门等；③ 还有学者将行动者界定为具有决策特征和特定的行为偏好的社会组织。

行动者—系统—动力学理论中，伯恩斯强调行动主体的能动性，行动者可以通过能动的行为选择对规则系统进行创制和不断的改进；帕森斯等认为，行动者不能独立存在，行动者的需要、目的、手段等和规则共同组成社会行动。因此，本书将大学章程功能实现的行动者界定为"在大学章程功能实现过程中具有能动性的利益相关方，即对章程功能和价值实现产生影响的个人和组织"。

二 核心行动者的界定

大学章程作为高校内外部治理的纲领性文件，作为大学的"宪法"，其实施必然涉及众多的行动个人和组织，牵动着众多个人或群体的利益。从内部看，有学校党委会、校长办公会、学术委员会、教授委员会、教学委员会、二级学院、纪委、教职工代表大会、学生代表大会等组织；有校党委书记、校长、教师、学生、行动管理人员等个体。从外部看，有政府教育部门、政府其他行政机关、校友、学生家长、社会捐赠者、公众等组织和个人。这些组织和个人或多或少都与章程功能实现存在着一定的互动、发生一定的关系。本书试图对章程功能实现的核心行动者以及他们之间的互动进行分析，而忽略了其他非核心的行动者。

如何确定大学章程功能实现的核心行动者？大学章程是现代大学制度的重要载体，也是建立现代大学制度的核心。本书从高校内外部治理的主要权力出发，通过对权力的梳理和阐述确定章程功能实现的核心行动者。

首先，从高校外部来看，主要涉及举办者与办学者之间的关系，即政

---

① 王思斌：《社会学教程》（第二版），北京大学出版社 2003 年版，第 12 页。
② 姚华：《章程执行与行动者的策略》，上海大学出版社 2006 年版，第 23 页。
③ 高焕清：《互动中的行动者与系统力：我国县级政府政策执行研究——基于 ASD 模型的分析框架》，博士学位论文，华中师范大学，2012 年。

府对高校的教育行政管理权。该权力的行使有两大主体：政府与高校。一方面，政府通过制定高等教育发展的方针、政策、法规等指导高校健康发展；另一方面，高校在办学过程中能对关乎自身发展的重大事项予以决策。

其次，从高校内部来看，关系相对比较复杂，涉及的个体和组织也较多。其一，党委领导下的校长负责制的执行，党委如何处理好各种关系特别是与以校长为代表的校长办公会的关系？其二，以教师和学生为主体的高校学术研究人员如何获得学术研究自由？其三，高校内部的重大事项与决策是否体现了绝大多数利益主体的利益，保障利益相关者的知情权和参与权？其四，深化校院二级管理体制改革。如何科学地赋予学院更多的自主权？因此，从内部来看，主要涉及以书记为代表的校党委会、以校长为代表的校长办公会、以教授为代表的学术委员会、以师生为代表的教职工代表大会和学生代表大会、以院长为代表的二级学院等。

综上所述，本书基于章程规制权力（权利）的基本价值诉求，以高校内外部权力（权利）为核心，立足于高校治理中的几对主要矛盾，确定了大学章程功能实现的核心行动者为政府、高校、学校党委、校长、学术组织、二级学院、教师和学生等。

三 行动者的双重角色

本书主要是对章程功能实现过程中内部和外部的核心行动者及其之间的互动进行考察。因此，我们首先需要对章程功能实现中行动者的角色做出分析。

（一）行动者的主体性

"主体"一词最早来自黑格尔，他认为，一切有实体的事物都是独立的主体。在人文社会科学研究中，"主体"一词被广泛地运用于各学科领域中。我们认为，主体即认识活动和实践活动的承担者，包括个体和群体两类。何谓主体性呢？所谓主体性即主体的特性，是指主体在参与社会活动中运用自身的力量，在与客体的交互作用中表现出来的特性。主体性包括自主性、选择性和创造性三个特性。主体的自主性是指主体在对象性活动中不受外在力量的控制，以一定的意志和情感支配客体，表现为以自己的思想行为对活动的支配能力和控制能力。主体的选择性是指实践活动的客体并非自发进入主体的对象性关系和活动领域中,主体往往根据自身的某种需要而进行选择的结果。主体的创造性是指主体在对象性实践活动中表现出的积极、能动的创造力。

大学章程功能实现的行动者是指对章程功能实现产生影响的利益相关方,包括个人和组织;而章程功能实现的核心行动者是指处于重要的权力关系中,对章程功能实现及其功能实现产生重要影响的个人和组织。章程功能实现的行动者参与章程实施和执行过程的承担者,在章程实施活动中将运用自身所掌握的权力,在与实施对象的相互作用中体现出行动者的主体性特征。行动者的主体性主要表现为自主性、选择性和创造性(或破坏性)。

1. 章程功能实现行动者具有自主性。行动者在参与章程功能实现活动中不受外在力量控制,往往能以自身的意志和情感支配客体,表现出对章程功能实现活动的支配能力和控制能力。行动者的自主性主要表现为:行动者往往基于自身对于章程价值的认知和认同,表现出对章程功能实现中的控制能力、导向能力、执行能力;甚至于在某种程度上直接决定了章程的实施或搁置。章程功能实现行动者是一个能动的主体,主体的行为选择往往是基于自身对章程的认识和理解,以自身对于章程的价值和功能等重要因素的认知为出发点,进而对章程功能实现做出相应的行为选择。主体在认知度及认同度均不高的情况下可能拒绝规则、改造规则甚至是创新规则;主体在认知度及认同度均较高的情况下则可能接受规则、认同规则及执行规则。因此,章程功能实现行动者基于主体的认知与认同度做出的积极或消极的行为,也即行动者的主体性。

2. 章程功能实现行动者具有选择性。行动者在章程功能实现的实践活动中往往会根据自身的利益需求而做出行为选择,此行为选择也是利益博弈后的选择。章程功能实现的行动者特别是那些核心行动者往往是章程功能实现中的主要参与者,同时也是重要权力与权利的掌握者。一方面,行动者将依据自身最迫切的需要从众多的必然性中选择最合目的性的,结合活动实际情况做出最优的决策和判断,以使自身利益最大化。另一方面,章程功能实现的核心行动者掌握着章程实施及其功能实现的重要权力,即使在章程实施中无法实现利益最大化,他们也能基于"理性人"的特点在现实性与可能性中进行选择，包括权力行使的方式或手段，甚至放弃权力的行使。行动者的选择性表征了权力主体的意志自由和决断自由，彰显了行动者更加充分的自由。

3. 章程功能实现行动者具有创造性或破坏性。ASD 理论强调行动者的能动性，既可能是因承认、执行而产生的创造性，也可能是因拒绝、否定而产生的破坏性。因此，行动者在章程的实施过程中还会表现积极的、能动的创造性，这也是章程功能实现行动者主体性的最高体现。一方面，为实现自身利益的最大化，行动者将在章程功能实现中表现出富有积极的行动取向与选择，即使在条件不具备的情况下也采取积极措施推动章程实施，实现章程价值和功能，同时满足自身的需要。另一方面，行动者还会创造章程功能实现的手段、途径和方式，并表现为因时因人因事制宜地设计章程功能实现的相关制度保障。与此同时，行动者也可能因为自身的利益或对章程的认知认同度较低而拒绝执行章程的内容，放弃权力的行使，致使章程虚置，从而表现出章程实施中的破坏性。从一定的程度看，行动者的破坏性也是其自主性与选择性的体现。

（二）行动者的客体性

一般来说，客体是与主体相对而存在的。

章程功能实现的行动者是从事章程实施活动的人，是以文化和价值为基础，具有能动性的个人和组织。但与此同时，互动中的行动者又是主体实践活动的对象和客体，具有客体性。章程功能实现的过程本质上是行动主体之间的互动，行动者同为章程功能实现的主体和客体，作为行动者的人是主体性和客体性的统一。[①] 因此，互动中的行动者既是主体又是客体，既具有主体性又具有客体性。在行动者的多重互动过程中：一方面，行动者既是某一互动关系中的承担者、执行者，表现出能动的主体性；另一方面，行动者又可能成为另一互动关系中的被执行者、被实施者，从而表现出主体活动对象的属性，这也就是说，多重互动中的行动者具有客体性。章程功能实现行动者的客体主要表现为客观性、对象性和制约性三个方面。

---

① 王思斌：《社会学教程》（第二版），北京大学出版社 2003 年版，第 12 页。

1. 章程功能实现的行动者表现为客观性。章程功能实现中的行动者作为实践活动的对象主体，在互动中表现出来的不依附于主体的主观意识，且不以主体的意志和主观性为转移的一种客观特征。章程功能实现活动的对象主体是人，而人在任何时候均会表现出对作用或实施于其规则的能动性，或接受与执行章程的相关内容，或无视与拒绝章程的相关规定，作为对象主体的行动者不可能完全按照执行主体的意志和决断行为，其行为选择的过程也即其自身利益博弈的过程，并最终做出自身利益最大化的行为选择。行动者互动中的客体性同样来源于其对章程价值和功能的认知与认同，表现出对章程功能实现中的破坏能力、创造能力、执行能力等，这种或破坏或创造的结果直接影响着章程功能实现的实际效果。因此，互动中的行动者在作为章程功能实现活动的对象主体时所表现出的接受和执行章程、否定和拒绝章程的行为也即体现了行动者作为客体的客观性。

2. 章程功能实现的行动者表现为对象性。行动者在参与主体实施章程的对象性活动中，与主体在相互作用中所产生联系的特性。行动者在作为客体时，其客体地位本就体现出其作为主体活动的对象，其必须与主体结成具有对象性关系才具有存在的可能性与意义，因而，从某种意义上讲，客体又表现出对主体的依赖性。在章程的实施过程中，行动者作为客体时是主体执行章程文本内容的对象、是主体执行章程配套制度和规则体系的对象、是主体实施章程执行管理的对象等。因此，行动者作为客体存在时是与行动者作为主体时的对立面，是互动中的双向建构过程，也是多重互动中的主体与对象主体，表现出客体的对象性。

3. 章程功能实现的行动者具有制约性。章程功能实现行动者作为客体时的制约性是指其在参与主体的一系列章程实施活动中，在认识和执行章程制度时会受到自身因素的制约，从而影响章程功能实现的效果。也就是说，一方面，行动者作为对象主体时其所具有的本质属性及内在规律性会对主体的行为选择产生重要的影响，包括主体执行章程制度时的方向、进程、手段等；另一方面，行动者作为客体时，其本质属性又会影响自身的行为选择。行动者的客体性会受到来自自身素质，包括认知、个人偏好、情感、价值观等多种因素的影响，使其在作为被执行对象时由于其对章程的认识和偏好，从而影响其作为客体被执行中的行为方式、态度、手段，并影响着章程功能实现的进程。因此，章程功能实现行动者的客体制约性既是其作为客体自身属性和特征的表现，同时也反映了其对自身作为主体时的认识活动的影响和制约。

（三）行动者兼具主体性与客体性

ASD 理论认为，互动中的行动者是具有创造性或破坏性的能量源，他们将在行动中扮演不同的多重角色，并在给定的、开放的社会系统中，通过多重主体的持续性互动与作用形成规则和改进规则，成为推动制度变革的能动性力量。大学章程功能实现的行动者在章程实施中扮演着不同的角色和作用，通过行动者之间多重互动与相互作用推动章程功能实现。行动者通过章程功能实现中的各种互动关系联结起来，能动地对章程的实施产生创造性或破坏性的作用。章程实施中互动的行动者既是主体又是客体，兼具有主体性与客体性。

根据 ASD 理论，大学章程功能实现的行动者是对章程实施产生重要影响的利益相关的个人和组织，通过行动者之间持续性的互动能动地推动着章程的实施。每一个行动者（个人或组织）都掌握着一定的资源，由此而成为章程功能实现的行动主体；但同时也缺乏为实现自身目标和利益的其他资源，这样也就在一定程度上被其他行动者（个人或组织）所影响或控制，成为章程功能实现的执行对象。也就是说，作为章程功能实现行动者的是章程执行的主体，能够主动地执行自己认为正确的措施、方法和手段；作为章程功能实现行动者又必然处于其他的权力关系互动中，成为其他行动主体的对象，也即被执行者。因此，作为章程功能实现的行动者的个人或组织，要实现自身目标和利益就必须与其他的个人或组织行动者进行互动，从而形成一个行动的动力系统。章程功能实现互动中的行动者既是以文化和价值为基础的能动主体，又是其他互动关系中行动主体实践活动的对象和客体；行动者同时扮演主体和客体的角色，是主体性和客体性的统一，而章程的实施本质上也就是行动者的多重互动的结果。

根据 ASD 理论，行动者必须在给定的、开放的系统中产生互动，通过各种互动关系相互作用、相互影响，从而实现对规则系统的改变。行动者将在这个开放的系统中扮演多种角色，发挥多重作用。大学章程的实施正是处于这样一个既定的、开放的大系统中，章程功能实现的行动者之间通过能量交换，包括与外在环境、制度的互动，影响和制约着章程的实施。因此，在上述复杂的、开放的系统中，章程功能实现互动中的行动者既是主体又是客体，既具有主体性又有客体性。一般只有在比较简单和相对封闭的系统中，行动者才会以单一的主体角色出现，因为组织结构和行动路线呈现线性特征才需要特别突出行动者的主体性。当行动系统较为复杂、开放，行动目标不确定时，组织结构和行动路线进行相应调整，而行动者也就处于互动中。章程功能实现中的互动过程中，对于行动者来说，并不存在单纯的某人（个人或组织）影响或支配另一个人（个人或组织）的情形，也不存在单纯的自我与对象、主动与使动之分。也就是说，在章程的实施过程中，行动者在具有高度复杂性和开放性的系统中，处于一种主体与客体互动的关系中，他们都是平等的行动者，彼此的行动都会对章程的实施产生制约和影响作用。正如学者马克·格兰诺维特所说的："行动者目的性的行动企图是嵌在真实的、正在运作的社会关系系统中的"①。政府、高校、教师、学生、其他组织等之间围绕着章程功能实现形成一种相互嵌入式的关系，构成彼此行动的影响者。

总之，我们对章程功能实现行动者的考察必须结合其主体与客体两重角色和地位，认识到主体与客体相互作用的相对性，依据对人的主体性与客体性的认识，才能全面、准确地认识章程功能实现行动者的角色定位，从而系统、深入地分析行动者及其之间的互动关系。

第二节　价值认同：行动者互动的前提和基础

行动者的认知方式、认同水平对系统和制度的变迁具有重要的影响作用。大学章程功能实现的行动者是具有创造力或破坏力的行为主体，他们之间基于一定的认知与认同产生互动。因此，了解章程行动者的认知水平和认同度，分析行动主体对章程的功能与价值的心理趋向性，是行动者互动的前提和基础。

---

① ［美］马克·格兰诺维特：《镶嵌：社会网与经济行动》，罗家德译，社会科学文献出版社2007年版，第8页。

一　价值认同及其对行动者的影响

（一）价值认同的内涵

价值是一个被广泛使用的概念，不同的学科、时代和地域，对于价值有不同的解读。纵观以往研究，可以从实体、性质、关系等不同维度考察学者们长期对"价值"这一存在物的热切观照，由此派生出作为实体的价值、作为性质的价值、作为关系的价值等内涵解读。[①] 我们认为，价值是指客体对主体需要满足的效益关系，即客体的属性和功能与主体需要间的效益或效应的关系。

认同在哲学中通常译为"同一性"，主要用于研究伦理共同体中的人、契约共同体中的人、自我持存的人和为承认而斗争的人的"同一性"。心理中关于认同的解读主要包括：认同是一种心理历程，也是个体确认自己身份的心理过程；认同是一种主观的归属意识，即"认同心理产生的主观归属感"[②]。人们总是认可那些与自己的价值需求、信仰和情感相统一或相似的事物，价值需求、信仰和情感影响着人们对"他者"的评价。可以说，认同的根本问题是"价值"问题。我们将认同界定为：个体或群体（主体）对于其对象（客体）的一种趋向于同一性的心理历程。认同包含三个层面，一是主体间一致性，这是认同的前提；二是主体间的心理和情感认同，源于相同性、一致性的亲近感和归属感；三是主体间的共同体取向和相互承认，体现了主体认同的价值旨归。

价值认同概念的解读也非常丰富。本书将价值认同界定为：个体或群体（主体）对于其对象（客体）在价值认可上的一种趋向于同一性的心理历程。需要指出的是，价值认同离不开价值主体间的互动与交往，就某种价值或某类价值及其合理性达成一致意见有时需要反复讨论、互动。价值认同不是随意简单地消除某种价值观，也不是用一种价值追求代替另一种价值追求，价值认同常常处于动态持续的"构建—分裂—构建"的过程。[③]

[①] 兰久富：《能否定义价值概念》，《当代中国价值观研究》2018 年第 4 期。

[②] 张春光：《张氏心理学辞典》，上海辞书出版社 1992 年版，第 316 页。

[③] 朱志梅、何维越：《思想政治教育的价值认同建构》，《中学政治教学参考》2017 年第 30 期。

价值认同有时是一种基于价值认异的认同，即它是基于相互信任与沟通，虽然某一价值主体并不认可其他价值主体所认可的价值，但他基于相互之间历史、地域、文化等方面的差异而尊重其他价值主体的价值选择，亦即承认其他价值主体的价值观念的合理性。①

（二）价值认同影响行动者的互动

行动者在章程实施中处于不同的地位、拥有各自的权利并扮演着不同的角色，并在给定的制度系统中发生着持续性的互动与交往。每一个行动者都需要通过价值认同使得章程实施过程中的利益相关主体形成一致的态度和信念从而指导他们在互动中如何与其他行动者交往与联系。章程实施行动者在既定的制度框架和条件限制下，通过价值认同的指导与其他行动者在互动中修改或建构重要制度；同时价值认同又反过来影响和制约着行动者的互动。因此，价值认同是章程实施中行动者互动的基础，只有基于共同的认同与同一的心理趋向才能在行动者之间形成良好的互动，从而推动章程的贯彻落实。

首先，行动者的价值认同是推动章程实施并充分发挥章程功能的内在动力。章程的价值认同是指行动者对章程价值的赞同与肯定，并将其纳入自我概念的一种心理状态。价值认同一旦形成后具有相对稳定的特性，它通过建构并指导人们对章程的信仰、态度和规范来影响行动者的行为。章程价值认同有助于行动者形成对章程功能与价值的正确看法，从而增加主体对章程制度的接受并遵守，推动章程的可持续性实施。行动者对于章程的价值认同能唤醒其在章程实施中的价值感和控制感，把章程功能与价值目标内化为自身的追求，从而使行动者在章程实施中更多地表现出"亲章程"的行为。也就是说，行动者对章程认同度越高，越倾向于选择做出对章程功能实现有利的行为。因此，行动者的价值认同对章程实施产生正向的积极影响并指导着行动者之间的良性互动；他不仅表征自身对章程的心理趋向，更关系到章程实施中的功能实现。

其次，行动者的价值认同以认知为基础。行动者的认知是克服自发行

---

① 汪信砚：《普世价值·价值认同·价值共识——当前我国价值论研究中三个重要概念辨析》，《学术研究》2009年第11期。

为倾向，形成章程思维的重要内容。对章程清晰的认知有助于行动者准确地理解章程内容，促进正向行为的产生，从而推动章程的实施。行动者往往从对章程价值和功能的了解程度出发，基于自身的认知形成价值认同，从而表现出在章程实施中的控制能力和执行能力并做出相应的行为选择。也就是说，行动者的认知度与认同度均不高，行动者就有可能做出拒绝遵守或执行章程的行为；在认知度与认同度较高的情况下则可能做出承认并执行章程的行为。

再次，行动者的价值认同受到其自身主体性以及环境等因素的制约。章程功能实现的行动者是一个能动的主体，在互动中往往根据自身的利益诉求而做出行为选择。章程实施中的核心行动者围绕着权力与利益展开博弈与互动，基于自身利益最大化而行为。行动者为了自身利益的实现，有可能在条件不充分的情况下积极推动章程实施，实现章程功能；同时也可能为了自身利益而放弃权力的行使，致使章程被虚置。行动者的主体性表征了其意志的自由和决断的自由，与此同时也制约着行动者的价值认同以及建立在认同基础上的行为选择，并最终影响了章程的实施效果。此外，行动者的认同还会受到外在条件与环境的制约。例如，高校重视章程执行，通过大力宣传、组织学习等方式提高行动者的认知水平，从而提升对章程的价值认同，最终实现章程的功能。因此，外界的章程执行情况也会影响行动者的价值认同。

二　价值认同与章程实施的互动分析

行动者对章程的价值认同是指其内心真正地认可和接受章程价值并愿意遵守及执行章程的心理趋向。价值认同是提升章程功能实现度的内生性动力，以对章程认识的共同取向和同一性为纽带，以实现行动者的共同利益为动力。研究通过对章程执行度、认知度和认同度的分析了解章程实施的现状，以此考察实施中章程功能实现存在的主要问题。本书进一步对各维度的相关性进行分析后发现，章程功能实现度受到行动主体认同度的影响。

（一）章程执行度显著影响行动者的认同度

研究采用皮尔森（Pearson）相关系数来度量教师问卷和学生问卷章程

执行度与认同度之间的线性关系。表4－1和表4－2表明，两者之间具有较强的线性相关关系，其中教师问卷简单相关系数为0.493，学生问卷简单相关系数为0.075，且显著性水平为0.01时，通过统计检验，呈现出明显的线性相关，即章程执行度越好，师生的认同度越高。[①]

表4－1 章程执行度与认同度相关性分析（教师）

		章程执行度	整体认同度
章程执行度	皮尔森相关	1	0.493**
	显著性（双尾）		0.000
	N	962	962
整体认同度	皮尔森相关	0.493**	1
	显著性（双尾）	0.000	
	N	962	962

注：** 表示相关性在0.01层上显著（双尾）。

表4－2 章程执行度与认同度相关性分析（学生）

		章程执行度	整体认同度
章程执行度	皮尔森相关	1	0.075**
	显著性（双尾）		0.002
	N	1746	1746
整体认同度	皮尔森相关	0.075**	1
	显著性（双尾）	0.002	
	N	1746	1746

注：** 表示相关性在0.01层上显著（双尾）。

（二）行动者的认同显著影响章程功能实现度

研究采用皮尔森（Pearson）相关系数来度量教师问卷和学生问卷认同

---

① 一般而言，如果r的绝对值大于0.8，则认为两变量之间具有较强的线性相关关系，如果小于0.3，则认为两变量之间具有较弱的线性相关关系。参见薛薇《SPSS统计分析方法及应用》，电子工业出版社2001年版，第188页。

度与功能实现度之间的线性关系。表4-3和表4-4表明，两者之间具有较强的线性相关关系，其中教师问卷简单相关系数为0.399，学生问卷简单相关系数为0.175，且显著性水平为0.01时，通过统计检验，呈现显著正相关，即师生对章程的认同度越高，章程功能实现度越高。

表4-3　　　　　　　认同度与功能实现度相关性分析（教师）

		功能实现度	整体认同度
功能实现度	皮尔森相关	1	0.399 **
	显著性（双尾）		0.000
	N	962	962
整体认同度	皮尔森相关	0.399 **	1
	显著性（双尾）	0.000	
	N	962	962

注：** 表示相关性在0.01层上显著（双尾）。

表4-4　　　　　　　认同度与功能实现度相关性分析（学生）

		功能实现度	整体认同度
功能实现度	皮尔森相关	1	0.175 **
	显著性（双尾）		0.000
	N	1746	1746
整体认同度	皮尔森相关	0.175 **	1
	显著性（双尾）	0.000	
	N	1746	1746

注：** 表示相关性在0.01层上显著（双尾）。

第三节　权力与权利的制衡：行动者
互动的核心

行动者及其之间的多重互动成为推动章程功能实现的动力，而行动者之间的互动源于对自身利益最大化和目标的追求，源于对资源的竞争与分配。每一个行动者都掌握着一定的资源，而资源的获得往往来自权力或权利的享有。行动者通过权力或权利的行使进行利益的博弈，实现资源的分配和共享。因此，我们要分析行动者之间的互动关系，首先需要从高校内外的权力与权利入手。

一 行动者的权力与权利

大学章程旨在对权力与权利进行配置，保障章程价值和功能的实现。大学章程功能实现的核心行动者，无论是外部行动者还是内部行动者，个人行动者或是组织行动者拥有各自的权利，但并不一定都被赋予了权力，行动者正是通过权力与权利的多重互动展开博弈。因此，要对章程功能实现核心行动者之间的互动展开分析，首先要对高校内外部主要的权力与权利进行梳理。

（一）高校权力的形态

何谓权力？权力是一个历史的范畴，权力的历史也是一部人类的发展史。权力对应英文中的"power"，来源于拉丁语中的"potesas"或"potential"，意指能力。权力是人类进入阶级社会的产物，是一个政治概念，权力自产生便与强制、服从联结在一起。学者们从各自不同的角度对权力做出了界定，这些定义的核心认为权力体现了主体对于他人的支配与控制力。我们认为权力是指行动主体凭借自身对某种资源的掌握而具备的使其相对主体服从的支配与控制力量。

目前关于高校权力的研究主要有三种学说，即一元权力论、二元权力论与三元权力论。持一元权力论的学者认为高校只存在一种权力形态，按照其逻辑又分为三种不同观点：一是行政权力包容学术权力，主张从两个层面分析权力结构，即政府与大学的关系和大学内部的权力关系。前者即大学自治的问题，后者即行政权力与学术权力之争。[1] 二是学术权力包容行政权力，认为学术权力由学术民主管理和学术行政管理共同组成。[2] 三

---

① 周光礼：《问题重估与理论重构——大学"学术权力"与"行政权力"二元对立质疑》，《现代大学教育》2004 年第 4 期。

② 别敦荣：《学术管理、学术权力等概念释义》，《清华大学教育研究》2000 年第 2 期

是学术权力消解说，认为学术权力含义与学术影响或学术能力相同，学术只能以能力和权利形态呈现。[①] 持二元权力论的学者认为高校存在两种权力形态，即以校长为首的行政权力和以学者为代表的学术权力。[②] 持三元权力论的认为有政治权力、行政权力与学术权力三种权力形态。[③] 本书以章程的权力架构及实施的现实出发，将高校权力分为行政权力、政治权力和学术权力三种形态。

1. 高校中的行政权力

"行政"源于拉丁文"administrare"，原意为执行事务，或对事务的组织与管理。"行政"有两种含义：一是指执行国家政权及管理国家事务的工作；二是指企事业单位等组织内部的管理工作。所谓行政权力一般是指行政组织及其工作人员在自身职责范围内按照系统固有的行政级别和职能划分对事务性工作组织与管理的权力。要全面理解章程功能实现中的行政权力，我们必须从两个方面把握：一是国家行政权力。政府作为公立大学的出资者和举办者，一方面要为高校的正常运作提供必要的资金支持及物质保障，为大学健康发展提供良好的政策和环境支持；另一方面要履行国家对高校的管理职责，运用行政管理手段和方法，通过制定高等教育政策、法规等，加强对高校的宏观指导和管理，保障高校健康和稳定的发展。二是高校内部的行政权力。大学本为事业单位，不具有行政权力。然而，大学作为特殊的组织，可以在法律法规的授权范围对内部行政事务进行管理，这就是高校的行政权力。具体而言，高校的行政权力是指根据高校内部行政层级划分和职能分工，以校长为代表的高校行政人员对学校的事务性工作进行组织与管理的权力。行政权力是大学的特殊权力，是根据法律的赋权或国家机关的授权，也是大学权力结构中基本权力之一。总之，行政权力是政府和以校长为首的大学行政人员对职权范围内的行政事务的影响力和控制力。行政权力指向与学术活动相关的行政事务或纯粹的

---

① 吴洪涛：《学术权力质疑》，《现代大学教育》2004 年第 4 期。

② 秦惠民：《学术管理活动中的权力关系与权力冲突》，《中国教育法制评论》2002 年第 00 期。

③ 曹卫星等：《提升高校学术权力：探索中国特色的教授治教模式》，《中国高等教育》2004 年第 1 期。

行政事务，行政权力之于高校建立有序的教学活动和学术活动非常重要。

2. 高校中的学术权力

大学的功能之一即学术研究，研究需要宽松、自由的环境，单纯的学术和知识排除权力的干涉。但是，大学同时还担负着培养人才的重任，因此高校的学术研究要为教学和人才培养服务。在决定谁具有入学资格、传授给学生何种知识、谁有资格成为教授等与学术相关的事务中就需要权力的介入，制定标准、进行判断与评价，从而保证教学和研究的顺利开展。大学是研究高深学问的地方，它具有鲜明的学术性特征，这也是大学与其他社会组织和机构的根本区别。学术研究和学术活动的开展要遵守特定的法则，学术人员的创造性与学术自由需要得到尊重和保护，这些都需要专业的学术组织和学术人员依据学术规范、以学术的方式和手段予以判断和处理。由于评价与判断给教师和学生一定的约束力，从而使学术权力成为对学术活动具有评价与判断的权力。所谓学术权力是指以教授为代表的学术组织、学术人员运用专门性的知识对学术事务进行评价或判断的影响力和控制力。学术权力的主体包括学术组织和个人，是掌握了专业知识的群体和个人；权力指向的客体是学术活动中的学术事务，主要是指教学研究和学术研究活动，即探索高深学问的专业性事务。学术权力是高校权力结构中重要的权力之一，也是高校研究人员学术活动开展和学术事务处理的保障。

3. 高校内部的政治权力

"中国场域"中的大学不仅有学术权力和行政权力，还有政治权力，这体现了我国高校管理的特殊性。政治权力是高校权力结构的重要组成部分、是高校发展内外多种力量的综合要求。高校的政治权力是现代大学制度的使然，体现了我国大学发展的根本要求，也保障了我国大学发展的方向正确。高校的政治权力是指学校党委对于高校办学活动领导、组织和决策的权力。高校的政治权力是坚持中国共产党领导在高校的集中表现，党委把握高校发展方向，具有不可动摇的领导地位，这是我国高校政治权力的集中体现。高校党委"统一领导学校工作，支持校长独立负责行使职权"，主要职责是执行党的方针政策、坚持社会主义办学方向，领导学校思想政治工作和德育工作，讨论决定内部组织机构设置和人员调整等重大事项的领导和决策的权力。党委必须切实负起领导责任，协调、监管行政权力和学术权力的运行。政治权力保证大学发展的方向正确，具有全局性和战略性的意义。

（二）高校权利的形态

何谓权利？权利一词是法哲学的基础范畴，常常与义务相对应。英文中的"rights"译为权利，一般认为来源于拉丁文中的"jus"。古罗马中"jus"有权利、法律、正义、审判等多种含义。权利是现代社会的产物，启蒙运动中天赋人权的理念主张个人至高无上、不受任何组织和个人干预的绝对权利和自由，这也是最初现代性权利的内涵。学界关于权利的解释也是各有不同，主要有自由说、资格说、法力说等。我们认为，权利也即社会规范赋予行为主体可以做出某一行为的自由以及由此而获得的相关保障。

大学治理以权利为本，权利是高校治理活动开展的基础和起点，不能脱离权利而空谈制度建设和章程功能实现。大学章程既是对权力的规制，更是对权利的亮剑。通过章程的实施保障高校以及相关主体的权利，实现章程的主要功能。主体的权利如果得不到章程的维护和保障，章程的实施只会被搁置。与此同时，权利是权力的来源，权力又服务和保障权利，权力以权利为界限。因此，我们要研究章程的实施，必须对章程功能实现核心行动者的权利进行梳理。

有关高校权利的分类很多，依据不同的标准有不同的划分。本书主要以权利主体为分类标准，根据不同主体的地位、角色、作用等因素进行分类。同时结合章程功能实现的核心行动者（主体），对高校章程功能实现的权利进行了梳理，主要包括高校的办学自主权、学院的自主权、民主管理权、教师和学生的权利等。

1. 高校的办学自主权

办学自主权是指大学为实现办学宗旨，保证独立自主开展教育教学活动和管理活动，实现人才培养、科学研究和社会服务等功能所具有的资格和能力。从本质上说，办学自主权是法定权利，通过法律赋权旨在保证大学依据自身组织特性和发展规律独立自主地进行教学、科研和社会服务；办学自主权的权利主体是高校。《高等教育法》第 32 条至第 38 条中规定了高校七项办学自主权。办学自主权是一个复杂的综合性概念，是大学自治概念的中国化，也是典型的中国式话语表达。首先，办学自主权具有相对性。"自主"与"他律"相对，任何"自主"都不是绝对的，而是有条件的并受多种因素限制。自主的限制主要是来自政府和社会，尤其是政府。其次，办学自主权具有层次性。与大学自治的内涵相同，高校办学自主权表现出多层次性。既包括整个高等教育系统的办学自主与政府管理之间的关系；也包括某所高等学校办学自主与政府管理之间的关系。最后，办学自主权的内容和行使以《高等教育法》为法律依据，办学自主权内容中的核心权利是教学权和科研权。

2. 二级学院的自主权

学院自主权是指院系作为大学的二级机构和办学主体，为实现人才培养、科学研究以及社会服务等功能自主开展教学活动和管理活动所具有的能力和资格。学院是高校内部基层办学主体，也是办学活动开展的直接组织者，各个学院在各自学科领域上实现着大学的主要职能。从本质上看学院和高校具有一致性，两者是部分与整体的关系。一方面，学院作为专业性的组织开展学术活动时具有专业性和学术性；另一方面，学院作为二级单位开展相应的职能管理活动时具有行政性。因此，学院要独立自主地开展学术活动和行政管理活动就必须享有相应的权利。随着高校内部管理体制机制改革，学校逐渐将部分学术与行政事务的决策权下放给二级学院，学院成为权力运行的终端，同时管理体制中的优点或弊端都将在学院层面不同程度地体现出来。

3. 民主管理权

高校的民主管理权一般是指高校内部组织或个人参加高校事务与活动的资格和能力。民主管理既可以理解为一种制度，包括组织、计划、决策、监督等过程；也可以理解为一种管理方式，强调组织内部的参与。民主管理表现为三个方面的特征：一是参与性。民主管理的主体主要是群众或由群众组成的团体，按照少数服从多数的原则进行管理和决策，是一种自下而上的管理，体现了群众的参与性；二是程序性。群众参与管理需要制度的保障、程序的指引，没有程序就没有民主管理。民主管理需要制度和程序的保证，从而提高群众参与的权威性和可操作性；三是利益诉求的多元性。参与民主管理的群众或团体代表了不同利益集合的诉求，最大范围地吸纳多元主体的有益建议，提高决策的合理性和组织的运行能力。高校内部民主管理权的主体包括教师和学生个体民主管理权利、以教师为主体的教职工代表大会和以学生为主体的学生会。

4. 教师和学生的权利

教师和学生是高校办学活动的两大主体，也是大学的重要成员，师生的权利受到法律保护，属于法定权利。教师权利一般包括公民权利和职业权利，本书主要研究教师履行教育教学这一特定职责时所具有的专业人员的能力和资格，是教师作为教育者依法享有的职业权利。《教师法》规定了教师"专业自主权、学术研究权、指导评价权、获取报酬权、民主管理权、培训进修权、申诉权和诉讼权"等权利。学生的权利同样包括公民的权利和作为学生的特定权利，我们研究的仍是学生作为高校教育教学活动的对象主体时所具有的从事相关活动的能力和资格。学生是大学教育教学活动的对象，也是大学重要的主体。《教育法》明确规定了学生的"平等受教育权、教育资源使用权、物质帮助权、公正评价权、申诉与诉讼权"等重要权利。

二　行动者权力与权利互动的主要类型

章程功能实现过程中行为主体之间的互动可以从权力或权利主体之间的关系得到反映。高校是相对稳定的组织机构，要对章程实施中的行动者之间的互动关系进行分析，只有通过对行动主体参与章程实施中权力与权利的相互作用、博弈入手。通过前文对高校章程功能实现的主要权力与权利的梳理，当前行动主体之间的互动主要呈现以下几种关系类型。

（一）国家行政权力与高校办学自主权的关系

高校与政府的关系一直是高等教育中重要的问题。政府与高校之间的互动也即高校的外部治理问题，关键是要解决好政府与高校的权力配置与制度安排。"自隐含在高等教育管理体制中的这种关系存在以来，政府管理与大学自治就始终成为一对难以平衡的矛盾。"[①] 一方面，政府要保证高

---

① 方芳：《大学治理结构变迁中的权力配置、运行与监督》，《高校教育管理》2011 年第 10 期。

校的正常运转和正确的方向，就必然运用行政的手段和方法，对高校予以管理与控制。另一方面，虽然高校对于政府存在着严重的依附关系，但高校始终没有停止对办学自主权的诉求。由此便形成了政府行使行政权力与高校追求自主权之间的互动，行政权力对自主权利的挤压与高校努力争取自主空间是高校外部治理的重要问题。政府应当转变观念、确立服务意识，通过改革和完善监督机制，减少不必要的行政审批事项，保障高校办学自主权；高校则应在法律和政策的框架内自主开展办学活动、科研活动和社会服务，接受政府的宏观指导和监督。因此，政府行政权力与高校自主权的博弈是行动者互动必须要考察的一对关系。

（二）党委政治权力与校长行政权力的关系

《高等教育法》明确，我国公立高校实行中国共产党基层委员会领导下的校长负责制；同时校长是高等学校的法定代表人，全面负责学校工作。按照法律规定，一方面，高等学校接受党的基层委员会领导，学校党委是高校的领导核心。校党委主要把握学校的发展方向、总揽全局，保证党的路线、方针和政策在高校得以贯彻和落实，保障高校社会主义办学方向等；同时抓好教职工和广大青年学生的思想政治工作，负责大学内部干部的选拔和任用，支持校长独立负责地行使职权。另一方面，校长是大学的法定代表人，在校党委的领导下负责大学的行政工作。校长是大学的行政领导，享有行政事务的决策权，但涉及重大人、财、物的事项须经过党委会讨论同意。我国高校必须坚持党委领导下的校长负责制，这有利于决策的民主化、科学化，在一定程度上避免个人专断情况的发生；同时也有利于党政分开、各司其职。因此，要理顺党委政治权力与校长行政权力之间的关系，划清双方权力与职责范围是章程功能实现中行动者互动的重要关系。

（三）高校行政权力与学术权力的关系

行政权力与学术权力的互动是高校内部治理结构中最为突出的一对矛盾关系，而这一互动关系的突出表现即高校的行政化倾向。高校要实现科学研究的功能，使学术研究活动顺利开展，就要赋予并保障以教授为代表的学术人员的学术权力。学术自由有赖于宽松的学术环境和必要的物质支持，但归根结底在于保障学术权力行使的自由。大学中这两种权力的并存既有合理性，又有着天然的局限性。一方的局限性是另一方的合理性，反之亦然，两者呈互补关系。① 首先，高校为实现自身的运转必然使用行政手段对内部的各项事务进行管理，其中也包括具有专业性的学术事务。可以说，高校行政化的管理无处不在，行政权力可能超越行政事务的范围，干涉学术事务，从而削弱学术权力。其次，学术研究人员一直致力于自由地开展学术活动和研究的权利，维护学术的独立性和自主性。因此，行政权力与学术权力互动中基于各自利益诉求的不同，最终导致两者冲突和矛盾不可避免的发生。

（四）学校权力与学院权利的关系

校院两级管理体制就是发挥学院在基层办学活动中的作用，由学院根据自身发展情况和特点具体处理教学、科研等相关事务；学校则从整体上对学校发展中具有共性的事务进行宏观调控与平衡，保证学校整体的办学方向和办学效益。高校实行校院两级管理体制，有利于办学资源的优化配置，解决高校资源配置的失效与浪费，提升办学资源的使用效率；有利于调动基层办学组织的积极性，优化管理层级和明确管理职责，提高管理效率并促进学校的整体性发展。实现校院两级管理体制的关键在于处理好校部权力和学院自主权之间的关系，合理进行校院两级纵向分权。一方面，学校是学院的上级行政机构，学校运用行政权力实现对院系发展的管理和控制；另一方面，高校要调动学院办学活力，发挥学院作为基层办学单位的积极作用就需要适当放权，通过赋予院系相应的自主权激发其在办学实践中的主动性。在此过程中，就形成了高校权力下放及其程度与学院自主权享有之间的互动关系。

（五）高校行政权力与师生权利的关系

教师和学生是高校办学的两大主体，高校应当保障师生合法权益。首先，师生的民主权利表现为民主参与和监督，该权利是师生权益保障的重要途径。高校民主管理与监督权是我国基层民主建设的重要组成部分，体现了基层的民主。教代会和学代会是师生民主管理与监督的基本形式。教

---

① 阎亚林：《论我国高校学术权力行政化》，《陕西师范大学学报》（哲学社会科学版）2003年第1期。

代会以教师为主体，作为教师利益表达与权利诉求的机构，能够沟通及协调不同群体的需求；学代会以学生为主体，也是学生参与学校管理活动的主要形式，尤其是与自身利益密切相关的事务，维护自身合法权益，促进高校决策的民主化和科学化。与此同时，师生又是高校行政管理的对象，学校在行使行政管理权的过程中，科层的行政体制和官本位的管理模式致使其具体管理行为超越师生的民主监督，从而削弱师生民主管理权的行使。其次，学校的行政管理权与师生其他权利存在互动。例如，学位授予与学籍管理是高校以学生为对象的两项重要的行政管理权，因为学位授予和学籍问题涉及学生最基本、最重要的权益，因而学生对上述两项权利的保障也尤为重视。再如，职称评审一直是教师最为关注的问题，它既是对教师学术研究的认可，也是教师身份的象征。可见，行政权力与师生权利之间的良性互动既有利于保障师生的合法权益，同时也能规范高校行政权力的行使，这也是章程功能实现的又一重要互动关系。

三 冲突与失衡：行动者互动现状分析

（一）行动者之间的互动以权力[①]配置为核心

美国学者理查德·H. 霍尔指出："组织是权力的同义语。组织是人们遵循权力规则的权力体系"。"如果我们把权力配置看成是组织设计的结果，那么权力分配是使组织有效动作的一种方法。"[②] 可见，权力与组织密切相关、不可分割。权力在组织结构中体现，组织依赖于权力而正常运行。从本质上看，高校就是一个各种权力交织的组织系统，要实现大学的功能就要对各种权力进行合理的配置与规制，保障个体与组织的正当权利行使。

权力的合理配置也就是通过对各类行动者的权力进行合理的界分，通过一种或几种权力来钳制和约束另一种权力，防止权力的滥用，从而维护其他个体行动者和集体行动者的权利，它体现了人们对于权力的理性认识

---

① 前文已对权力与权利的概念进行比较，为行文方便，下文将不再同时使用权力与权利。

② ［美］理查德·H. 霍尔：《组织：结构过程及其结果》，张友星、刘五一、沈勇译，上海财经大学出版社 2003 年版，第 122 页。

和态度。实践中，分权会带来权力主体之间的关系紧张和冲突，特别是在政策制定时会消耗大量的时间和精力用于协调多方权力主体之间的利益。但是，正是由于决策过程中阻力的增加使多方利益都得以考虑，从而也就保障了制度和政策的出台不是为了某些人的私利，而是为了保障更多行动主体的权利实现。与此同时，分权原则的实行能有效防止某项权力长期独占优势，通过一方权力牵扯其他权力，避免权力走向集中与专制，从而防止权力被滥用，权利又得不到保护的状况发生，因为分权带来的必然是权力的制衡。

高校作为一个内外部权力与权利交织的组织，在不同层面权力关系无处不在。能否实现大学的功能、稳固高校法人地位；能否落实高校办学自主权、保障高校内部各主体的权利，关键在于合理的权力配置。通过权力配置，实现高校内外部权力的制约与平衡；通过权力配置，保障高校内外部权利主体的权益；通过权力配置，解决高校治理体系中亟待解决的问题。高校实行分权机制，就是将高校内外部的权限进行划分，将权力交给相应的权力主体和组织独立行使，其实质是在高校基本制度框架内对权力配置形式和权力结构关系进行调整。具体而言，横向上就是要解决好行政权力、政治权力、学术权力之间的关系。也即行政部门负责行政事务的决策和执行工作；党委做好重大事项的决策、支持校长工作；学术委员会则负责学术事务的决策和执行。纵向上主要就是解决校部权力与学院权利之间的关系，落实校院两级管理体制，学院层级在接受学校指导的前提下，具体负责本学院的决策和执行工作。

权力是正式制度的核心要素，合理的权力结构与配置直接决定了现实中制度的安排和具体设计，并影响着制度的实际运行效果。章程是有关大学内外部主体权力与权利的制度设计，大学章程的实施旨在建立良好的大学秩序，实现大学生功能，最终形成高校善治，所以章程中权力结构与权力的分配直接影响着章程的实施效果。对大学章程实施中的行动者进行分析，首先就是要对行动者享有权力与权利及其之间的关系进行分析。

（二）行动者之间的互动主要表现为权力与权利的冲突和失衡

大学章程功能实现的核心行动者在参与章程功能实现过程中具有不同的利益诉求，双方或多方试图通过良性的互动，尽可能地获得其他主体的认同和接受，建构一种制度化的参与模式，并最终实现行动主体之间的共存共荣、互惠互利的权力与权利的格局。但是，通过对实践中现实状况的分析不难发现，行动主体之间围绕权力与权利分配而展开的互动并非彼此平衡与制约；相反，多种权力与权利的互动往往表现为冲突与失衡。

在高校章程功能实现过程中，行政权力处于互动中的主导地位，其权力的行使有时会突破法律与正式制度的相关规定，再加上行政权力与学术权力相互交织，行政领导往往兼顾重要的学术职位等，这样势必造成某一强势的行动主体由于权力过大而对其他行动主体进行干涉、阻碍或者是削弱了其他行动主体的权力与权利的正常行使，造成了行动者之间互动的冲突与失衡状态。

此外，章程功能实现中的核心行动者之间的互动本身也是多重的，而行动者本身所具有的主体性和客体性特征又增加了互动的复杂性。以高校为例，在高校与政府的互动中，高校的办学自主权与政府的行政管理权展开博弈，高校成为政府行政管理活动的对象主体，此时的高校在互动中更多地表现出被管理的客体性特征；在高校与内部学术组织以及师生的互动中，高校自身的行政管理权与研究人员的学术自由权、师生的民主管理权展开博弈，高校行政权力泛化与强势的权力表征使其在与学术自由权和民主管理权的博弈中处于优势地位，研究人员和师生成为行政权力行使的对象主体，而此时的高校在互动中则更多地表现出管理者的主体性特征。也就是说，同一行动者在与其他不同行动者互动过程中，其表现出的地位和作用有所不同，既是主体又是客体，既具有主体性又有客体性。由此可见，行动主体之间的互动是多重的且错综复杂。章程实施中行动者互动的冲突与失衡主要表现在以下方面。

1. 强政府—弱学校：高校办学自主权行使受阻

在国家行政权力与高校自主权的关系中，两者互动中的冲突与失衡主要表现为强势的政府行政权力挤压或僭越了高校办学自主权，削弱并阻碍了高校自主权的行使，而导致上述互动冲突产生的原因在于"强政府与弱学校"的外部治理架构。纵观我国政府与高校的博弈发展过程，强政府—弱学校成为两者关系的主旋律，政府一直处于强势和控制地位，而高校则一直处于弱势与被控制的地位。各高校章程中均对办学自主权做出了明确规定，也有部分关于政府部门的职责。但是，通过章程保障高校办学自主权、实现国家行政权力与高校办学自主权良性互动的制度设计仍然遭遇了现实的种种困难。具体分析如下。

（1）从国家行政权力来看。我国高等教育管理体制是较典型的中央集权式管理，这种集权式的管理在计划经济时代曾对高等教育发展起过积极的重要作用。然而，这种管理体制已经不适应当前我国社会发展和高等教育的发展要求，政府以强制与控制为主要行政手段的管理与高校自主发展产生了矛盾。政府开始探索高等教育管理的新机制，逐渐对高校放权，试图摒弃原来对高校直接的全面的干预式管理模式，寻求既有利于实现政府职能又能促进高校健康发展的管理模式。然而，在落实和扩大高校办学自主权方面还存在一些问题。

其一，国家行政权力角色错位。长期以来，我国政府一直是"全能政府""无限政府"，对高校的事务无所不管、无所不包。

政府对高校事务干预的范围和力度过大，超出了维护市场秩序正常运行的合理限度和自身的职能与权限，也即政府管理了不属于行政权范围内的事情，承担了许多本应由高校自己去履行和完成的事情，这就是我们说的行政权力的角色错位。政府在处理与高校的关系时没有明确的角色定位，实践中过度管理大学，在管理过程中常出现权力越位、错位甚至缺位的情况。国家行政权力角色偏离造成了政府和高校双方的负面影响：一面是政府由于干预过多，负担过重、牵扯的精力太多，容易造成失职或低效等问题；另一面是大学自主权被压抑，同时也滋长了对政府的过度依赖。因此，政府角色错位既束缚了高校的发展，也加重了政府的负担。

其二，行政管理观念落后。在很长一段时期内，大学被认为是政府的附属机构，是政府行政体系在高校内的延伸，政府管理国家的行政手段和方式便在高校得以使用。转型期的政府与高校关系发生很大变化，但某些思想观念仍难以消除。一是政府本位思想决定了政府与高校关系中的角色定位，导致了政府对高校的管理和控制职能，忽视了高校作为学术组织的特性，将高校作为行政机关来运作。二是高校行政化与官本位思想导致大学管理体制偏离大学精神，政府行政化的管理模式严重影响高校行政化，大学完全参照政府行政管理体制运行。

其三，行政管理职能未转变。高等教育改革过程中国家试图通过放权的方式推动高校管理体制机制改革。然而，中央和地方政府两级管理制度未能从根本上改变政府与高校之间的关系，大学在某种程度上仍附属于政府，办学自主权有限。从管理内容看，政府对高校的微观管理大于宏观指导，直接管理高校具体事务；从管理手段看，行政、计划手段多于法律、政策手段，重复、低效的行政审批干预高校事务；从管理方式看，多运用直接管理，甚至运用行政权威进行直接管理。

　　高校自主权落实关键看政府是否愿意真正将权力下放给高校，章程中不好写，写了也不一定能落实。我们学校章程实施以来，在办学自主权方面几乎没有多大改变，跟原来情况差不多。①

可见，在政府与高校的关系中，政府仍然处于主导地位。

（2）从高校办学自主权行使来看。在高校的呼吁和政府的推动下，我国高校办学自主权落实取得了较大的进展，特别是《高等教育法》的颁布在法律上确立了高校的办学自主权。但是，高校部分办学自主权仍然受到一定程度的限制。

办学自主权从法律文本中的规定落到实践遭遇了许多困难：其一，政府运用行政权力对大学事务过度干预的集权式管理模式，抑制了大学的办学活力和办学自主权的行使。"在办学权方面仍然是以政府计划模式为主，管理方面主要依靠行政手段和命令，最终导致了'政策治校'的政府管理高校模式的形成。"② 政府对高校的管理应是一种宏观的指导，而不是大包大揽高校一切事务。其二，政府强势地位决定高校在办学自主权行使中受阻，特别是关键性赋权有限。我国公立高校由政府举办，政府对大学的实际控制和管理并未减弱，政府行政权力干预大学内部具体事务的传统，使得大学自主权难以落实；而政府的服务、监督与评估职能发挥不充分，而且常常出现执行中的异化现象。其三，高校自身机制不健全与对政府的过

① 资料来源：访谈记录整理（某高校行政管理人员）。
② 方芳：《关于高校去行政化的法理学思考》，《天津市教科院学报》2011 年第 8 期。

分依赖造成了行政权力的路径依赖。政府与高校在不断的博弈中，政府既是对自身职能的考虑，也是出于高校本身体制机制的不健全的现实，在下放办学自主权时也一直是处于"放权"与"收权"的循环。由此可见，要落实高校的办学自主权困难重重，但主要是来自政府方面的阻力。

2. 统一领导—全面负责：政治权力与行政权力界限不明

《高等教育法》规定："国家举办的高等学校实行中国共产党高等学校基层委员会领导下的校长负责制。中国共产党高等学校基层委员会按照中国共产党章程和有关规定，统一领导学校工作，支持校长独立负责地行使职权"，中国共产党基层委员会领导下的校长负责制成为我国公立高校的管理体制。学校党委成为"统一领导学校工作"的组织；同时校长是法定代表人，是"全面负责学校工作"。从理论上讲，两者分工明确，各自在职责范围内行使权力，但"党委除了管党、管思想政治工作等直接职能外，还要把握行政上的三重一大事项决策"，① 这样党委职责与校长职责存在一定的交叉和重合，这就有可能造成权力之间的博弈。

高校依据《高等教育法》等法律法规在章程中进一步明确党委领导下的校长负责制，对政治权力和行政权力行使范围、职责等做出较为明确的界定。然而，在高校的管理实践中，以党委书记为代表的政治权力和以校长为首的行政权力在行使各自权力时会表现为冲突与失衡的互动。作为高校两个重要的领导机构，党委书记和校长都是高校的主要负责人，对于高校改革和发展共同负有重要责任。"这样就出现了高校政治组织框架内的'一把手'与高校法律框架下的'一把手'的双峰对峙现象。当校长与书记意见不一致时，就会成为学校内耗的根源，妨碍学校的发展。"②

3. 重行政—轻学术：学术权力相对弱化

《规划纲要》中关于建设现代大学制度部分指出"尊重学术自由、营造宽松的学术环境"，学术自由第一次写进我国的政策文本。大学章程是

---

① 徐敦楷：《落实高校办学自主权完善现代大学治理结构》，《中国高等教育》2010 年第 19 期。

② 周光礼：《大众化条件下政府与大学关系的重构——法律的视角》，《中国教育法制评论》2008 年第 1 期。

学术自由的保障书，是大学学术权力行使的依据。然而，要通过章程保障研究人员的学术权力，规范行政权力的行使仍然存在许多阻碍。高校内部行政组织及行政人员在行使行政管理职责时与学术研究人员对学术自由的诉求产生了冲突，权力主体的互动表现为矛盾与失衡的状态。

（1）高校行政权力泛化从而影响学术权力行使。我国由于长期受管理主义思想的影响，高校内部行政人员权力较大，而以教师为主体的学术权力则相对较小，从而导致行政权力与学术权力之间的矛盾。行政权力在高校中长期处于强势地位，未能保障学术权力行使，甚至在某些领域倾轧或替代学术权力。

> 学校行政管理部门的权力太大了，所有跟学术相关的课题、奖励、考核都归这些部门管着。我们老师就是被管理的对象，基本上没有话语权。比如申报课题，现在老师想要申报省级以上的课题都有指标限制，指标由学校管理部门控制，课题申报首先在学院排队，再到学校排队，两者都通过了才有资格往省里面报。虽然认为有些制度不合理，但也没有办法，提意见不但没用而且还会得罪人。①

学校行政管理部门承担着维持学校正常运行的繁重行政工作，在学校发展中发挥着重要的作用。但是，如果行政权力过大就有可能干预学术权力的行使，使本来应该由学术组织决策的学术事务行政化，对学术研究和教学工作造成一定冲击，影响高校学术创新和服务社会功能的实现。"在行政化管理体制下，高校成了一个具有行政级别，按照行政模式运行的准行政机构。教学、科研人员成为行政系统的'螺丝钉'，难以获得学术支配地位。"②

（2）行政权力与学术权力相互交织，既弱化学术权力也影响了行政管理的效率。

一方面，无处不在的行政权力强化了"官本位"思想，许多有深厚学

---

① 资料来源：访谈记录整理（某高校专任教师）。
② 方芳：《治理结构变迁中的权力配置、运行与监督》，《高校教育管理》2011 年第 10 期。

术造诣和旨趣的学术人为追求现实利益而入仕途，使自己进入并不擅长甚至是陌生的党政管理岗位，出现越来越多的拥有学位又拥有官位的"双肩挑"人员。

　　调研发现，某些高校重要的学术机构中，各级党政领导占有较大比例且在实际决策中发挥着主导性的作用；而真正的学术人员的话语权难以充分体现，学术事务实际决策权仍掌握在行政领导手中。

　　另一方面，学术人员进入行政管理场域，有可能造成行政管理低效，同时还会影响行政管理人员的积极性。不可否认，作为一个学术性组织，高校内一些专业性较强的学术管理岗位确实需要具有专业性的人员从事，但人员过于庞大则可能削弱学术力量，影响学术创造活动的开展。与此同时也必然存在某些不具备行政能力，不适宜从事行政管理工作的学术人员。某种程度上来看，官本位思想影响下的学术权力与行政权力的交织，这意味着学术权力的自我放弃与主动妥协。

　　总之，在行政权力与学术权力的互动博弈中，行政权力始终占据着强势的主导性地位。过度行政化的体制制约了学术人员的研究活动；在学术权力与行政权力交织中又造成了权力行使的失衡。

　　4. 大学校—小学院：学院办学自主权受制约

　　校院两级管理是不同于过去行政管理的新管理体制，学院在学校的指导下成为具有活力且相对独立的办学实体，保障二级学院在办学过程中的权利和地位。校院两级管理制度是对建设现代大学制度的积极回应，是学校规模发展后在管理体制改革方面的客观选择，更是高校优化内部治理结构、激发办学活力、理顺管理层级职责权限的必然要求。校院两级管理体制改革从本质上看即内部纵向分权，核心即重新配置行政管理权，实现学校与学院的适当分权，同时重构学校行政职能部门与学院权利关系。

　　公立高校现行行政管理制度主要有实质集权制、部分分权制、实质分权制三种类型。① 校院两级管理体制改革的核心即学校内部行政管理体制改革，学校下放行政权力，主要包括涉及高校行政管理核心的事权、人权和财权。其中高校将教学、科研以及学生管理等事务性工作由原来的职能部门下放到学院直接负责的行政管理为实质集权制。这种体制下的学院执行学校职能部门规定的任务，不具有相应的决策权，本质上还是传统的集权管理体制的变形，并未实现对行政权力的分权。实践中学院除了拥有教学、科研等方面的事务性工作的管理权限外，学校将诸如人才引进、教师职务聘任等部分决策权力下放给学院的管理模式为部分分权制。第三种是实质分权，即学院将人权、事权和财权都下放给学院，学院对于本院的教学、科研和行政管理事务拥有较高的自主决策权。当前实质集权体制的公立高校数量最多，特别是省属院校；多数教育部直属高校基本采用部分分权制；而实质分权由于对传统行政管理体制冲击大，具体操作层面比较复杂，现实中采用此种模式的公立高校比较少。②

大学章程对校院两级管理做出了规定，明确了学院在教学、科研及社会服务方面的权利。然而，由于我国长期以来实行的校一级集约式管理体制，导致实践中学院在与校级互动中始终处于弱势，学院办学自主权保障不充分的现实境遇。

首先，校部与学院权力配置不均衡，管理效率不高。

> 学校将权力下放给学院，就是想扩大学院的办学自主权，全国很多高校都在试点，就跟扩大高校办学自主权一样。这也是改革的方向，但真正落实还需要走很长的路，目前也只是试点。章程实施后，学校并没有按照校院两级管理的制度设计将权力下放给学院，特别是学院办学中的人才引进、教师考核等权利主要还是在学校，学院工作基本按照以前的方式运转。③

---

① 丰硕：《中国公立高校内部治理体系研究》，博士学位论文，吉林大学，2016年。
② 丰硕：《中国公立高校内部治理体系研究》，博士学位论文，吉林大学，2016年。
③ 资料来源：访谈记录整理（某高校校级领导）。

学院是开展教学和科研的基层组织，大学功能的实现和目标的完成离不开院系工作的积极开展。但现实中，学校权力依然强势，校部与学院的互动博弈中始终处于绝对的主导地位，学院能否拥有办学方面的自主权以及权利的大小完全取决于学校的赋权。这种集中式的管理模式明显不利于调动学院教学、科研方面的积极性和能动性，造成行政管理的低效。

最近学校试行学院对副教授（含）以下职称进行评审，程序上是先由学院排队，再报学校高评会审查，原则上尊重学院的决定。但实际中仍有改变学院评审结果的发生。我跟人事处相关人员说，学院的评审小组都是行业专家，最清楚每个人的业绩水平，但你们聘请的评审人员很多都不懂我们的专业。此外，除了业绩成绩之外，我们学院评审还要考虑很多因素，其中是否对学院做出贡献就非常重要，但这个你们是看不到的。有些老师一心只埋头干自己的事情，对学院的发展根本不关心，更不愿意为学院做事情。如果大家只顾自己那还要组织干吗？要办好一个学院，必须要有组织凝聚力。所以职称评审权就应该下放到学院。①

其次，校部权力下放不充分，学院内生动力不足。

实践中由于校部权力下放的不充分，学院因缺乏必要的资源和决策权而苦于应对院务管理工作，成为"贯彻执行"学校决定的基层组织。这种管理体制不利于研究创新和学术活动的开展，学院完全依附于校部，学院办学自主权小，缺乏独立性和自主性，许多重要的决策权仍然掌握在校部职能部门中。学院办学动力不足，校院两级管理改革不彻底，关键是学校和学院的责权划分不清晰、管理事务范围不明确，尤其是重要的决策性权力仍然由校部掌握。

对研究生导师的考核应该由学院来决定。目前我们学校导师遴选、考核工作都是学校组织的。说是三年考核，但实际上基本上是终

---

① 资料来源：访谈记录整理（某高校院级领导）。

身制，没有老师因为考核不通过而被取消资格。我认为应该下放权力给学院，由学院对导师进行动态遴选，只有这样才能真正提高学院的科研水平和教学水平。①

因此，作为高校"生产单位"的学院在与校部互动博弈中处于被动地位，完全受制于学校；大学校—小学院的内部办学格局影响了校院两级管理体制改革。

5. 泛行政—弱监督：师生权利保障不力

高校师生的法治观念和意识不断提升，民主参与的意识也越来越强。师生的民主管理与监督能促进高校决策科学。同时，师生又是管理的主要对象，学校运用行政权力和行政手段从教学、科研、社会服务等各个方面对师生进行管理，因而学校职能部门履行行政管理职责的行为必然与师生权利诉求之间产生互动博弈。

大学章程构建教师和学生权利保障体系，明确规定教师和学生的权利。章程成为师生行使各项权利、维护自身合法权益的制度保障，也是对国家法律所赋予的法定权利的具体化和补充。然而，章程实施后其保障师生权利的作用并不明显，师生合法权益保障与高校行使行政管理权之间的矛盾并未缓解。近年来，高校因学位授予和学籍管理、教师聘任等问题被告上法庭的案例逐年增多。这与师生权利意识的增强有关，同时也反映了我国高校管理制度与行政权力行使中存在的问题。

首先，高校泛行政化的管理方式未能真正落实以人为本。教师和学生是高校教学和科研活动的两大主体，不仅是高校行政职能部门管理的对象，更是学校民主管理的主体。然而，高校管理泛行政化，特别是长期受到传统的管理主义思想影响，导致无处不在的行政权力行使泛化，未能真正做到以人为本，没有突出师生作为学校民主管理主体的地位，甚至超越了行政权力行使的权限和职责范围，侵害了师生的权利。

其次，师生参与渠道不畅。教师和学生参与学校民主管理的范围既包括有关学校重大改革、发展等方面的事项，也包括与自身利益密切相关的

———————————

① 资料来源：访谈记录整理（某高校院级领导）。

事项及相关制度制定。高校在做出重大决策和出台重要制度时要广泛听取教师和学生的意见、建议，特别是与教师和学生利益密切相关的事项时，要前期调研、听取意见、专家座谈、组织论证等。而实践中，高校往往运用行政权力的强制性，出台并强行实施一些未经充分调研甚至侵害了师生权益的制度。

再次，师生民主参与和监督机制弱。高校内部监督机构主要有纪委的党内监督、监察处的行政监督、教职工代表大会的监督。以教师代表为主的教职工代表大会受到各种强势权力，特别是行政权力的影响和控制，教师对于学校发展规划、改革方案、教师聘任、分配改革等重大事项的审议也多是流于形式，未能真正发挥民主管理与监督的作用。

虽然各校都确立了以学生为本的办学理念，有关学生参与权的呼吁不绝于耳，但实践中学生能参与的范围和事项很少，学生民主管理与监督的作用微弱，学生会某种程度上成为学生活动的组织和执行部门。

此外，教师和学生权利的救济程序和途径也不畅通，特别是校内申诉制度难以维护师生的合法权益。总之，泛行政化的管理方式弱化了师生的民主权利，高校及其职能部门的行政权力在与师生民主权利互动时处于主导的强势地位。

第五章　大学章程功能实现的
制度分析

大学章程是规范和制约多元行动主体的制度，其实施的过程必然受到来自内外部多种制度的影响，其中包括宏观的法律制度设计、中观的章程制度设计、微观的细则与配套性制度设计。"教育政策实施主要受到行动者、规则设计与环境三大关键性因素的影响。其中，精准的规则设计（smart policy design）为政策问题提供了合理且可行的解决方案，它也将在很大程度上决定规则能否实现以及如何实现。"① 由此可见，要对章程功能实现及其影响因素进行研究，必然要从制度设计角度进行深入的分析。

第一节　宏观制度设计：国家法律制度分析

一　大学章程法律地位不明确

大学章程的法律地位是指章程在我国整个教育法律体系和高校内部规章制度中的位阶。② 大学章程是根据教育法律法规的规定，以文本形式对高校基本问题做出规定的纲领性、规范性文件。③ 也就说，大学章程的制定必须以教育法律法规为依据，并不得与之相抵触。这里的法律法规不仅指教育法，也包括其他与教育相关的法律法规，因为"大学同时又是一个社会机构，一个具有法人资格的民事主体，是一个公法人中

---

① Education policy implementation: A literature review and proposed framework, OECD Education Working Paper, No.162, 2017, 12.8.

② 柯文进：《关于大学章程制订中法律地位、外部关系与内部治理结构的思考》，《北京教育》（高教）2013 年第 4 期。

③ 刘香菊、周光礼：《大学章程的法律透视》，《现代教育科学》2004 年第 11 期。

的特别法人。"① 大学章程制定法律依据的复杂性，也给章程法律地位的界定提出了挑战。

从理论上讲，章程经过核准后具备了法律效力，但实际上章程在我国教育法体系中的法律地位不明确，因而缺乏强有力的执行力。学者周光礼指出，当前大学章程的法律地位不明确，具体表现为在教育法律体系中大学章程究竟处于怎样的位置？在高校自我治理中的法律效力如何？这些问题在我国目前的教育法律体系中，还不能找到明确的回答。大学章程的权威性和地位取决于其所依据的法律渊源和法律基础，由于章程制定和实施中法渊和法理依据的欠缺，使章程的法律效力无法得到有效保障。

首先，我国现行法律法规中对于章程法律地位和效力均没有明确规定。也就是说大学章程在我国整个法律体系中的位阶不明确，章程权威性危机，行动者对于大学章程的认识水平和认同度较低，从而影响章程实施中功能的发挥。其次，大学章程制定没有确切的效力渊源，造成章程实施中可能存在着各种法律纠纷。② 根据法律规定，教育行政部门审核后章程才正式生效。核准后的章程成为高校符合法律规定设立的必备要件，但没有法律效力。部分高校在章程文本中规定了章程的制定依据，但制定依据从《宪法》到部门行政规章，表述堆砌从而影响了章程法律地位的确立，以及与"上位法"相抵触时的效力问题。

再次，我国章程制定主体是高校，由举办者即政府以行政授权方式委托大学自行制定本校章程。章程本应由"举办者和高校"共同制定，但实践中由于章程制定中政府的缺位，举办者没有实际参与章程的制定过程，这在某种程度上降低了章程的法律地位，导致章程"应明确举办者与学校之间关系，落实举办者权利与义务"的规定难以落实，从而影响了章程功能的实现。

纵观国外大学章程如，英国剑桥大学、英国牛津大学的章程由国会立法通过；美国乔治亚大学章程由州议会立法通过；中国澳门理工学院、中国澳门大学的章程由行政长官以政府令形式签发，这种由立法机关审议通

---

① 转引自米俊魁《大学章程的法律分析》，《内蒙古师范大学学报》（教育科学版）2006 年第 9 期。

② 刘香菊、周光礼：《大学章程的法律透视》，《现代教育科学》2004 年第 11 期。

过或由政府令颁布的大学章程具有更高的权威性。依据《暂行办法》中的相关规定，我国大学章程制定的法定程序为"教代会讨论—校长办公会议审议—学校党委会讨论审定—法定代表人签发—报核准机关审查—学校发布"。虽然章程的颁布需要获得教育行政部门的核准，但核准的内容与形式与上述由立法机关审议或由政府令颁布的产生方式存在很大的差别。显然，这种"准入式"的效力不能从根本上对政府、教育行政管理部门和公立高校权利、义务进行有效的法律约束，也不能产生违反章程后追究相应责任的震慑作用。① 此外，在涉及诉讼时章程也不能成为处理高校纠纷的法律依据。可见，我国大学章程"根本法""最高法"的地位并未得到法律的确认，这对于章程在实施过程中充分发挥依法治校的秩序、保障师生的合法权益等功能的实现产生严重的影响和制约。

总之，从我国现行高等教育法律制度来看，大学章程法律效力不明，在教育法体系中地位不清，进入司法审查更无依据。由于章程自身的"先天不足"，从而导致了章程实施乏力，影响其功能的充分发挥。

二　大学章程执行机制不健全

章程的生命力在于执行。② 当前章程制定与核准取得了阶段性成果，章程进入全面实施阶段。但是，由于章程执行机制不健全，章程实施效果并不理想，大学章程的功能未能充分发挥。

章程执行机制主要是指为保障章程功能实现、落实章程文本内容、推动章程贯彻实施的完善的制度体系和机构组成。章程的实施是一个动态的过程，要充分发挥章程的功能，离不开健全的章程执行机制；而章程执行机制也是一个动态的过程，只有机制中的各个组成部分与环节密切配合、相互制约才能最大限度地发挥出机制的重要作用，保障章程的有效实施，并将章程文本中的规定转化为实践中的制度。章程的执行机制需要完善的制度体系以及保证制度得以执行的机构组织，唯有如此才能达成实施的最佳效果。因此，章程执行机制的构建包含完善的制度和组织机构。健全的

---

① 焦志勇、杨军：《提升公立大学章程效力的根本途径》，《湖北社会科学》2011 年第 2 期。

② 2014 年教育部办公厅《关于加快推进高等学校章程制定、核准与实施工作的通知》。

章程执行机制要求组成的各个部分或者说执行环节的完整性、严密性；同时，各个组成环节运转的高效性、衔接性。只有保证章程执行各个环节的完整性和有效运转，才能发挥章程执行机制的整体功能，实现章程功能与价值。2014 年教育部办公厅《关于加快推进高等学校章程制定、核准与实施工作的通知》中明确指出"健全执行机制，切实发挥高校章程的作用"，重视章程的执行机制建设，保障章程真正发挥作用。然而，大批量的章程核准进入实施阶段后均面临着执行难、执行效果不明确的现实困境，这与章程执行机制不健全有关。具体而言，由于章程执行机制的不健全造成了章程实施中功能不显的问题，主要表现为以下几个方面。

（一）大学章程执行主体不明

章程执行涉及高校主体的职责和权力，执行主体是章程实施的执行者，对实施效果产生重要影响。然而，从我国章程执行机制的制度设计来看，谁有权执行章程条款？谁被要求执行章程内容？等相关规定是不明确的。从实践来看，大多数高校并未设置专门的章程实施机构，从调研来看，一般由某个机构或职能部门负责章程的实施；实施过程中职能部门又不注重与基层单位的沟通，再加上各个职能部门权力配置的不同和利益的博弈，最终削减了章程的权威性和执行力，章程实施成为校长个人或某个职能部门的任务。

> 我们学校的章程主要是由校长办公会负责牵头的，然后再指定一个具体的职能部门负责具体事务，一般是由规划办具体实施。[①] 我认为章程实施主要是看校长的态度，如果校长以行政方式推行章程落实实施效果就会好。我们老师反正没有什么参与的权利，一般是就按照学校的规定和要求做。[②]

纵观国外的章程执行主体，不仅有大学校长、职能部门或负有管理职责的行政人员，还包括教师、学生以及校外的政府组织、校友和社会人士

---

① 资料来源：访谈记录整理（某高校章程制定人员）。
② 资料来源：访谈记录整理（某高校专任教师）。

等。多元化的执行主体有利于形成上下配合、内外互通的执行组织系统，从而提高章程的执行效果。因此，我国由于制度层面章程执行主体的不明确，导致了实践中高校具体落实不到位，缺少执行合力必然难以发挥应有的功能。当然执行主体自身的素养、执行的组织文化等都会影响到章程的执行效果，但就目前来看，最大的问题仍是执行机制不健全。

（二）大学章程执行程序不明

章程执行的程序是指有关大学章程实施的具体步骤或环节。程序能保障制度的正当性与合法性，同时规制与抗辩权力的滥用。健全的执行机制必须具有明确的执行程序规定，唯有以正当的程序作为实施的保障，章程的执行才能真正取得效果，章程的功能才能充分地发挥。国外章程执行程序包括事前、事中和事后程序三个阶段。[①] 事前程序包括制定过程中讨论、草拟、审议等各个环节的具体操作，旨在使利益相关者了解自身权责，强调多元参与；事中程序强调章程执行中各执行主体分工合作、各司其职，共同推动章程实施；事后程序主要强调章程执行的反馈制度，针对问题进行修改或调整。

当前我国高校章程正处于执行的关键时期，然而由于执行程序的不明确影响了章程实施中功能的发挥。其一，章程制定主体有限。在大学章程的制定过程中，不仅举办者没有实际的参与其中，即使是高校师生的参与度都非常低，甚至有些师生完全不知道学校制定章程直至章程正式发布。其二，章程执行主体权责不明。由于执行机制的不健全，章程执行主体不明确；即使在实践中高校指定某职能部门负责章程的实施，但执行主体合法性质疑以及执行主体间权责不明、相互推诿而影响章程的落实。其三，执行反馈不及时。由于执行主体及权责的不明确，导致章程实施对于结果的反馈不及时，难以对章程文本进行及时的调整或修改，影响章程权威与实施效果。总之，要使章程实施达到预期的目标，充分发挥章程的功能就必须以正当程序作为其实施的保障。

（三）执行中监督制度与问责制缺位

章程实施中监督制度与问责制的欠缺也是章程执行机制不健全的突出

---

① 袁传明：《英国大学章程的世纪演变：〈1900 年伦敦大学章程〉与〈2008 年伦敦大学章程〉之比较》，《比较教育研究》2014 年第 7 期。

问题。有效的监督与问责能保障大学章程的贯彻与执行，即使是设计精准的章程文本也有可能因为执行中监督不力或问责制缺位而遭遇执行阻力，从而影响章程实施中的整体执行力。当前我国有关章程执行的监督制度和问责制存在问题，影响了章程的功能实现，主要表现为如下方面。

1. 监督制度不完善。《暂行办法》中规定"由高等学校教育行政主管部门负责章程实施的指导和监督，对高校不执行或违反章程的行为责令改正"；"高校应当指定专门的机构监督章程实施，并且负责受理违反章程行为的申诉和举报"。

看似明确的章程监督机构规定，在实践中由于教育行政主管部门实质性监督的缺位；高校并未指定专门的机构负责章程执行监督，特别是部分高校章程中执行机构与监督机构的重叠严重影响了章程的实施效果。

> 学校指定校办作为章程日常监管部门，建立并完善学校的监督体制。① 我们学校还没有成立专门的机构，主要是由党委负责监督。②

从样本高校章程监督机构设置情况分布图 5 - 1 看，6 所高校未指明章程的监督机构，其余高校的规定也存在一些问题。

部分高校将章程的解释权和监督权同时赋予学校党委，党委"既为裁判员又当运动员"的合理性值得思考和反思；部分高校将章程监督机构设为校长办公会，行政部门既制定章程又监督章程执行，监督效果必然会受影响；少数高校将章程实施监督机构同时设定为教职工代表大会和校长办公会，两个机构在具体监督过程中可能相互推诿，难以实际履行监督职责，造成章程执行监督流于形式；还有高校虽表述"指定专门机构负责章程执行监督"，但实际上并未明确具体的监督机构。

上述问题的产生，从本质上来看仍然是由于法律法规中有关执行监督制度的不完善造成的。高校教育行政部门监督因执行中受到的各种限制，甚至被质疑干预高校办学自主权等问题而难以真正履行监督职责；高校章

---

① 资料来源：访谈记录整理（某高校章程制定人员）。
② 资料来源：访谈记录整理（某高校院级领导）。

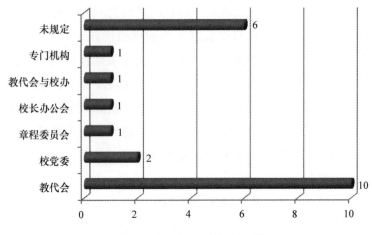

图 5 - 1   章程监督机构设置情况

程监督机构因缺乏法律的授权而影响其执行的权威性，章程监督机构权限规定的概括性和抽象性而影响执行中的操作性。因而，章程执行监督制度需要法律法规的进一步明确，甚至是高位阶法律给予更加有力的保障。

2. 章程问责机制缺位。章程问责制是指针对章程实施过程中违反章程规定的行为或消极不履行章程义务的行为追究相关人员责任的制度。问责制度是对章程实施中的否定性评价，包括宣布违章行为的无效或予以撤销、违章行为的处罚与处理等。有效的大学章程实施不仅需要完善的监督制度，更加需要违章的责任追究制度。章程实施监督制度是防止章程实施失控的有效手段，章程实施问责制提高章程执行力，防止章程执行流于形式。然而，我国相关法律中有关章程执行的问责制几乎没有，即使高校章程文本中亦未能明确责任追究。

总之，章程执行机制涉及执行主体、执行的程序、执行机构的权利与职责、章程的宣传教育、执行的监督制度与问责制度等要素。章程执行机制关乎章程实践中的实施效果，直接影响着章程功能的实现。大学章程进入全面实施阶段，如何推动章程有效实施，完善和健全章程执行机制，充分发挥章程在执行过程中的应有作用成为当前国家制度设计层面亟待解决的问题。然而，目前章程执行机制尚不健全，章程的执行问题还未引起足够的重视，国家政策与法律层面仍缺乏对章程执行机制的明确规定。

第二节　中观制度设计：章程文本分析

大学章程是关于高校治理的重要制度设计。本书运用文本分析法，依据章程制定和实施的相关法律法规，对 22 所高校章程文本从形式方面和实质方面进行深入的分析，试图揭示制度设计本身对章程在实施过程中功能发挥产生的影响。

一　大学章程文本的形式分析

章程文本的形式是指章程外在表现、内在要素组成等。章程文本是由章程的具体条款组成的，对章程文本形式进行分析主要是对文本的静态考察，即章程的构成要素是否合法与完整、语言表述是否准确规范、章程的程序条款是否具有可操作性以及章程生成机制是否完整等。

（一）构成要素基本信息完整，部分必要记载事项缺损

大学章程构成要素是章程不可或缺的组成部分。章程依法而制定，教育法律法规中对章程的具体规定就成为其不可缺少的组成部分，即大学章程的构成要素。依据《高等教育法》第 28 条有关章程应当记载的十项内容，① 以及《暂行办法》第 7 条对该十项内容的具体化，② 对样本高校章程

---

① 《高等教育法》第 28 条"高等学校的章程应当规定以下事项：（一）学校名称、校址；（二）办学宗旨；（三）办学规模；（四）学科门类的设置；（五）教育形式；（六）内部管理体制；（七）经费来源、财产和财务制度；（八）举办者与学校之间的权利、义务；（九）章程修改程序；（十）其他必须由章程规定的事项。"

② 《暂行办法》第 7 条"章程应当按照高等教育法的规定，载明以下内容：（一）学校的登记名称、简称、英文译名等，学校办学地点、住所地；（二）学校的机构性质、发展定位，培养目标、办学方向；（三）经审批机关核定的办学层次、规模；（四）学校的主要学科门类，以及设置和调整的原则、程序；（五）学校实施的全日制与非全日制、学历教育与非学历教育、远程教育、中外合作办学等不同教育形式的性质、目的、要求；（六）学校的领导体制、法定代表人，组织结构、决策机制、民主管理和监督机制，内设机构的组成、职责、管理体制；（七）学校经费的来源渠道、财产属性、使用原则和管理制度，接受捐赠的规则与办法；（八）学校的举办者，举办者对学校进行管理或考核的方式、标准等，学校负责人的产生与任命机制，举办者的投入与保障义务；（九）章程修改的启动、审议程序，以及章程解释权的归属；（十）学校的分立、合并及终止事由，校徽、校歌等学校标志物、学校与相关社会组织关系等学校认为必要的事项，以及本办法规定的需要在章程中规定的重大事项。"

的构成要素进行了对比分析。通过对比发现，样本高校章程文本构成要素中有关高校基本信息等内容比较完整，但部分必要记载事项存在缺损。

从整体上看，构成要素较齐全，特别是有关高校的中英文名称、办学地点、住址等基本信息非常完整。此外，有关学校机构性质、培养目标、办学层次和规模、学科门类设置、领导体制、民主与监督机制等构成要素也比较齐全。如"坚持学校党委领导下的校长负责制""学校接受教育行政主管部门以及社会的监督""教职工代表大会是教师民主管理的基本形式"等。但在学科门类、教育形式、内部管理、经费与财务制度、举办者与学校关系、学校分立、合并与终止事由六项必要记载事项存在不同程度缺损。其中缺损最为严重的是举办者与学校的权利义务、内部管理体制、学校经费和财务制度等。

从章程中必要记载事项缺损的内容来看，缺损事项存在高度一致性。样本高校章程文本形式上虽有不同，但内容上呈现高度的同质化。如在学科门类设置及其调整原则、程序方面，各校章程普遍缺少程序方面的条款。关于内部组织机构组成、职责、管理体制方面几乎都缺少具体、明确规定，只有西南大学和江西农业大学在这方面规定的比较详细。另外，样本高校章程中都缺少了学校分立、合并和终止的相关规定；只有东北师范大学有比较详细的学校分立、合并、终止的程序性规定，其他高校均表述为"由政府决定""由教育部审批"等。

章程内容可分为"绝对、相对和任意记载事项"。① 绝对必要记载事项是指大学章程中必须载明、不可或缺的事项，否则章程将归于无效；相对必要记载事项是指依法应该在章程中予以规定的事项，但可依据具体情况决定是否载入章程；任意记载事项是指章程制定主体认为需要载明的事项，该事项经过相关部门核准后即产生约束力。大学章程缘法而制，我国《高等教育法》中规定的十项内容以及《暂行办法》中的细化，就属于大学章程的绝对必要记载事项。如果章程中缺少这些事项将会降低章程的整体效力，尤其是程序性条款的缺损将直接导致实体保护的无力。此外，章

---

① 王国文、王大敏：《学校章程的法律分析》，《中国教育法制评论》2003 年第 1 期；黄爱成、谭杰：《学章程在依法治校中的作用》，《法制与社会》2008 年第 3 期。

程中还存在大量移植法律法规的"复述性条款"。

（二）语言表述基本规范，部分条款内容与法律不符

大学章程作为高校内外部治理的制度依据，首先要对主体行为产生确定性的指引，形成规范的秩序。文本的确定性依赖于条款内容表述明确、具体；用词规范、准确。研究对样本高校章程文本的语言表述进行分析，整体而言章程的语言表述比较规范和准确；但是，部分词语表述仍较模糊，容易造成误解与歧义，甚至与法律规定相抵触。

1. 部分高校章程制定依据堆砌法律法规

从样本高校章程来看，制章依据表述存在很大的差异，其依据的外部法律、法规、规章各不相同。以《教育法》《高等教育法》《暂行办法》为制定依据的学校数量最多，共有 7 所；另增加《教师法》的有 4 所；其他情况各不相同。此外，有 10 所高校除了在章程中写明制定的法律法规依据外，还增加了"结合学校实际"。

罗列式的描述根本无法穷尽所有"制章依据"，堆砌式的表述有失全面性和规范性，反映出高校对章程"制定依据"理解偏差。我们认为，章程制定时应采取"不抵触"原则，而非"依据"原则①；即在具体话语设计和概念界定中遵循、尊重并接受规章政策的相关规定。然而，部分高校章程中不同层级话语表达考虑不充分；挂一漏万的简单堆砌可能降低章程的权威性和有效性。

2. 部分高校法人性质表述不准确

研究选取的样本高校章程中法人性质表述差异较大。主要包括非营利性组织、非营利性事业单位、公益性高等教育事业单位法人、非营利性教育事业单位、非营利性事业组织、非营利性事业单位法人、法人资格的事业单位七类。其中采用"非营利性事业组织"表述的最多，共有 10 所高校，其余高校则情况各不相同（如图 5-2）。

我国《民法典》中以是否以营利为标准，将法人分为企业法人和非企业法人，学校属于非企业法人中的事业单位法人。那么，"非营利性"与"公益性"有无差别？"非营利性"是否意味着"公益性"高校在章程中

---

① 湛中乐、徐靖：《通过章程的现代大学治理》，中国法制出版社 2011 年版，第 10 页。

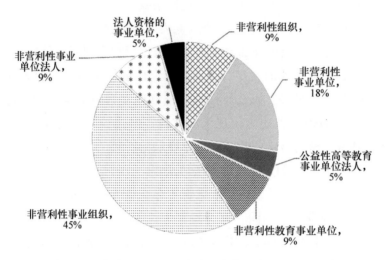

图 5 - 2　法人性质表述分布

学校法人性质的表述比较模糊，容易使人产生误解与歧义，从而影响章程文本的严谨性和规范性。

3. 部分高校章程"办学规模"表述与法律不符

《高等教育法》载明了高校办学规模相关规定：高校应当根据国家核定的办学规模招生。[①] 可见，高校办学规模必须经过国家相关部门核定。对样本高校章程中"办学规模"条款梳理和分析，发现相关规定呈现"符合法律规定、不符合法律规定、表述模糊或未载明"三种话语设计。中国人民大学等 15 所高校表述符合法律规定；东南大学等 5 所高校章程未载明"办学规模"或比较模糊。另外，江西农业大学章程中表述"学校根据社会需要和办学条件，合理确定办学规模"，未能明确须经国家核定。

4. 部分高校章程师生权利表述与法律不符

从教师权利条款来看，部分高校超越法律规定设定"教师法定权利"。如按照国家教师资格认定相关法律规定，教师资格的认定由相应的教育行

---

① 《高等教育法》第 32 条"高等学校根据社会需求、办学条件和国家核定的办学规模，制定招生方案，自主调节系科招生比例。"

政部门负责，高校本身无权认定教师资格。从学生权利条款内容来看同样存在上述问题。部分高校章程规定"学生依法享有下列权利"，但具体表述时却超出法定权利，其实质乃为各校的章程赋权。大学章程虽然被认为是高校内部治理的"宪法"，但并非真正的国家法律法规。部分高校在一定程度上混淆大学章程与国家教育法律之间的区别，误将章程设定的权利表述为"依法享有的权利"。由此可见，高校在章程中赋予师生的"法定权利"已明显超越自身权力范围，严格而言其赋权行为应属无效行为。

（三）程序性条款严重匮乏

《暂行办法》对章程中应当明确的程序性条款做出了规定，指出章程中应当明确教职工和学生权利实现与救济程序、高校内部重要组织机构的议事规则或决策程序等。对选取的样本高校程序条款进行分析。

1. 师生权利保护的程序性条款设计存在缺损

（1）教师和学生权利救济的重要程序性内容缺损。首先，部分高校章程同时缺少教师和学生权利救济的制度设计。作为师生权利保障"宣言书"的大学章程本应对师生的程序性权利给予保障，尤其应对申诉及听证等校内救济制度进行重点设计。就选取的样本来看，章程中均明确了要建立健全教师和学生权利保护与救济机制，但没有就权益保护的操作性程序做出明确规定，权利救济机制、申诉受理机构、程序等内容大多不明确。其次，部分高校章程中缺少教师或学生权利救济制度。如江西师范大学只明确学生权利保护与救济机制；上海交通大学只写明教师权利保护与救济机制。可见，样本高校章程师生权利救济机制和权益保护的程序内容存在缺损。

（2）师生权利救济的程序性条款多宣言性话语。22 所高校章程文本关于教师和学生权利救济、权益保护、申诉制度等内容多为宣言式表述，缺乏明确且具操作性的制度设计，师生权利救济机制难以真正落实。首先，师生权利保护与救济机构不明确。大多数章程笼统写明"学校建立健全教职工和学生权利救济机制，设立师生申诉处理委员会，维护教职工和学生合法权益"，但未明确具体的部门。只有少数高校明确申诉受理机构，如校工会、监察室、校团委等部门。其次，申诉受理机构人员组成不明。

只有上海财经大学章程载明了师生申诉委员会组成人员。① 最后，教师和学生申诉处理程序不明。大多数章程中对于教职工和学生申诉范围、申诉受理和处理的时间等均没有明确的规定。总体而言，样本高校章程中有关师生权益保障和救济机制的程序设计不完善，申诉机构、时间、人员组成等重要内容规定较为笼统，具体明确的程序性条款设计严重缺损，这也将影响章程功能的实现。

2. 高校内部管理组织机构议事规则的程序性条款缺位

对样本高校章程中党委会、校长办公会、教代会、学代会、理事会（董事会）、校务委员会、校友会以及学院党政联席会的程序性条款分析发现：高校内部组织机构的程序性条款严重匮乏（见图 5 - 3）。主要问题如下。

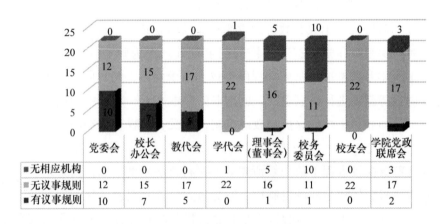

图 5 - 3　内部组织机构议事规则分布

	党委会	校长办公会	教代会	学代会	理事会（董事会）	校务委员会	校友会	学院党政联席会
■无相应机构	0	0	0	1	5	10	0	3
▨无议事规则	12	15	17	22	16	11	22	17
■有议事规则	10	7	5	0	1	1	0	2

（1）高校内部重要管理组织机构议事规则缺位。首先，从各类机构议事规则的整体情况来看，22 所样本高校章程中载明三种（多为校党委会、校长办公会、教代会）及以上组织机构议事规则的仅有中国人民大学、上海外国语大学、西南大学、西安交通大学、江西农业大学 5 所；几乎没有任何组织机构议事规则的高校则有 10 所。其次，校党委会（党委常委

① 教职员工申诉委员会由教职工代表、校领导、校工会、纪检监察等部门代表和法律专家组成；学生申诉委员会由学生代表、校领导、相关职能部门负责人、教师代表和法律专家组成。

会）、校长办公会的议事规则相对完整。中国人民大学、东南大学、上海外国语大学等 10 所高校章程载明党委会议事规则；中国人民大学、上海外国语大学等 7 所高校载明校长办公会议事规则。再次，理事会（董事会）、校务委员会、校友会、学院党政联席会的议事规则和运行程序几乎不见。选取的样本章程中 17 所高校设有理事会或董事会，仅 1 所高校章程明确了议事规则；11 所高校设立校务委员会，只有中国矿业大学章程中载明议事规则；几乎所有高校均设立校友会或校友总会，但未见章程中有议事规则；所有高校均设有学院党政联席会（院务会），但只有江西财经大学载明议事规则。

此外，少数高校组织机构的议事规则表述有突破和创新。如《中国矿业大学章程》规定校务会"讨论学生事项时，邀请学生代表参加会议"；《江西师范大学章程》规定校长办公会"根据需要邀请教师与学生代表列席。"

（2）教职工代表大会和学生代表大会议事规则匮乏。22 所高校章程均明确"双代会"是教职工和学生参与学校民主管理的组织形式，但只有中国人民大学、上海外国语大学、西北农林科技大学、西南大学和江西农业大学 5 所高校在章程中载明教代会议事规则；仅有江西农业大学 1 所高校较为详细地载明学代会议事规则；少数高校章程中有关学代会的内容只在党委会和校长办公会的议事范围内提及。"双代会"程序性条款缺位阻滞大学章程民主管理功能的实现。

3. 高校内部学术组织议事规则的程序性条款相对匮乏

对样本高校章程文本中的各类学术组织的程序性条款进行梳理和分析发现：高校学术组织的程序性条款严重匮乏，各类学术组织的议事规则、人员组成的规定很少。具体分析如图 5-4 所示。

（1）高校内部学术组织的程序性规定匮乏。从各类学术组织议事规则的整体情况看，22 所样本高校章程中载明二种（多为学术委员会、学位评定委员会）及以上议事规则的只有中国人民大学、西北农林科技大学、西南大学、江西财经大学、江西农业大学 5 所；而几乎没有写明任何学术组织议事规则的高校则有 15 所。

（2）学术委员会和学位评定委员会等议事规则设计仍显不足。首先，

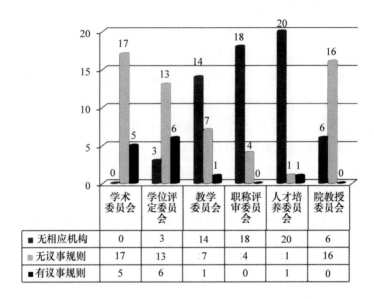

	学术委员会	学位评定委员会	教学委员会	职称评审委员会	人才培养委员会	院教授委员会
■ 无相应机构	0	3	14	18	20	6
▩ 无议事规则	17	13	7	4	1	16
■ 有议事规则	5	6	1	0	1	0

图 5-4　学术组织设置与议事规则分布

22 所高校均设立校学术委员会，但只有中国人民大学、西北农林科技大学、西南大学、江西财经大学、江西农业大学 5 所高校在章程中载明学术委员会议事规则。其次，学位评定委员会议事规则等内容设计仍显不足。22 所高校设立学位评定委员会，但只有中国人民大学、西北农林科技大学、西南大学、北京师范大学、江西财经大学、江西农业大学 6 所高校章程明确议事规则。当然，也有少数高校章程的学术组织议事规则设计较为具体。如《西南大学章程》中学术委员会的人数、学科组成、委员任期及议事规则等程序内容较为详细。"学术委员会全体会议每学期召开 1—2 次，如有必要，可临时召开；会议须有 2/3 以上委员出席方可召开，会议由主任委员或由其委托的副主任委员召集并主持。学术委员会议事决策实行少数服从多数的原则。一般事项经会议讨论后形成决议；重大事项或主任委员认为有必要进行投票表决的事项，须经到会委员 2/3 以上赞成，方可通过并形成决议"。

（3）教学指导委员会、职称评审委员会、院教授委员会等学术组织议事规则匮乏。有 8 所高校设立教学指导委员会，其中明确议事规则的只有上海外国语大学。有 4 所高校设立职称评审委员会，但没有高校章程载明议事规则；16 所高校均设立院（部）级教授委员会或学术委员会，章程均未载明议事规则。

（四）章程生成机制相对完整，专门监督机构缺位

虽然目前大学章程的法律地位还未明确，但章程作为高校内部"宪章"的地位和作用却是公认的。章程作为高校内外部治理的规范性制度，首先需要获致其合法性；合法性源于对法律价值和法律条文的遵从。从本体论出发，高校章程的生成必须严格符合法律规定，这是章程获致其合法性的前提和基础。

具体而言，章程的生成机制即章程制定主体依法制定和修改章程的活动过程，包括制定章程和修改章程两个方面。大学章程的生成就是高校内外利益主体之间的博弈过程；就是高校治理机制的形成与确立过程；就是教育资源与利益的再分配过程。

章程制定的法定程序为"教代会讨论—校长办公会审议—学校党委会讨论审定—法定代表人签发—核准机关审查—学校发布"；高校提请修改章程也应当遵循上述程序。大多数高校章程中有关章程制定和修改的程序表述合法、清晰，但部分高校也存在问题。例如江西师范大学中"教职工代表大会讨论、校长办公会审议、学校党委审定，省教育厅核准、教育部备案，校长签发后颁布"的程序表述最为完整。对比其他高校都缺少章程"签发和对外公布"的最后环节。由此可见，章程自身的生成机制相对比较完整。

但是，部分高校欠缺章程解释与监督的专门机构设置。"监督机构设置"属于章程的必要记载事项，不能缺损，否则将影响章程执行效果。然而，部分高校章程文本中仍缺少相关内容。具体而言，中国人民大学等 10 所高校规定由教职工代表大会监督学校章程的落实；武汉理工大学和江西财经大学规定由党委会负责监督章程执行；上海外国语大学规定由校长办公室负责章程功能实现的监督情况；上海交通大学规定教职工代表大会和校长办公室作为监督机构；北京大学则仍由专设的章程委员会负责监督；同济大学章程则载明学校指定专门机构监督章程的执行，但未具体明确。其余高校未载明章程的监督机构。

二 大学章程文本的实质分析

大学章程文本的实质分析是指对章程文本内在的、所秉持的价值诉求是否符合大学组织特性的审查，即章程的内容能否反映大学作为特殊社会组织的内在价值和功能。章程的实质分析主要是通过章程条款中所设定的权利和义务、权力和职责表现出来的。因此，本研究通过章程文本中核心词频、主体的权益、权力、职责设计等内容透视章程文本的实质性。

（一）"民主与监督"的话语呈现明显多于"自治与自由"

《高等教育法》和《暂行办法》对大学章程的具体内容做出了明确规定，同时《学术委员会规程》《董事会规程》《学校教职工代表大会规定》等一系列行政规章也对章程内容做出专门性规定。这些法律、规章推动了章程的制定；也成为章程制定时必须遵守和考虑的内容。研究选择了几组表征章程价值和功能的关键词，对样本高校章程文本进行核心词频分析（见表5-1）。

1. 核心词频分析

研究在对大学章程进行词频分析时选取了三组关键词。第一组：学术、自由、学术自由、教授治学、平等、公平。这组关键词旨在统计章程文本有关学术自由、教授治学以及公平等词频及其价值呈现。第二组：民主、民主管理、参与、监督。这组关键词旨在统计高校管理中民主、参与、监督等词频及其价值呈现。第三组：自治、自主、管理、治理。这组关键词旨在统计章程文本中自治与自主、管理与治理的词频及其价值呈现。具体情况如下。

首先，第一组关键词中"学术"出现频次最多。"自由"和"学术自由"出现频次比较接近，均为1—3次，且"学术自由"出现少于"自由"。在北京大学和清华大学章程文本中出现频次最多。另外，"教授治学"的词频也非常低，最多的是四川大学出现3次，其余高校均为1—2次。"公平"明显多于"平等"。21所样本高校章程中都有"公平"一词；而"平等"使用则较少。上海财经大学"公平、平等"运用最多，分别达到7次。

其次，"民主、民主管理、参与、监督"章程中运用较多，尤其是

表5-1

章程核心词频分析

学校名称	学术	自由	学术自由	平等	公平	民主	民主管理	参与	教授治学	自治	自主	管理	治理	监督
中国人民大学	16	1	1	2	4	11	8	6	1	0	14	43	1	13
东南大学	35	2	0	1	4	12	5	6	1	0	27	37	1	16
东华大学	24	3	2	0	5	16	7	6	1	0	12	51	2	14
上海外国语大学	42	2	1	1	11	15	9	13	1	0	12	66	2	21
武汉理工大学	32	2	1	0	4	16	7	10	1	0	13	67	2	24
华中师范大学	43	1	1	1	6	15	6	10	1	0	20	49	1	13
吉林大学	36	2	1	1	7	15	5	6	1	0	14	43	3	13
上海交通大学	37	2	2	0	2	13	6	7	1	0	21	45	1	19
同济大学	27	2	1	0	1	14	7	6	2	0	9	40	2	18
四川大学	47	2	2	2	7	22	10	16	3	0	13	78	2	19
西北农林科技大学	45	2	1	2	5	13	5	7	1	0	17	58	1	12
东北财经大学	24	1	1	0	1	11	5	8	0	1	11	45	1	12
上海财经大学	69	2	2	7	7	17	10	13	1	0	13	57	2	20
中国矿业大学	65	2	1	0	5	30	15	11	1	2	7	65	1	26
西南大学	49	3	2	0	3	28	8	9	0	0	13	53	1	21
北京大学	36	6	2	0	5	7	3	9	0	0	8	33	2	15
清华大学	30	4	3	0	1	11	5	8	1	0	19	24	1	8
中山大学	52	1	1	2	4	4	4	5	0	0	6	49	1	14
北京师范大学	27	0	0	1	4	20	10	9	0	0	11	55	3	15
江西财经大学	37	2	2	0	4	26	11	11	2	0	14	73	4	22
江西农业大学	67	2	2	1	5	26	7	8	0	1	8	40	0	15
江西师范大学	27	1	1	0	0	11	7	6	1	0	9	58	0	15

"民主"频次最多；相比频次较少的是中山大学。"监督"一词在各校章程中出现的频次也比较高，最多的是中国矿业大学 26 次，最少的是清华大学 8 次（这与清华大学章程文本比较精练有关），其他高校均超过 12 次以上。"监督"经常表述为中国共产党的监督、师生民主监督等。

最后，"自治、自主、管理、治理"这组关键词中：频次最多的是"自主"，最多的东南大学 27 次，最少的北京大学和江西农业大学也有 8 次。"管理"明显多于"治理"："治理"一般在 1—3 次，最多的江西财经大学 4 次。"管理"出现频次非常多，各校均超过 20 次以上。19 所样本高校章程未出现"自治"，东北师范大学和农业大学各 1 次，中国矿业大学 2 次提及均是关于"学生代表大会是学生自治组织"，全无"大学自治"的表述。

2. 核心词的价值分析

（1）"民主、参与、监督"的制度设计较为完整

"民主、参与、监督"是章程中的高频词，表明高校对建立与完善内部民主管理机制与监督机制的重视和自我意识很强。民主管理已成为现代制度的核心，也是现代大学制度的重要特征，民主观念已深入人心。只有加强高校内部民主管理，才能保障各类主体的合法权益、才能实现权力的平衡与制约、保证高校规范、有序的发展。此外，权力的运行需要有效的监督，高校内部行政权力过度膨胀急需建立并创新监督机制，张扬大学场域的学术自由。

（2）重"学术"轻"自由"的价值倾向

首先，词频分析显示"学术"一词使用频次很高。说明高校关注学术，将学术视为生存和发展的重要使命，这是符合大学作为学术组织特性的；但与此同时，"自由""学术自由"的使用又非常有限。其次，章程中"学术"一词的使用频次虽高，却远远低于"管理"。高校行政、教学、教师、学生、后勤等工作的顺利开展与秩序形成都离不开管理，通过科层制的管理模式达到效率最大化、秩序最优化。长期以来科层制管理已深入高校工作的各个方面，并延伸至学术领域和学术研究。最后，许多高校运用行政化的手段对学术研究进行管理，提高学术效率却抑制了学术创新，学术高产却滋生了学术腐败、学术表面繁荣却屡屡突破学术道德

底线。

（3）"自主"而非"自治"的现实诉求

样本章程均使用"自治"一词。那么"自主"和"自治"的区别何在？"自治"是指主体管理自身事务，对自身行为和命运承担责任的一种状态。[①]"自主"是指"自己做主，不受别人支配"。[②] 自主是自治的当然内涵，自治外延要宽于自主，两者的根本区别在于"自我决断"的程度。"自主"是我国当前制度安排下章程的现实价值诉求。

我国语境中"自治"的大学章程价值目标可谓"求之而不得"。一方面，"自治"于法无据。时至今日，我国尚无法律明确使用"大学自治"，《教育法》中5处"自治"[③] 和《高等教育法》中7处"自治"[④] 的表述均与省、直辖市、自治区中的"自治"并列，或"群众性自治组织"，并无"大学自治"的表述。另一方面，"自治"与现有制度架构不符。高校实行学校党委领导下的校长负责制，上下级党委实行的是严格的"命令—服务""要求—执行"的体制。[⑤] 此外，高校内部高度"行政化"管理，导致行政权力越位与学术权力抑制，这些成为大学"自治"的制度性阻碍。当然，"自主"是走向"自治"的逻辑进路。"自主"与"自治"的价值目标受制于客观的制度环境和制度相关人的认知水平，通过实现大学"自主"这层次的价值目标，从而实现"自治"这一更高层次的价值目标。

（4）重"管理"轻"治理"的组织模式

管理一般是管理者运用一定的权力对被管理者进行组织、指挥、协调、决策和控制的过程。在我国，"管理"一般与"国家权力""行政权力""官本位"等密切相关。管理理论强调管理中的决策权和控制权，强调行政管理本位和官僚制度的强化。"治理"则是以一定的领导权力为主导体系下的协调或调动被管理层共同参与的新型管理模式。治理理论强调

---

① ［英］戴维·米勒、韦农·波格丹诺：《布莱克维尔政治学百科全书》，邓正来译，中国政法大学出版社1993年版，第693页。

② 夏征农：《辞海》，上海辞书出版社1999年版，第5362页。

③ 《教育法》第14条、第57条"省、自治区、直辖市人民政府"（3处）；第23条、第51条"基层群众性自治组织"（2处）。

④ 《高等教育法》第13条、第25条、第29条、第60条、第62条"省、自治区、直辖市人民政府"（7处）。

⑤ 郑毅：《自治与自主之间：论我国大学章程的价值追求》，《法学论坛》2012年第9期。

管理层角色的转变以及利益主体的共同参与、协商、平等对话。样本章程中"管理"明显多于"治理",这在某种意义上表明,我国高校尤其是公立高校仍然偏向于使用传统的管理理念、模式对高校工作进行决策和控制,效率和秩序优先①,"管理"理念仍占据优势。

(二) 明确主体权力(利),但部分权力(利)被虚置

1. 章程重申办学自主权,但部分权利存在缺损

高校办学自主权是一种法定权利,通过法律赋权旨在保证大学依据自身组织特性和发展规律独立自主地开展教学、科研和社会服务。研究以《高等教育法》规定的七项办学自主权为依据,对章程中办学自主权的内容进行分析。

从样本高校办学自主权的内容来看,《高等教育法》规定的七项法定办学自主权表述较为完整。多数高校章程使用"自主"并重申法定办学自主权;部分高校则将这七项权利分散于章程的各个章节之中。其中招生自主权、学科设置自主权、科研和社会服务自主权、国际交流合作自主权、机构设置与人事自主权表述比较明确。部分高校章程中增加了创新性的权利表述。如西北农林科技大学和北京师范大学增加了"自主制定学校发展规划权"(《暂行办法》中有规定),清华大学增加"自主接受社会捐赠权";同济大学增加"文化传承与创新自主权"这些属法律授权范围内的创新性表述。此外,部分权利表述模糊或缺损,如教学和财物管理自主。可见,高校与举办者之间的关系仍然存在模糊空间,章程分权价值目标彰显不足。

2. 学术机构设置齐全,但核心权利被虚置

从章程文本来看,各校均设立了各类学术机构和组织,分别处理不同的学术事务、行使相应的学术权力。通过文本分析发现,各类学术机构设置较为齐全,学术机构人员组成和职权有所界定;但是,各类学术机构的关系、地位、职权存在交叉与重叠,尤其是学术机构的决策权被虚置,章程旨在形成明确、稳定秩序的价值目标不彰。

---

① 国务院《统筹推进世界一流大学和一流学科建设总体方案》(2015),全文"管理"共9处,"治理"3处;教育部《关于深化教育领域综合改革》(2013),全文"管理"共10处,"治理"1处。

（1）学术机构设置齐全，但权责划分不明确

高校学术机构从类型上来看主要有学术委员会、学位评定委员会、学术道德委员会等；从机构层级来看主要是校院两级管理体制。[①] 22 所高校均设立了学术委员会、19 所高校明确规定设置学位评定委员会，其他学术机构设置情况详见图 5－5。样本高校学术机构设置模式主要有并列式、隶属式和综合式。（见图 5－6）

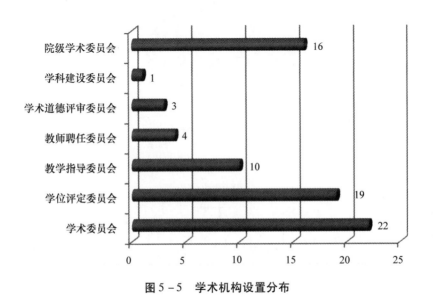

图 5－5　学术机构设置分布

所谓并列式是指各类学术机构之间没有上下级隶属关系，相互并列、平行，独立处理各自范围内的学术事务，包括中国人民大学等 11 所高校（图 5－7）。所谓隶属式是指学术委员会是统领各类学术机构的最高学术组织，学术委员会下设各类专门委员会，并授权各类专门委员会行使授权范围内的职权，包括华中师范大学等 5 所高校（图 5－8）。所谓混合式是指学校设立学术委员会和学位评定委员会两个并列的学术机构各自独立行使职权，同时再由学术委员会下设其他各专门委员会并授权其履行相应职责，包括吉林大学等 5 所高校（图 5－9）。

---

① 《吉林大学章程》第 32 条："学校依法设立学术委员会，学术委员会按学校、学部、学院三级设置。"

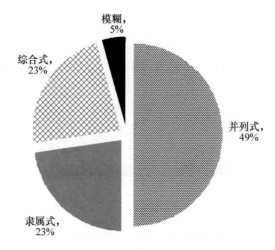

图 5-6 学术机构模式分布

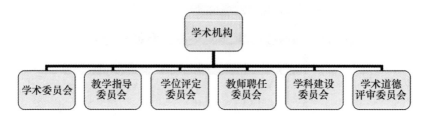

图 5-7 并列式学术机构模式

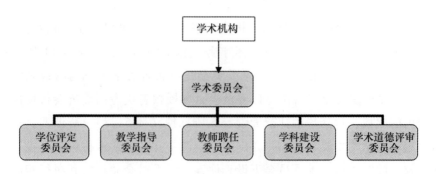

图 5-8 隶属式学术机构模式

各校章程基本明确学术委员会是"最高的学术机构""最高学术权力机构""学术事务的最高决策机构",也即学术委员会享有学术事务的决策权。

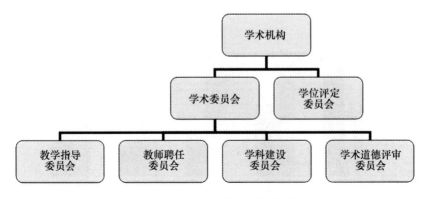

图 5 - 9　混合式学术机构模式

但章程同时又将部分学术事务的决策或审议权赋予了其他的专门性委员会，造成了学术机构之间"最高"与"并列"的矛盾关系。如某校章程规定学校设立"学术委员会和教授委员会"。学术委员会和教授委员会又有何区别？两者职权如何划分？意见不一致时如何处理？高校各类学术组织之间的关系不明、权责不清，势必造成机构之间的权力重叠或互相推诿。

（2）部分章程未规定学术机构组成人员

从学术机构组成人员条款来看，高校通过章程设立了各类学术机构，但明确规定人员组成的很少，条款存在缺损。相对而言，学术委员会和学位评定委员会人员组成和职权的规定较多；其他专门委员的规定则很少（图 5 - 10）。由于法律法规未对行政人员参与学术机构的比例做出明确规定，因而，多数高校亦未对此做出明确规定。

其一，学术委员会人员组成。多数高校章程依据《暂行办法》对学术委员会的组成人员进行了规定，但也有部分高校未在章程中予以明确。从学术委员会的人员构成来看，基本采纳了《学术委员会规程》中的具体规定①。北京大学学术委员会人员组成中吸纳学生进入学术委员会；上海交

---

① 学术声望较高的专家学者担任（同济大学、四川大学、武汉理工大学）；具有正高级职称或相应技术职称的人员担任（西北农林科技大学、上海财经大学、西南大学、中山大学、北京师范大学、江西农业大学）；担任党政领导职务的不超过总人数的 1/4（中国矿业大学、西南大学）；不担任党政领导职务的专任教师委员不少于 1/2（中国矿业大学、西南大学）；有一定比例的青年教师参加（上海财经大学、中国矿业大学、西南大学、北京师范大学）。

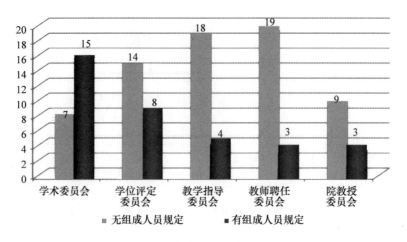

图 5 - 10　学术机构组成人员分布

通大学分为职务委员和选举委员两种；清华大学包括选举委员、职务委员（两名）、聘任委员三种。可见，委员产生主要有民选、职务当选、校长委任三种方式。

其二，学位评定委员会人员组成。由于法律没有明确规定，各校章程规定有所差异。主要有两种：一是由学校主要负责人和教学科研单位主要负责人组成①；二是由学校主要负责人和教学科研人员（或具有高级职称）担任②。其他高校也有规定可以由具有副高级职称的教师担任③；主任一般由校长担任或兼任。

其三，教学指导委员会人员组成。4 所高校规定了人员组成：上海外国语大学规定由具有高级职称人员组成，主任由校长聘任；武汉理工大学规定由校领导、教学分管领导及教授组成，主任由校长担任；同济大学规定由教师及管理机构、学生与用人单位代表组成；清华大学规定由教师代表和职务委员组成。

其四，教师聘任委员会人员组成。3 所高校规定了人员组成：武汉理工规定由"校领导、院士、教授、院长、正高级职称职能部门主要负责人

---

① 武汉理工大学、北京师范大学。
② 上海外国语大学、同济大学、西北农林科技大学、中山大学。
③ 东南大学、上海财经大学。

组成，校长担任主任"；同济大学由"学校主要负责人和各领域专家学者组成"；中山大学规定"学校党政负责人和各学科教授组成"。

（3）学术委员会决策权被虚置

章程中学术委员会权利表述存在模糊以及决策权被虚置等问题。样本章程基本依据《学术委员会规程》赋予校学术委员会对学术事务行使"决策、审议、评定和咨询"的职权，[①]但各校章程中对于决策、审议的学术事务范围规定差异很大，尤其是"决策权"的行使较为模糊。仔细考察样本高校章程学术委员会的相关规定，只有 6 所高校既明确了学术委员会的决策权（讨论决定或审定）[②]，又明确了决策权行使的范围和事项。如北京大学、西南大学、西北农林科技大学[③]。其余高校大多移植法律文本中"指导""审议或评定"的原则性表述，未明确审议、咨询、评定、决策的事项和范围。

（4）学术权力行使的配套程序较模糊

部分高校章程明确了学术委员会决策的事项，但学术权力实现的配套程序不明确，易导致学术权力行使弱化。由于关键性内容缺损，可能造成学术组织与非学术组织对接错位，学术委员会决策结果去向不明、甚至失去效力；从而使学术组织作用难显，学术事务行政化依然，秩序目标难以实现。

从样本高校章程来看，不乏"通过学术组织的权能扩张和权力集中，保障学者在学术事务决策中发挥主导作用"[④] 的制度设计文本；也不乏体

---

①　关于学术委员会地位与职权的相关法律规定包括：a.《高等教育法》第 42 条"高等学校设立学术委员会，审议学科、专业的设置，教学、科学研究计划方案，评定教学、科学研究成果等有关学术事项"；b.《高等学校本科专业设置规定》第 24 条"校学术委员会对本校专业设置和调整方案进行评议"；c.《高等学校章程制定暂行办法》第 11 条"章程应当明确规定学校学术委员会、学位评定委员会以及其他学术组织的组成原则、负责人产生机制、运行规则与监督机制，保障学术组织充分发挥咨询、审议、决策作用"；d.《高等学校学术委员会规程》第 2 条"高等学校应当健全以学术委员会为核心的学术管理体系与组织架构；并以学术委员会作为校内最高学术机构，统筹行使学术事务的决策、审议、评定和咨询等职权"。由此可见，学术委员会由最初的"审议、评定、评议"职能，发展到"决策权"的享有，以及"最高学术机构"地位的确立。

②　上海交通大学、四川大学、西北农林科技大学、西南大学、东北师范大学和北京大学。

③　见《北京大学章程》第 27 条第 1 款；《西南大学章程》第 50 条第 5 款至第 9 款；《西北农林科技大学章程》第 18 条。

④　黄进：《坚持教授治学　充分发挥高校学术委员会的作用》，《中国高等教育》2014 年第 8 期。

现本校特色与探索性、创新性制度设计。但是，通过对各类学术机构运行模式、人员组成、职权范围的全面分析发现，旨在通过大学章程实现学术组织与行政组织、学术组织与学术组织之间横向分权的价值目标难以完全实现。

3. 师生权利谱系基本形成，但部分权利缺损

要发挥大学章程保障教师和学生权益的功能，首先必须通过章程权利话语"尊重主体"的价值追求。通过样本高校章程文本师生权利的对比分析发现：

（1）教师和学生权利谱系基本形成

从教师权利来看，既有法定权利重申（见图5－11）也有创新性章程权利条款设计（见图5－12）。《教师法》规定的专业自主权等均有所体现；章程权利主要包括公共资源使用权、公平发展权、公正评价权、公平获得荣誉与奖励权以及重大事项知情权。另外，清华大学、上海交通大学、西北农林科技大学在章程中明确指出教师享有学术自由的权利；西南大学和上海交通大学规定教师享有学术休假的权利；武汉理工大学教师享有合理流动的权利。这些创新性的权利表述，是在现有法制框架下的一种探索，也是对于教师法定权利保护的延伸。

从学生权利来看，同样有法定权利（见图5－13）和章程权利内容设计（见图5－14）。一方面，重申了《教育法》中学生权利内容；另一方面，章程规定主要包括重大事项知情权、民主管理权、公平学习权、社会活动参与权、获得就业心理指导、专业自主权、建议权和举报权。学生权利话语设计基本相同，反映当前高校对学生权利内容的主流性关注，但也有不少高校在章程中对学生的赋权具有创新性。东华大学等11所高校赋予学生"自主选择专业和课程的权利"；东南大学等11所高校赋予学生"获得就业心理指导权"；武汉理工大学在章程中赋予学生"自主科研权"，这可谓是学生权利谱系的突破与创新。此外，中山大学在章程中规定学生"对教师教学方法、效果、师德等提出意见或建议权"；对"违纪违法行为向教育行政部门举报权"。

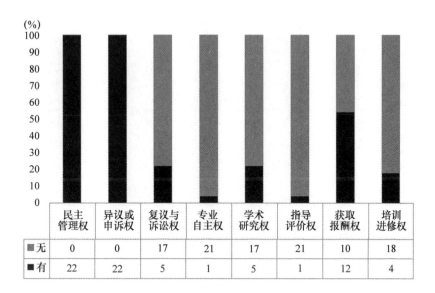

图 5 - 11　教师法定权利分布

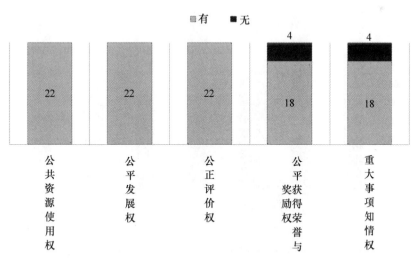

图 5 - 12　教师章程权利分布

（2）教师和学生部分权利及其保护缺损

其一，师生参与权与知情权保障不完善。对师生权利进行深入考察发现，文本表述的模糊性和宣示性造成教师和学生部分实体性权利弱化，章

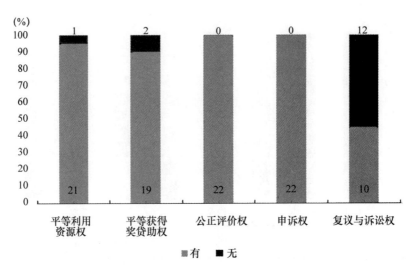

图 5 - 13　学生法定权利分布

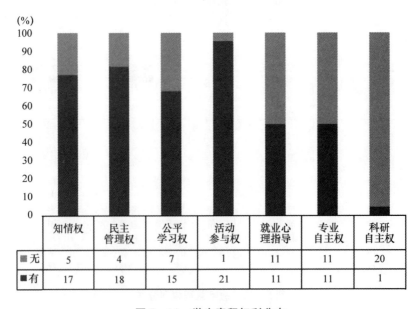

图 5 - 14　学生章程权利分布

程功能实现中能否充分保障师生权益受质疑，章程难以成为实践中"师生权利的保障书"。

师生的参与权虚置。以学生的参与权为例，18 所高校章程中均规定了学生享有民主管理的权利，但对于学生参与管理的范围、程度与层次却相当模糊。从参与范围来看，东南大学、上海外国语大学、中山大学、江西农业大学章程明确了学生参与的具体内容，其他高校章程均笼统表述"参与学校重大事项"。从参与程度来看，多数高校采用了"知悉""意见和建议"等；北京大学、上海财经大学表述为"批评权""监督权"；中山大学则使用"举报权"的表述。可见，多数样本高校章程中对师生参与民主管理权做出规定，但在具体涉及教师和学生的"参与事项范围、方式、限度"等关乎各方博弈、分配以及协调等内容，往往模糊处理或者回避。

师生的知情权保护较弱。章程中师生的知情权多使用"切身利益、重大事项"等较为笼统的表述；或没有师生知情权的相关规定。作为高校内部纲领性文件的大学章程虽不能包罗万象、事无巨细，但有关教师和学生权利及其保护的根本性、重要性的问题却不能过于原则性、笼统化处理。因此，章程应建立系统的权利谱系和话语体系，通过明确、具体的话语设计完善权利保护图景；而非宣示性、浅层次性的权利设计。

其二，师生权利保障机制空心化。权利的实现必须依赖于完善的、刚性的保障机制，权利内容与权利保障相辅相成。然而样本高校中师生的权利保障机构、措施以及保障性责任不明确，使保障难以落实。保障性责任方面，缺乏具体职责和义务的规定。章程中关于师生权利保障主要表述为给付性条款，面对师生群体，处于"强势"地位的学校不仅要承担权利保障方面"作为"的职责，也要承担不侵害权利行使的"容忍"义务①，即章程要规定学校的具体义务。权利保障机构方面，只有武汉理工大学明确教师权益保障机构为校工会。章程应当根据师生权利事项的不同内容，明确师生权益保护与纠纷处理机构，对机构职能、人员组成等重大事项做出规定；各机构组成人员与处理规则应突出专业性、中立性和公正性。程序性保障机制方面，样本章程普遍缺乏程序性条款。作为师生权利保障的"宣言书"本应保障师生权利，尤其是申诉和听证等救济制度的设计，但样本章程中关于师生陈述、申辩或听证的程序性规定却很少。可见，教师

---

① 李永林：《大学章程视野下的教师权利体系建构》，《教师教育论坛》2014 年第 10 期。

和学生权益保障机制中学校责任、保障机构和程序均不完善，无疑将影响章程的实施。

4. "双代会"制度不健全，师生民主管理难实现

教职工代表大会制度是教育民主发展的产物，是广大教职工参与学校民主管理的重要制度和有效形式。学生代表大会是学生的群众性组织，也是学生参与学校民主管理和监督的基本形式。研究对"双代会"制度设计进行分析，具体如下。

（1）高校基本确立"双代会"为民主管理与监督机构

教代会方面：首先，多数样本章程能依照教育部颁布的《学校教职工代表大会》（2012）有关内容，在章程中明确教代会职权（见图5－15）。其次，部分高校教代会重要权利缺损。高校教代会具有审议建议权、审议通过权以及对领导干部的评议监督权等八项职权，但部分章程缺失教代会的重要权利，如章程功能实现的监督权。最后，部分权利条款设计不合理。比如，某校章程监督机构同时为教代会和校长办公会，虽无法律明文禁止，但职责范围重合、交叉有可能造成具体监督工作难以落实，致使章程监督无力，而教代会权利也难以实现。

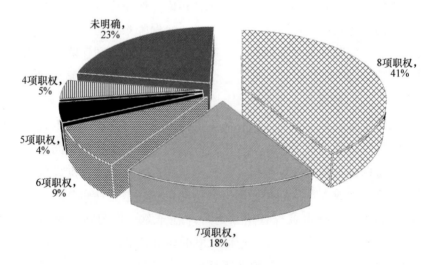

图5－15 教代会职权数分布

学代会方面：我国尚未颁布有关学代会的法律法规，研究主要是参考中华全国学生联合会发布的《关于加强和改进高校学生会研究生会建设的指导意见》①（以下简称《指导意见》）。《指导意见》中规定的权利主要有四个方面：自我管理权、建议权和提案权、评议权、参与民主决策和监督权②，体现学代会自我服务、自我管理、自我教育、民主参与的功能。首先，上海外国语大学等 10 所高校章程对学代会职权做出了明确规定，其余未明确（见图 5－16）。其次，部分高校章程中学代会职权缺损。少数高校章程虽规定学代会的职权，但几乎是关于学代会的自我管理。

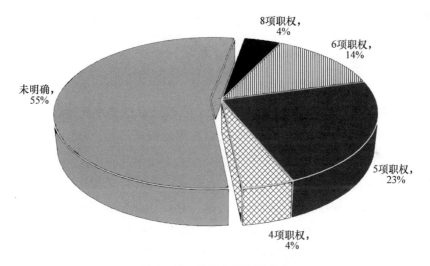

图 5－16　学代会职权数分布

（2）"双代会"参与机制不健全，师生民主管理保障较弱

首先，部分职权缺损阻却民主参与权利行使。《学校教职工代表大会规定》中明确教代会权利，但部分高校或无相关规定、或重要职权缺损。样本高校章程核准时间均在《学校教职工代表大会规定》实施之后，理应

———————

① 《指导意见》中指出"学生代表大会的主要任务是审议学生会组织工作报告；选举产生新一届领导机构；制定及修订组织章程；开展学生代表提案工作，对学校工作提出意见和建议。"

② 自我管理权包括制定学生会章程、讨论并审议工作报告和工作计划、听取学生会和研究生会报告等；建议权和提案权是指对与学生切身利益相关的规章制度或改革方案提出建议等；对教职工员工进行评议的权利；参与学校民主决策和民主监督的权利。

依据教育行政规章而制，但权利仍存在缺损。同时，我国虽未出台学代会法律法规，但全国学生联合会的《指导意见》可以成为重要参照，而章程中学代会权利缺损较为普遍；少数高校学代会重要职权缺损，学代会仅为"自我管理与服务"的自治组织，削弱学代会民主管理权利行使的合法性基础和保障。

其次，程序性条款匮乏阻碍民主价值实现。样本高校章程中有关"双代会"运行规则的程序性条款非常缺乏，只有5所载明了教代会议事规则；仅有1所载明学代会议事规则。程序民主的"核心问题是人民的参与过程，人民的参与过程是实现民主的根本途径，参与本身就是一种人民行使民主权利的表现"①。可见，没有程序就没有民主，程序是实现民主的根本途径。

再次，"师生为本"理念彰显不足。样本章程中多有"以人为本""以师生为本""师生双主体"等表述，但通过章程"双代会"条款分析后发现，章程中以人为本、师生双主体的理念彰显不足。我们认为，以师为本或以生为本并非章程的章节内容安排上的置前或置后，而在于能否真正落实师生的权利，保障师生的权益。此外，与教代会相比，学代会无论是实体权利还是程序性条款都比较欠缺，这反映出高校章程"以生为本"仍停留于表面，学生参与学校民主管理和监督的权利非常弱。

最后，民主的边界与限度。"学术工作报告提交教代会提出意见和建议"的规定是否妥当仍值得讨论。任何事物都有一个度，教育民主化呼声下的章程建设也需要适时关注民主理念与民主权利是否超越一定的界限。教代会制度能否以及能在多大的程度上触及学术自由？教代会与学术委员会在触及学术事务时的关系如何处理？教育民主化为高校教育管理注入了新的动力，使广大师生能够参与学校的管理与监督；但以教学活动和学术研究为主的高校不应该受到来自非学术权力的干涉，因为不具备相应专业知识和能力的主体对教学、学术研究的评价容易干扰学术，使其偏离民主治校的正轨。学术活动的专业性决定学术事务的评判不能仅仅依靠多数同

---

① 俞可平：《权利政治与公益政治：当代西方政治哲学评析》，社会科学文献出版社2000年版，第126页。

意或赞成，而需要依赖丰富的专业知识。因此，扩大教代会民主参与范围时必须谨慎，不能影响高校教学和科研活动、干扰学术自由。

（三）校院两级管理体制初步形成，但学院自主权程度不高

通过大学章程科学制定校院两级管理体制，合理界分学校和学院两级管理的职责，激发学院的办学活力，实现学校对学院的纵向分权。研究发现，高校通过章程初步确立了校院两级管理体制，学院在学校授权下享有了较多的自主权。但是，部分自主权仍然存在缺损，且学院可自主的范围及程度比较有限，院级教授委员会在学院学术事务中作用发挥不大。总体而言，校院两级管理体制基本建立，但科学、有效的校院分权需进一步完善。

1. 校院两级管理体制基本确立

其一，学院组织机构设置比较完整。各校确立了校院两级管理体制[1]，学院（部）基本按照学校的组织结构设置相应的二级党政组织、学术组织。具体包括党政联席会制度、院学术委员会或院教授委员会、院学位评定委员会、院教代会及院工会等（见图 5 - 17）。其二，院级学术机构按照校级设置。高校按照自身需要设置各类学术机构，中国人民大学、吉林大学、北京大学、北京师范大学、江西财经大学、江西农业大学 6 所高校章程明确学院设立学术委员；东华大学、上海外国语大学、武汉理工大学、同济大学、四川大学、西北农林科技大学、东北师范大学、上海财经大学、中国矿业大学 9 所高校章程明确学院设立教授委员会；东南大学创新性地提出学院设立学术特区。其三，学院自主权表述较为完整。目前，我国现有法律法规中尚未对学院自主权进行明确的规定，校院两级管理体制仍处于探索之中。本书结合高校自主权以及样本高校中的表述，对学院自主权进行分类与比较，主要包括办学权、人事权和资源配置权三类九项，即"规划制定权、教学科研发展权、师生管理权、内设机构权、制度制定权、考核奖励分配权、资源配置权、招生建议权和国际交流合作权"。样本高校中东南大学、吉林大学、四川大学、中国矿业大学、西南大学、

---

① 样本高校中基本上通过本校章程确立了学校和学院（或学部）两级管理体制；吉林大学章程中规定实行"学校、学部、学院"三级管理体制。

北京大学、中山大学、北京师范大学、江西财经大学、江西农业大学、江西师范大学 11 所高校规定较为完整，其余高校权利内容存在较大差异；整体上看，招生建议权、考核奖励分配权两项规定最少（见图 5－18）。

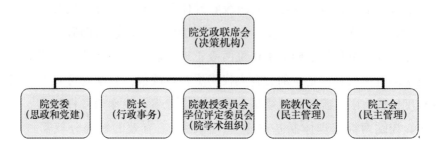

图 5－17　二级学院组织结构运行模式

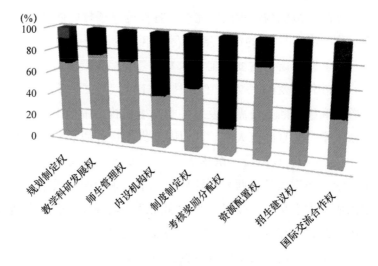

■ 有　■ 无　■ 没有明确

图 5－18　二级学院职权情况分布

2. 校院两级管理体制仍然存在问题

其一，院级教授委员会定位不准。各校章程中关于院级教授委员会的地位主要有学术咨询机构、民主管理组织、党政策联席会的咨询机构等表述；只有华中师范大学明确院学术委员会为院最高学术机构；中国矿业大学教授委员会是学术决策机构。将院教授委员会定位为"民主管理组织形式或党政联席会议的咨询机构"虽不违反法律规定，但定位不准；定位不准则权利不享。院学术委员会多由具备高级职称的教授、副教授或相应级别的专业技术人员担任，委员们都具备处理学术事务的专业性、专门性知识与能力；因而要通过章程充分发挥并保障教授们在本院学术性事务中的重要作用，确保其学术事务处理的最高地位。

其二，院教授委员会职权与议事规则不明。样本章程中多数高校未明确学院教授委员会的具体职权。只有东华大学等高校明确了学院教授委员会的职权，① 主要包括学术评议、审议和咨询权；中国矿业大学、西北农林科技大学和华中师范大学章程赋予院教授委员会学术决策权。可见，样本高校的院级教授委员会大多只享有咨询权和审议权。要充分发挥院级教授委员会对本院学术事务的作用，就必须赋予其完整的权能尤其是决策权，使其获致权利行使的合法性基础。同时，向校学术委员会报告工作，并接受指导和监督。样本章程中院教授委员会议事规则几乎未见，没有程序条款的保障必然阻碍实践中院教授委员会权利行使。

其三，学院自主权不完整。虽然多数高校规定了学院自主管理事项的若干权利，但只有少数学院自主权的规定比较明确和完整，其余高校章程内容需丰富和完善，特别是招生建议权、考核奖励分配权相对比较欠缺。

因此，学院教授委员会定位不准、职权和议事规则不明等问题，影响学院学术机构学术权力的行使；同时，学院部分自主权的欠缺又将导致学院自主管理和决策事项的有限性。总之，虽然高校通过章程赋予学院自主权和学术自主权，但从自主程度来看比较有限。

第三节　微观制度设计：配套性制度分析

大学章程实施是推进现代大学制度建设的关键，章程功能的充分发挥需要完善的制度体系作为支撑。然而，当前章程实施面临着原有制度体系的锁定与配套性制度缺乏的双重困境。

---

① 东华大学、江西财经大学、上海外国语大学、四川大学、西北农林科技大学、东北师范大学、上海财经大学、中国矿业大学、华中师范大学。

一 原有制度体系的锁定状态

制度的锁定状态源于诺斯的路径依赖理论。该理论认为制度具有自增强机制，系统会顺着一定的路径向前发展而不管这种路径的好坏并对此产生某种依赖，结果常被固定于某种状态，形成制度变迁的轨迹依赖。[①] 制度路径依赖产生的结果表现为某种锁定状态，也就是说在制度形成中正反馈机制超过临界而出现的锁定状态。大学章程作为当代大学制度的核心，从制定到实施在一定程度上会受原有制度体系的锁定状态影响。当前大学章程的实施离不开原有文化体系、治理观念、思维模式、低成本和既得利益下相对稳定的行动逻辑和组织架构——即原有的系列规章制度。社会学家卢曼（Niklas Luhman）指出，任何一个功能系统都试图通过否定或排斥其他功能系统的影响而维护其自身的特性。因此，生存与创生于这种锁定状态是大学章程的必然趋势。

（一）"官本"的制度文化锁定

文化具有高度的综合性、融合性、弥散性，它以整体的、渗透的方式影响大学章程的实施。在传统文化的影响下，当前大学内的"官本与特权"文化对章程功能实现产生了消极影响。自主、自治、秩序、自由等是章程的精神诉求，章程的有效实施需要高校内部形成与其同构性高的文化氛围。但在"官本与特权"文化逻辑下，高校行政化问题比较突出，高校参照行政部门的建制确定行政级别，逐渐生成了行政化的官僚主义。"官本"的制度文化强化了高校的官本位思想，弱化了高校固有的特性和文化特征。

（二）"人治"的制度锁定

人治，字面解读即特权人的统治，在大学治理中主要表现为权力的配置问题。基于"人治"的制度锁定将对大学章程的实施产生消极影响。大学章程是高校依法自主办学、管理和履行社会职能的基本准则。章程是大学依法自主治校的"母法"，章程的有效实施需要校内良好的法治环境。

---

① ［美］道格拉斯·诺斯：《制度、制度变迁与经济绩效》，杭行译，上海人民出版社 2008年版，第63页。

大学章程所倡导的学术自由、自主治校、公平正义、秩序效益与"法治"所倡导的理性之道、公平之道、长久之道的思想是相统一的。

（三）基于低成本和既得利益的制度锁定

制度变迁有低成本偏好倾向，即旧的教育制度因被熟知而表现出运行成本低，因为普遍存在的自动化规则服从而降低协调成本。原有制度会循着原有路径缓慢演变，做出非根本性调整。但是，由于制度变迁的低成本偏好会使得原有制度在一定的时间和一定的范围内继续发挥其作用，从而阻滞了新制度的实施。大学章程是对高校权力与利益的再分配，在章程的实施过程中由于原有制度本身的低成本运行将会使其继续发挥作用，从而影响章程实施中的功能发挥。此外，章程的实施还面临原有制度体系下既得利益锁定的影响。原有制度体系是一定利益集团利益的集中体现，为维护既得利益，利益集团往往会通过多种方式阻碍有效的制度变迁，从而给章程的实施带来了挑战。正如刘复兴教授指出：仅就大学内部治理来说，制度创新一定要建立在对大学主体人群的"人格"特征的深入研究与客观认识的基础上。①

二　大学章程实施的配套性制度缺位

要保证章程的"落地"与功能发挥，就必须制定与之匹配的具体化、操作性的配套性制度。但是，现实情况是由于大学章程的实施缺乏功能属性与之相匹配的下位规章体系，从而导致实践中功能实现受阻。

（一）大学章程实施细则缺位

我国大学章程只对涉及高校重大或基本性的问题做出纲领性的规定，大多数高校章程的程序性条款严重缺乏，章程中对于高校各职能部门、核心行动者的权力规制、主体的权利保障等规定过于笼统，章程缺乏现实的可操作性。因而要将抽象化和原则性的章程"落地"就必须要有相应的章程实施细则。

有学者在对比国外大学章程文本的基础上指出，国外许多大学章程都是复合型的章程，也即包括较为抽象的章程文本以及条款明确、操作性极

---

① 刘复兴：《大学治理与制度创新的逻辑起点》，《教育研究》2015 年第 11 期。

强的实施细则,① 我国章程建设可以借鉴国外大学章程的经验制定复合性的章程。就目前我国高校颁布的章程来看,大多存在抽象化和难以操作的实施困境;特别是章程实施过程中,由于没有相应的实施细则和具有操作性的程序指导,章程在实践中的功能难以有效发挥。

(二) 大学章程实施的校内配套制度缺位

章程是高校内部的"最高法",它应当成为指导高校内部所有规章制度制定的根本依据。与此同时,章程实施与校内治理功能的发挥必须通过建立完善的配套性制度,使章程原则化的规定具有明确的操作性。然而,就当前的实际状况来看,部分高校并没有以章程为依据,对校内规章制度进行全面的梳理,章程"落地"遭遇制度性困扰。

主要表现为以下几个方面:一是坚持和完善党委领导下的校长负责制的制度性安排操作性不够。从目前许多高校的运行机制来看,党委与行政的主要责权界限及管理方式未明确规定,且缺乏可操作的制度性和程序性规范建设,致使大学存在校长、党委权责模糊、界限交叠等现象。二是大学内部治理制度不健全。大学内部有着众多的权力主体和组织形式,诸如校务委员会、学术委员会、学位委员会、教代会、学生会等校级组织机构,还有诸如学院设立的学术分委员会或教授委员会、教学分委员会和学位评定分委员会等。如何在依章治校的理念下规范组织权力行使、明晰组织权益、保障组织发挥积极作用,是大学章程的重要功能。然而,章程文本中有关内部治理制度的设计较为抽象,而实践中部分高校又未能设计出台或完善相应的内部组织机构运行制度;或者未对原有制度在对照章程进行"合章性"审查的基础上进行制度的修改,从而影响了实践中章程功能的实现。三是教师和学生权利保障与救济制度设计不完善。现有章程文本中关于两者权利保护的制度设计较为原则化,特别是师生权利救济制度的设计难以真正落实,教师和学生对于权利侵害时的校内救济制度并不了解,相关救济部门、程序、时间等具体制度设计仍然缺位,阻滞章程保障师生权益功能的实现。此外,高校民主管理、校院两级管理等重要制度的落实在高校章程实施中不同程度存在落地受阻的问题,而造成该问题的原

---

① 鲁晓泉:《我国高校学校章程及制定研究》,硕士学位论文,华东师范大学,2007 年。

因之一在于配套的支撑性制度缺位。

第四节　制度设计与章程功能实现的互动分析

ASD 理论研究的一项重要内容即运用规则系统进行制度分析。伯恩斯认为，制度架构能将行动者之间的关系、角色及人际互动等社会准则组织起来，也即处于核心位置的组织制度或制度安排。制度设计规定了行动者的行动方式或角色以及他们的权利和义务，并且控制人力资源和物质资源。具体而言，制度设计规定了谁可以或应当做什么、如何做等。可见，制度设计指导并规范行动主体间的互动，为行动主体提供行动模式。

大学章程是高校内外部治理的规范性制度设计，通过规范和协调高校内外部行动主体之间的关系、角色、权利、权力及其互动架构高校治理框架。大学章程将行动主体的行为方式限定在特定的制度框架内，在限定的权利和义务范围内通过互动推动规则系统的执行与改变；同时也为行动主体提供了可预见的行为后果。因此，大学章程的制度设计在实施过程中也有其特定的互动逻辑，并通过不同方面表现。

政策实施过程的概念中，狭义的政策设计即指正在实施的对象。政策设计本身的关键性因素包括政策的正当性、政策的可行性、政策的逻辑三个方面[1]，政策框架、政策问题与提供的解决方案之间的逻辑以及政策方案的可行性在很大程度上决定了政策能否实施以及如何实施。我们认为章程的制度设计应当体现出正当性、可行性和逻辑三个关键性因素。具体而言，章程制度设计与章程功能实现的互动主要表现为以下几个方面。

一　制度设计为章程功能实现提供正当性基础

正当性在哲学、法学、政治学等社会科学研究中运用较多。由于各学科不同的理解与阐述方式不同，正当性被赋予了不同的含义。有学者认

---

[1]　Romane Viennet and Beatriz Pont, "Education policy implementation: A literature revies and proposed framework", OECD Education working papers, 2016, pp. 1 – 62.

为，正当性是指制度被认为是合适的或对的程度；① 有学者认为政治正当性是公众认为依附于政治体上的应该性质素；② 有的学者认为，正当性是产生和维持现存政治制度，是对适合的政治制度信念的能力。③ 我们赞同一般意义上的正当性概念，也即正当性表明的是人们对论及事物的认可和赞许，并且因为认可而肯定与接受。因而，正当性也被认为是判断事物的绝对的价值基础。

正当性概念莫衷一是，人们在评价某种制度时有的以正当性为标准，也有的以合法性为标准。合法性指社会秩序、制度或行动符合既定的法律程度；而正当性则指社会秩序、制度或行动合乎某种更高的价值或正义，或者能够实现某种更高的价值。符合正当性的制度或秩序必然具有合法性，而具有合法性的制度或秩序则不一定符合正当性。此外，正当性还涉及合理性，合理性强调的是制度、行为符合规律和价值。因此，正当性是衡量所有人类实践活动的价值基础。

正当性是社会事务的根本问题，也是章程制度设计的根本问题。大学章程制度设计的正当性是指作为客体的章程制度对于相关主体的满足及其程度。我们认为，大学章程的制度设计必须具有正当性，从而为章程的实施提供内生性的动力，才能实现制度与实施之间的良性互动。其主要内容包括以下几个方面。

其一，大学章程制度设计必须具有合法性。合法性是判断正当性的标准，与法一致则具有正当性；与法不一致则不具有正当性。④ 大学章程的合法性是指章程制度设计必须具有合法性基础和来源，章程的主要内容必须符合现行有效的法律、法规及政策等。然而，通过前文对章程制度三方面的分析可知，章程制度的合法性还需要完善。一是章程的法律地位不明确，降低执行力，影响章程功能发挥。二是章程文本中存在与法律法规相

---

① Robert Bierstedt, Legitiamcy', in Dictionary of Social Science, New York, N. Y.: The Free Press, p, 386.

② Richard M. Merelman, "Learning and Legitimacy", *American Political Science Review*, LX, No. 3, September 1966, p. 548.

③ Seymour Martin Lipset, Political Man, Carden City, N. Y.: Doubleday, 1960, p. 77.

④ 孙国华：《法的形成与运作原理》，法律出版社 2003 年版，第 11 页。

悖的规定表述。

其二，大学章程制度设计必须具有合理性。理性与合理性是一对紧密联系的范畴，理性是形成合理性的前提和基础。章程制度的合理性主要是指章程制度设计要符合规律和价值。然而，从前文对章程文本的分析来看存在部分不规范和不合理的语言表述。

其三，大学章程制度的正当性是章程权威的基础。正当性是法律权威的基础，只有具有权威的法律才能在实践中被遵守和执行。依据法定的程序制定出符合法律规定、符合大学规律以及满足行动主体需要的具有合法性和合理性的大学章程，才能使其获致合法性从而提高章程的权威性。由于章程制度设计合法性与合理性存在问题，导致章程实施行动主体认同度较低，降低章程权威性。

二　制度设计为章程功能实现提供可行性进路

一般而言，可行性指某种制度、设计、过程或程序等能否在一定范围内实现其预期的确定性。章程的生命在于执行，它不是被束之高阁的花瓶，而应当是被主体所遵守和执行的制度安排。章程要获得主体的认同，具有实施中的活力，其本身应当具有可行性。制度设计为章程功能实现提供了现实中可行性的进路，具体表现为：

其一，章程制度应当符合当前我国高等教育发展的实际，成为深化高等教育领域体制改革的动力，也即章程制度设计具有整体可行性。目前我国正在进行高等教育领域综合改革，要求以高等教育体制机制改革为突破口，建设有中国特色的现代大学制度，探索中国高等学校依法治校的发展道路。[1] 章程是现代大学制度的核心组成部分，是大学依法自主办学与管理的"宪章"，同时也是大学内部各项规章制度的顶层设计与最高纲领。因此，从宏观层面看，章程制度设计于我国现代大学制度构建密切相关，与深化教育体制改革密切相关，顺应我国高等教育改革的大背景。

其二，章程的具体制度设计具有可行性。例如，章程制度既要明确保障高校的办学自主权，同时又要明确且合理地界分政府与高校之间的地位

---

[1]　袁贵仁：《现代大学制度推进高教改革和发展》，《中国高等教育》2000 年第 3 期。

和权责；章程既要赋予高校内部行动主体各项权力和权利，同时又要根据实际情况对各项权力予以规制，防止权力滥用，保障高校的正常运转。

其三，章程的程序性制度设计具有操作性。章程实践中的可行性在很大程度上取决于章程中程序性条款的完备性和可操作性。但是，保障章程实施的程序性制度设计存在严重的缺损。一是国家法律制度层面没有明确章程执行机制程序性的规定；二是章程文本中的程序性条款内容严重匮乏，包括高校内部组织机构议事规则和学术组织议事规则等；三是校内配套性制度及程序性条款的缺位。

大学章程要体现程序正当精神，"无程序的法律"意味着实体无法得到普遍和公开的保护。章程作为内外部治理纲领性的文件，虽不能事无巨细、包罗万象，但重要性和根本性的事项却不能省略。然而，从样本高校章程来看，多数组织机构的程序性规定不是完全没有，就是过于笼统、抽象、原则的"宣示性"条款。程序性条款的严重匮乏势必削弱章程的正当性基础，导致权力与权利主体的力量削弱或权益受损，高校内部管理的"失序"甚至是"无序"，最终影响章程功能的充分发挥。

三　制度设计为章程功能实现提供逻辑支持

大学章程制度凝聚了智慧，是人类理性的产物。章程作为上承国家法律法规下启高校内部管理制度的校内最高"宪法"，承担着理顺大学内外部治理结构的重要作用。章程不是停留于纸上的制度设计，它需要实践土壤的催化；同时制度设计为大学章程的实施提供了逻辑支持。章程制度的真正落实并且具有实施的活力，则必须是一种具有逻辑的制度设计，是符合并遵循着大学内在发展规律的制度设计，是保障学术性并体现以人为本的制度设计。主要从以下方面把握：

其一，制度设计的逻辑来源于大学逻辑。章程制度设计必须遵循大学发展的内在规律，保障高校办学自主权和学术自由。大学是自主与自治的学术组织。学术是大学产生的根源，是大学的生命源泉。大学呈现的组织结构、发展规律、活动特点等，从根本上都是由学术活动本身具有的自由性和自主性等基本特点所决定的。学术是大学的历史原点，也是大学的逻辑起点。① 大学组织活动的开展都必须围绕学术性，学术性活动的开展要求大学必须是一个自由和自治的组织。当前我国的现实问题是既要解决好高校与政府的关系，保障高校的办学自主权；同时也要解决好学术研究与行政管理之间的矛盾，保障高校学术研究的自由。

大学章程制度设计要秉持以人为本的理念，保障师生的权益。大学承载着培养人的社会功能，大学教师和学生的生存与发展是实现大学功能的前提。教师和学生是高校办学的主体，是教学和科研活动的主体。教师和学生主动性与创造性的发挥既需要必要的物质支持，更加需要自由和宽松的环境。大学因师生的生存与发展而产生，师生的生存与发展是大学的起点。② 章程制度设计必须秉持以师生为本的理念，尊重并保障主体的权利及其行使。

其二，制度文本的逻辑性。制度设计的文本表述应当清晰、明确，在文本结构安排、语义、语用等方面符合逻辑性的要求，防止出现重复或前后矛盾的问题。借鉴法学研究中的立法技术概念，制章技术主要是指章程制度设计时应当遵循科学化、规范化的基本方法和操作技巧，包括章程内容的确定技术和表述技术。通过提高制章技术，使章程制度设计整体结构安排科学、合理、逻辑性强；文本表述清晰、准确；语义语用无歧义、无异议等。同时，提高制章技术也可以避免章程条款内容与法律法规相违背，提高章程的合法性和权威性；避免章程表述的结构重复、语义使人产生歧义的问题出现。章程文本的逻辑问题会直接影响行动主体对章程的认同度，从而也影响章程在实际中的实施效果。

总之，章程制度设计面临许多限制性因素，包括章程出台的必要性，这就需要决策者们更多地关注章程制度的正当性、可行性和逻辑问题。章程制度设计应是对现实的响应和需求，不断优化制度设计解决实践问题；相反，如果只是由于某种特殊的原因，如政治原因或行政力量的推动而出台的制度，其实践中的实施效果则会大打折扣。只有澄清制度设计背后的

---

① 张应强：《追寻大学治理的原点——学术是大学的逻辑起点》，《高教探索》2014 年第 6 期。
② 母小勇、杨志卿：《大学的"扬弃"：回到"人"及其发展》，《教师教育研究》2017 年第 2 期。

原因，明确制度解决的问题与特征，才能有助于行动主体参与并支持制度的实施，从根本上推动行动者前行。章程制度设计还需要考虑逻辑问题，也即政策安排与政策问题的因果力，因为政策逻辑从根本上来讲即因果力分析，它是制度设计与安排产生的根源，并有助于指导行动主体的行为，缺乏逻辑的制度安排难以实现章程价值和目标。

综上所述，一个精准的制度设计能为政策问题提供合理且可行的解决方案，它将在很大程度上决定着自身能否实现以及如何实现。制度设计分析的对象是章程制度的形成及其运作方式，通过制度与行动主体间的互动不断推动制度的执行与实施。通过制度的实施产生一种因果力，规范并约束行动主体的行为从而影响互动及其结果。依据 ASD 理论，社会系统以规则为基础，制度在社会组织、行动主体的认识等方面发挥重要作用。章程制度设计是章程功能实现的重要基础，也是行动主体之间、行动主体与规则、环境互动的基础，对高校治理系统产生重要影响。对于长期缺失章程的中国高等教育，出台一个既能规范政府、高校和相关行动主体行为，又能规制各种权力运行和保障权利的大学章程，使高校的办学行为有章可循的制度十分必要。

第六章　大学章程功能实现的环境分析

伯恩斯提出了"使行动者进入场景"的概念，旨在强调作为行动主体的个人或集体是社会环境的产物。行动主体、行为与社会关系均由规则建立并受其约束，人们组织、解释、规范并预测互动，从而建立清晰而简明的话语系统基础。大学是遗传和环境的产物，运用 ASD 理论分析章程功能的实现就必然要对章程实施的环境进行分析。环境的产生与变化是动态的过程，这种外生的变量将影响章程的实施及其效果，甚至倒逼章程制度的改变。本章将章程功能实现置于动态的环境系统中，对影响章程功能实现的环境因素进行分析。

第一节　新时代影响章程功能实现的环境因素

环境是一个系统概念，大学章程功能实现依赖于环境又受制于环境。当前我国教育领域正进行重大改革，特别是与高等教育密切相关的宏观改革背景对章程功能实现产生重要影响。全面把握高等教育改革的宏观背景，对我国当前高等教育领域改革环境进行分析，有利于我们准确地分析影响章程功能实现的环境因素。因此，本书将以高等教育普及化与双循环新发展格局、深化教育领域综合改革、高等教育管理体制机制变迁等宏观改革背景作为切入点，对章程功能实现的宏观环境进行分析。

一 高等教育普及化与"双循环"新发展格局

（一）我国高等教育迈向高质量普及时代

2019 年我国高等教育在学总规模达 4002 万人，高等教育毛入学率为 51.6%；2020 年在学总规模则达到 4183 万人，高等教育毛入学率为 54.4%。按照美国社会学家马丁·特罗的高等教育发展三阶段理论，就办学规模而言，我国高等教育已进入普及化时代，高等教育体系日益成熟并已成为世界上高等教育规模最大的国家。我国高校从扩招发展至今，高等教育在保持秩序，守住底线的过程中，实现了以数量增长、规模扩张、空间拓展为特征的外延式发展。[①]《中国教育现代化 2035》中指出"推动各级教育高水平高质量普及"的要求，高质量一词正式出现于教育领域。至此，学者们开始探讨高等教育高质量普及的相关问题。高质量普及并非质量与普及二者的简单组合，而是一个全新的概念，需要站在新的视角与立场上予以关注。在高等教育现代化建设过程中，内涵式发展已成为必然趋势，而高质量普及成为新时代高等教育发展的追求。

在高等教育高质量普及发展的道路上进行很多探索，我国通过制定各种政策将其从理论付诸实施；在科学扩张办学规模的同时，同样关注高校内涵式发展，为高质量普及的高等教育发展奠定基础。"高质量普及"是新时代高等教育发展的新要求，目标的实现需要高等教育治理体系现代化的保障。高等教育高质量发展有助于改善高校教育治理生态系统、有助于政府对高校的正确引导以及市场的有效调节，形成政府、高校、社会相互协调的发展机制。高等教育治理体系现代化是推动高等教育效率变革、质量提升的保障，也是高等教育改革的路径选择。

（二）"双循环"新发展格局呼唤高等教育变革

习近平总书记在 2020 年 5 月 23 日参加政协会议时指出："要努力在危机中育新机、于变局中开新局""逐步形成以国内大循环为主体、国内国际双循环相互促进的新发展格局"。[②] 党的十九届五中全会进一步指出

---

① 别敦荣：《论高等教育内涵式发展》，《中国高教研究》2018 年第 6 期。

② 人民日报评论员：《在危机中育新机　于变局中开新局》，《人民日报》2020 年 5 月 25 日。

"构建'双循环'新发展格局作为'十四五'时期经济社会发展指导思想的重要内容"。[1] 国际局势正在发生深刻变化,中华民族伟大复兴乃大势所趋,"双循环"新发展格局是党中央顺应大势、推动大局、实现高质量发展的重大战略安排。[2]

"双循环"发展格局并非只关乎经济领域,同样涉及包括高等教育在内的我国社会各领域。面对国家发展重大战略调整,新发展格局成为推动我国高等教育改革与发展进程的新动力。构建新发展格局,高等教育与社会经济发展关系也进入新的适应期。我国高等教育要积极主动地面对国际形势和国内矛盾的变化,应对新发展格局、融入新发展格局、适应新发展格局,在迈入高等教育高质量普及化发展的进程中,重新聚焦发展目标和任务,探索改革路径与发展策略,不断推动自身的内涵式变革。

新发展格局呼唤高等教育的高质量发展。自新冠肺炎疫情以来,在"双循环"的背景下,我国高等教育发展国际背景和挑战机遇都发生了变化。中国作为人类命运共同体的重要成员,无论是经济还是高等教育为世界经济和教育发展发挥了先导性作用。一方面,我国高等教育改革的目标和路径要做出适应性调整,发展的重点和节奏与新的总体战略保持协调;[3]另一方面,也要面对国内变化的高等教育供需关系,立足于高等教育内涵式发展,在普及化的进程中不断提升高等质量。高质量普及化的高等教育不仅是中国社会经济发展的重要部分,也是推动我国经济社会现代化的重要力量。

新发展格局呼唤高等教育办学模式与治理模式变革。高等教育模式中主要涉及治理模式、办学模式和教学模式,而办学模式是承上启下的中间模式。治理模式深刻影响着办学模式,同时办学模式又制约着教学模式。信息技术在教育领域中发挥的作用越来越大,特别是新冠肺炎疫情期间创新了"停课不停学""亿万学生线上教学"的教育新形态。人工智能与信息技术带入教育,显著影响教学模式改革和教育形态变化。"双循环"背

---

① 《党的十九届五中全会〈建议〉学习辅导百问》,党建读物出版社、学习出版社 2020 年版,第 15—16 页。

② 马陆亭:《"十四五"时期高等教育发展的历史方位》,《江苏高教》2021 年第 5 期。

③ 刘国瑞:《新发展格局与高等教育高质量发展》,《清华大学教育研究》2021 年第 1 期。

景下，高校办学模式已然发生深刻变革，未来高校办学模式会更加多元化和个性化。治理模式需要早日筹谋应对，[①] 教育领域中信息技术和网络的深度运用，公开、公平等诉求也会不断增加，传统的管理模式将无法适应新的挑战，从管理走向治理才能适应新发展格式。总之，高等教育的发展与"双循环"新发展格局密切相关，深度融入"双循环"新发展格局是新时代新阶段我国高等教育改革与发展策略的必然选择。

二　深化高等教育领域综合改革的需要

当前我国教育改革进入深水区和攻坚期，高等教育领域中的深层次问题和矛盾也不断涌现。这些矛盾影响深远、关联性高，对于高等教育发展产生了重要的制约。《规划纲要》颁布尤其是党的十八大明确提出了全面深化教育领域综合改革，要求冲破陈旧观念束缚、突破制约瓶颈、提升教育质量水平。高等教育领域同样面临着艰巨而复杂的改革任务，高校必须寻求新的发展路径，增强内生活力和动力，推进"双一流"建设，尽早实现教育强国目标。深化教育领域综合改革对高等教育提出了新的要求，也为教育事业的发展指明了新的方向。

（一）高等教育领域改革应体现专业性和综合性

自改革开放以来，我国高等教育取得了辉煌的成就，同时也面临着深刻的矛盾和问题。如今我国高等教育改革已经进入了攻坚期和深水区的新时期，为提升高等教育质量，实现高等教育强国的目标，我们应当进一步解放思想，充分调动地方和高校改革的积极性，不断地深化高等教育领域改革；同时还要运用法治思维和法治方式深化教育改革，不局限于渐进式的改革，尤其是要在改革的全面性和综合性上发力。

首先，高等教育领域的改革应当体现出专业性。教育是一种与其他社会活动存在本质区别且相对分化的活动，尊重教育的相对独立性，从高校的内生性规律出发的改革才能真正促进高校的发展，从源头保证改革的动力。高等教育的发展与社会发展关系最为密切，但要更好地实现其功能和价值就必须将教育与其他活动相区别，将教育视为专业，从而在改革的过

---

① 马陆亭：《"十四五"时期高等教育发展的历史方位》，《江苏高教》2021 年第 5 期。

程中尊重规律，体现改革的专业性。之前的改革中由于缺乏对高等教育应有的边界意识，对于改革中专业性认识和重视程度不够，使得改革走了不少弯路，也遇到许多阻力。这"固然同我国法制不健全、法制观念淡薄相关，而直接原因不是在口头上，而是把教育看成是政治行为"[①]。教育在很长时间以来被认为是政治行为的现象并扩及教育改革，高等教育改革被视为极具政治性的，从而使改革遭遇种种限制。要深化高等教育领域内的改革就要破除对改革质的认识和不合理限制，尊重高等教育发展的内生性规律，赋予改革专业性的眼光和指导。否则高等教育领域低效、僵化的行政管理模式固化，大学章程也必然成为一种摆设而无法落实。

其次，深化高等教育领域改革应当体现综合性。高等教育综合改革是我国高等教育领域的重大性战略任务，也是决定我国高等教育未来走向和命运的关键性举措。新时期高校肩负着更为艰巨的人才培养、科技创新和服务社会的使命，高等教育领域的深化改革对于国家和社会的总体性改革同样具有重大意义。经过四十余年长时间、大规模以发展为主题的探索性、局域性改革后，我国高等教育进入了全面的深化改革阶段。此阶段的改革不仅仅意味着目标和任务的转变，同时也是改革的性质、路径等方法性变革。当前的高等教育领域改革要围绕着人才培养、管理体制、科研体制、人事制度、评价制度等方面进行综合性和系统性的改革，协调推进"四个全面"战略布局，加快两个一流建设。深化高等教育领域改革就是要破除各种制度性障碍，采用系统思维和系统方法，综合把握高等教育领域的各种关系，统筹处理各种矛盾，科学规划整体改革。"十三五"时期是深化高等教育改革的攻坚期，改革重在"全面""综合"与"深化"，直指高等教育领域的深层次矛盾以及改革现实境况的长期性和复杂性。改革必须突破瓶颈，实现高等教育的跨越式发展。

（二）高等教育综合改革需要突显治理性品质

教育综合改革是高等教育改革的重大性战略任务和影响我国高等教育命运的关键举措。在经历了长时间、大规模的扩张性和探索性发展之后，

---

① 陈桂生：《关于教育管理体制改革问题》，《当代教育论坛》2005 年第 3 期。

高等教育改革将转向以治理为主题的综合性改革。① 本轮改革不是推倒重来的转向性改革，而是对以往改革的不断深化和修正。改革既是教育治理的手段和途径，同时也是治理的目标和内容。因而，高等教育领域综合改革要突出治理性的品质。全面深化高等教育综合改革面临许多挑战：既来有自行政权力过度行使而导致错位或越位问题；也有来自民主参与和监督权式微而造成的高校其他权力膨胀或泛化的现象；还有学术权力行使过度，学术权力与行政权力渗透造成的学术资源垄断等问题。而这些问题从本质上来看主要还是高校治理结构的问题。因此，推进高等教育综合改革必然抓住优化治理结构这个中心问题，突显改革的治理性品质。

全面深化高等教育综合改革就是要以章程建设为统领，完善高校治理，推进高等教育治理结构和模式的调整和转型。也即以综合治理为改革主线，强化高校改革的治理方法和立场，使高等教育综合改革成为国家治理现代化的排头兵，真正走上国家治理之路。全国教育工作会议将"深化教育领域综合改革，加快推进教育治理体系和治理能力现代化"作为今后全国教育工作的目标，这也是我国高等教育领域改革的目标。高等教育综合改革是全面落实国家战略部署、主动适应新环境和新教育形式变化，进行改革创新和理论思考。面对全球化、信息化、多元化的国际教育新形势，正视我国高等教育领域深层次矛盾和发展新环境，高校必须抓住机遇和迎接挑战，才能在人才培养、科学创新以及为社会服务等方面实现其功能。高等教育综合改革的核心在于全面落实依法治教，解决法治保障机制，在推进高校治理体系和治理能力现代化的进程中，全面落实高校依法治校和依法治教。通过加快章程完善与实施，健全依法自主办学、自主管理的制度体系，完善治理结构和科学、民主的决策机制，营造校园法治文化环境，构建规范化、科学化的现代大学制度。因此，高等教育综合改革是对改革开放以来教育领域改革的系统性调整，是对未来高等教育发展的总体性规划与设计，改革的过程中要突显治理性品格。

总之，高等教育领域综合改革要求以治理改革为突破口，建设完善的现代大学制度，探索高校依法治校的发展道路。大学章程是现代大学制度

---

① 郝德永：《教育综合改革的方法论探析》，《教育研究》2018 年第 1 期。

的核心部分，同时也是高校依法自主办学与管理的"宪章"。学校落实大学章程建设是贯彻党的十八届三中全会精神和《规划纲要》的要求，也是深化高等教育领域综合改革，建设现代大学制度的关键举措；还是推进两个一流建设的制度保障，标志着中国高等教育治理的新阶段。

三 高等教育管理体制机制变迁的诉求

高等教育的改革和发展需要配套的教育管理体制机制以及管理理念作为指引和保障。高等教育体制改革包括管理体制、办学体制、招生就业体制、学校部门管理体制等方面的改革，其中教育管理体制改革一直是高等教育体制改革中的重点和难点。传统的高等教育管理体制机制已显露出办学体制僵化、高校缺乏办学自主权、教育发展不均衡、粗放扩张型发展模式等问题。2017 年颁布的《关于深化教育体制机制改革的意见》标志着我国教育改革全面进入了建设教育制度体系和治理现代的新阶段。回顾我国教育体制机制发展历程发现，我国教育事业发展的主线是改革开放，而教育改革的根本性目的在于突破教育体制机制的重重障碍，推动教育事业持续健康发展；教育改革的关键是处理好不同教育体制要素之间的相互关系，建立不同要素之间合适的张力并以此激发教育要素与系统的活力。因此，深化教育体制机制改革、创新高等教育管理体制和运行机制是高等教育发展的关键。

新时期破解高等教育发展中面临的深层次矛盾，提升高等教育办学质量，关键在于深化教育体制机制的改革。2015 年教育部发布《关于深入推进教育管办评分离 促进政府职能转变的若干意见》，明确提出建立"管办评"分离的教育治理格局；2017 年教育部等五部门联合发布《关于深化高等教育领域简政放权放管结合优化服务改革的若干意见》要求政府"放管服"的角色转型。一方面，努力探索"管办评"分离机制，保障教育行政部门、高校、评价机构的基本权利，明确责任和义务，突出主体责任的法定属性。推动教育行政部门行动权力行使回归法治轨道，既杜绝行政权力滥用现象的发生，同时提高治理效能。另一方面，着力"放管服"政府职能转型。从世界范围来看，管制型政府向服务型政府转型是当前政府体制改革的主要方向，建设职能科学、结构优化、人民满意的服务型政府也是我国政府改革的发展思路。"放管服"理念的确立正是为了破除高等教育改革与发展中的体制机制障碍，对地方和高校的进一步放权；同时也给予高校更多的办学自主权，激发高校教师的积极性和主动性，培养创新人才和提升国际竞争力的重要决策。

完善高等教育体制机制改革主要包括高校与政府之间的外部治理结构和高校内部治理结构。外部治理结构改革的主导性力量在政府，主要是解决好政府主导的行政权力行使与高校办学自主权的关系；内部治理结构改革的主导性力量在于高校本身，深化高校内部改革主要是解决好"权力配置不均、内生动力不足"的问题。主要有党委政治权力与校长行政权力之间的关系、规范行政权力行使与学术地位提高、校院两级管理体制以及民主参与和监督制度等。具体而言，就是要以建立以大学章程为统领的"一章八制"制度体系和党委领导、校长负责、教授治学、民主管理的运行机制。高校依法依章程行使自主权，强化章程在依法办学、实施管理和履行公共职能等方面的基础性作用。为落实章程功能实现，完善校内各项规章制度，使校内制度体系科学化、合理化、协调一致，高校发展做到治理有方、管理到位。

总之，新时期从"管办评"相分离的治理格局再到"放管服"的政府职能转型，需要以大学章程为统领的现代大学制度的保障和支持，实现权力重构和利益再分配。新时期推进"双一流"建设也需要高等教育管理体制机制的健全和创新，克服原有管理体制机制缺乏活力和竞争力等弊端，进一步破除制约高等教育发展的体制机制性障碍，保障"双一流"建设的稳步推进。

第二节　环境影响章程实施的机理

伯恩斯指出："复杂的相互依赖和动态的互动不仅构成了'出现的特征和机制'，而且还导致社会系统中不稳定和意外发展。"[1] 系统具有动态

---

[1]　[瑞典]汤姆·伯恩斯：《经济与社会变迁的结构化：行动者、制度与环境》，周长城等译，社会科学文献出版社2010年版，第1页。

性和开放性的特征，任何一个健康的系统都必须保持开放性以适应环境的改变，同时在与外部环境的动态性互动中随之而不断变化。环境的变化不仅会影响系统本身的变化，而且也会造成系统中子系统的改变。我国大学章程的实施处于高等教育改革的背景中，章程功能的实现受制于环境的变化。

一　环境与行动者之间的互动

行动者是章程功能实现主体，章程实施环境与行动主体之间良性的互动需要两者和谐关系的建立，而这种互动正是建立在行动者主动做出的行为选择基础之上。也就是说，章程环境对于章程功能实现的影响是通过行动者做出的主动行为选择而产生的，这也揭示了互动产生的内在逻辑关系。可见，环境与行动者之间的互动是一种胶着的关系状态，要考察环境与章程功能实现之间的互动，首先必须对环境与行动者的关系进行分析。

（一）行动者是环境系统作用于章程的载体

根据 ASD 理论，行动者是具有创造力或破坏力的主体，行动者在章程的实施过程中产生互动，同时也与制度和环境进行互动。环境因素作用于章程实施需要主体的中转，而行动者就承担了载体的角色，通过行动主体的接纳与执行或者否定与拒绝实现着和环境之间的互动，并在此过程中影响和塑造着章程的实施。行动者要适应环境并维持自身的生存，就必须主动地调整自己的行为，通过与其他行动者能动性和目的性的相互作用，以及相互间的合作或竞争不断适应环境，从而实现自身的生存和利益最大化目标。行动主体包括处于权力顶端的个人行动者，他们的行动能改变环境，并在社会制度和规则体系的建立和修改过程中表现出极大的作用力。行动主体同时还包括集体行动者，他们往往通过集体所掌握的权力影响环境并且重构制度体系。

（二）环境与行动者互动遵循刺激—反应模式

行动者为自身的生存和利益会不断调整行动以适应章程功能实现的环境因素，互动的适应性行动将主动遵从刺激—反应模式。当行动者得到外界的正向强化后，他会持续之前或执行或拒绝章程功能实现的行动并延续；当行动者得到外界的负向强化后，他将质疑或停止之前的行动。行动者就是在遵从刺激—反应这样的模式下，获得了自我生存与发展的演化机会，具体表现为从一种多样统一形式转变为另一种多样统一形式。[1] 同时在共同的演化中，行动者更好地适应章程功能实现的环境并在其中实现自身利益最大化的目标。

（三）环境与行动者互动主要表现为相互作用的关系

在社会环境系统中，对行动者互动的研究是建立在行动主体主动的行为选择基础上的，行动者为自身发展能动地与其他行动者和环境共同演化。在行动者与环境两者互动中会产生两种因果作用力。一方面，来自环境中的各种因素作用于行动者，对行动者提出不同的行动要求和内容，这就构成了行动者的资源输入，环境对于行动者行为选择具有根源性影响。章程功能实现的环境因素必然对行动者产生影响并提出不同要求，环境影响行动主体的行为选择方向与内容，这也就构成了章程行动主体的资源输入。另一方面，行动主体在接受资源输入后会对输入的信息进行加工和改造，然后再度输出自身做出的行动选择与决策。也即章程功能实现的行动者在接受环境因素影响和作用的同时，会对各种因素进行自组织改造，然后再以某种方式将资源输出，具体表现为对环境影响的反向性作用。可见，行动者与章程实施环境系统的互动中产生了两种因果力，两者表现为相互作用的关系。环境与章程实施能否产生良好的互动取决于行动者主观性在环境要素扬弃中的表现以及对各种信息的改造与输出。

（四）环境与行动者互动表现为均衡与非均衡两种结果

环境对行动者有两种不同性质的影响即正向作用力和负向作用力。当环境要素与章程实施之间具有一致性时，环境作用于行动者的因果关系将会产生积极的促进作用，此时两者表现为积极的互动。积极的互动有助于行动者准确反馈并扬弃环境中的信息，满足环境要素的各种要求，使两者的互动保持动态平衡，从而推动章程的有效实施。当环境要素与章程实施要求不同时，行动者行为与环境发展方向不一致，环境作用于行动者的因果关系将会产生消极的阻碍作用。消极的因素作用不利于行动主体对于环

---

① 高焕清：《互动中的行动者与系统力：我国县级政府政策执行研究——基于 ASD 模型的分析框架》，博士学位论文，华中师范大学，2012 年。

境信息的加工和扬弃，两者的互动也将失去均衡状态，并进而阻碍章程的实施。

总之，大学章程功能实现中，行动者是环境系统作用于章程功能实现的载体，两者的互动产生两种因果力，互动关系表现为相互作用和影响，实现两者互动中的平衡才能有效地推动章程的实施。行动者将主动适应并利用环境中的限制和机遇，与环境频繁互动。章程功能实现行动者将以章程制度设计为基础组织行为，通过实施载体的角色扮演寻求利益最大化。

二 环境与制度之间的互动

依据 ASD 理论的分析框架，行动者、制度与环境在章程功能实现过程中持续性地互动会产生三种重要的因果力：一是基于行动主体之间以及与组织互动而产生的因果力。这种因果力主要表现为处于权力顶端的行动者在章程功能实现中通过权力行使影响其他行动者；或者行动者在规则体系设计或修改中表现出的决定性作用；或者在现有规则体系或限制条件下某个或某些群体组织影响最终决策时所表现出的作用力。二是制度设计互动中产生的因果力。这种因果力主要表现为通过章程规范行动者的行为及其互动；或者章程制度在与环境的互动中产生的作用力。章程制度在规制行动者的同时也会受到来自行动者的影响；章程制度作用于环境的同时又受到来自环境的影响等。三是由环境系统互动而产生的因果力。组织赖以存在的环境会以某种特有的力量对其产生作用力，两者产生相互影响。上述三种因果力交织，形成多元的、动态的循环系统。要对环境与章程功能实现的互动机制进行分析，就要对上述多元动态的因果作用力进行分析。

（一）环境通过制度设计来塑造行动者的行为并互动

制度设计为行动者有效执行章程提供工具规则和模式，通过合理的制度设计有效控制行动者行为的方向和内容，从而确保章程功能实现的方向。行动者在制度变迁过程中通过自身能动性的发挥成为大学章程功能实现中的成本优势和信息优势，在现有的规则设计和制度框架内做出相应的行为选择；同时可以防止章程实施中的其他行动者权力寻租和以权谋私的行为，为章程有效实施提供保障。可见，行动者的行为与互动由制度予以明确和设计，环境对行动者的塑造是通过制度设计来实现的。

（二）环境作用于制度时表现为主导性

环境与制度之间的互动同样体现了相互作用的关系。即环境通过作用于制度设计而影响章程的实施，对章程功能实现的进程、方向和内容等方面都会产生重要的影响；同时制度设计本身也会反向对环境系统产生一定的影响，倒逼环境做出某些变化或调整，但这种反向性的影响相对前者所表现出的作用力较弱。因此，环境作用于制度所表现出的作用力是关键性的甚至是决定性的，呈现出主导作用。制度设计本身是否具有可执行性及可执行程度会受章程功能实现环境的制约，章程制度需要适应环境的新变化，并且随之而做出相应的调整和修订。

（三）环境作用于制度设计从而促进或阻滞章程功能实现

制度规则为行动者的行为设定了规范和方向，同时也预设了激励机制等。行动者可以预先了解自身行动是否被许可以及由此可能产生的奖励或惩罚的结果。当环境系统提出的要求与制度设计一致时，行动者将积极地接受并遵守章程制度行动，从而促进章程的实施；当环境系统所提出的要求与制度设计产生矛盾和不一致时，行动者将有可能明确地拒绝执行章程或者消极地不履行自身义务，从而阻滞了章程功能实现的进程和方向。因此，环境作用于制度设计，通过规制行动者行动从而产生促进或阻滞章程功能实现。

总之，环境作用于制度影响章程功能实现体现了两者互动的机制。章程的实施处于特定的环境系统中，环境作用于章程制度的因果力会影响章程实施及行动者的权力和资源再分配，制约着行动者之间权力与权利的互动；同时具有能动性的行动者通过接受或拒绝执行章程，产生对章程制度的反作用，通过这种多元互动作用影响章程的实施。

第三节 环境与章程功能实现的互动分析

大学不是一个独立的存在系统，大学章程的实施也不可能独立于环境系统之外，它受到来自内外部多种环境的影响和制约。本文主要是对影响章程功能实现的政治环境、文化环境、制度环境和国际高等教育发展环境进行深入分析。

一　政治环境与章程实施的同构性逻辑制约功能实现

社会学制度主义强调制度实施与变迁的同构性逻辑，即环境在制度实施与变迁中的同构作用。根据这种逻辑，当环境与制度属性相通时，制度实施与变迁会变得有效、畅通；反之，制度实施与变迁则困难重重，甚至是形同虚设。政治环境与大学章程功能实现的互动是指章程功能实现的源起、发生和改变是基于政治环境变化的重要影响。章程功能实现受到外部政治环境的重要影响，这主要表现在政府与大学的关系上，两者互动的核心主要是围绕着高校的办学自主权问题。

（一）政府与高校关系的演进

中华人民共和国成立后，教育实行"苏化"政策，具有浓厚的罗马传统色彩，强调国家的一元结构与控制。① 1949—1984 年，政府与大学的关系表现出国家本位和政府控制的特征。我国形成较完善的高度集中的计划体制，政府为了恢复大学秩序、培养新中国政治经济建设需要的人才，采取了系统且强有力的行政举措，实施较大规模的院系调整，直接对高等学校的培养目标、专业设置、课程教学等进行了规定，体现出政府本位的大学管理。这种政府本位的政治架构，对满足当时社会对人才的需要具有进步的意义，但政府对大学干预过于集权化的制度，不符合大学的办学规律，抑制了大学办学主动性和地方办学的积极性。为了扭转这种局面，教育部颁布了《高教六十条》，确立高校管理的两条原则：一是提倡学术自由；② 二是强调政府集中管理。③《高教六十条》就政策价值而言是一种典型的政府本位政策范式，从政府与大学关系看，体现出以国家利益为基点的、政府控制为主的国家取向；这时的政治架构是以政府集权管理为基

---

① 周光礼：《中国大学办学自主权（1952—2012）：政策变迁的制度解释》，《中国地质大学学报》（社会科学版）2012 年第 3 期。

② 《高教六十条》第 4 条规定"高等学校必须贯彻执行百花齐放、百家争鸣的方针，在毛泽东同志'关于正确处理人民内部矛盾的问题'中提出的六项政治标准的前提下，积极开展各种学术问题的自由讨论，以利于提高教学质量，提高学术水平，促进科学文化的进步和繁荣"。

③ 《高教六十条》第 7 条规定"教育部直属高等学校，行政上受教育部领导，党的工作受省、市、自治区党委领导。""教育部直属高等学校规模的确定与改变，学制的改变与改革，都必须经教育部批准。"

调，由此衍生的大学自治、学术自由等在高度集中的经济政治体制下流于形式。①

1985—1992年，政府与大学的关系表现为基于政府控制式的自上而下的改革。我国教育体制改革以《关于教育体制改革的决定》（1985）（以下简称《决定》）为标志，要求"以教育体制为抓手，开展系统的改革"，重点是破除计划体制下的教育管理体制，重新定位教育与政府的关系。《决定》扩大了学校的办学自主权，特别是在两个放权上即中央政府向地方政府放权和政府向学校放权有了突破。此时虽以简政放权为改革重点，但仍是基于政府控制式的自上而下改革。正如劳凯声教授指出："这一时期的改革是由政府决策层设计、规划和实施的，从改革的动力原理和权力来源看，其动力不是来自下层，而是来自于政府的决策层，具有自上而下、政府强行为动力、一体遵行的强制性特征。"②

1993年至现在，政府与大学的关系表现出政府控制向政府监督不稳漂移的特征。《中国教育改革与发展纲要》（1993）（以下简称《纲要》）出台，建立与市场经济体制相适应的高等教育管理体制提上了重要议事日程。1998年《高等教育法》颁布，从法律上明确了政府、大学及社会的关系，要求政府充分考虑大学的自主权，从控制角色与向监督、扶持的角色转换。《高等教育法》的颁布标志着我国高等教育管理由国家本位向市场本位过渡。③值得一提的是，随着市场经济决定性作用的发挥，我国教育体制改革所面临的问题更加复杂化，出现多极主体需要政府放权，除了原有两极放权外，还有政府向社会、向民间、向市场放权问题，一种新的关系格局正在形成。④

（二）强控制与弱监督的政治架构制约章程功能实现

纵观我国大学与政府博弈过程：强政府、弱学校；强控制，弱监督是大学与政府之间关系的主旋律。从"国家本位和政府控制"到"政府控制

---

①　周光礼：《中国大学办学自主权（1952—2012）：政策变迁的制度解释》，《中国地质大学学报》（社会科学版）2012年第3期。

②　劳凯声：《回眸与前瞻：我国教育体制改革30年概观》，《教育学报》2015年第10期。

③　劳凯声：《回眸与前瞻：我国教育体制改革30年概观》，《教育学报》2015年第10期。

④　劳凯声：《回眸与前瞻：我国教育体制改革30年概观》，《教育学报》2015年第10期。

式的自上而下的改革";从市场要求政府对高等教育体制进行改革到"政府控制向政府监督不稳漂移",政府一直处于强势和控制地位,而高校一直处于弱势与被控制境地。

当前我国大学章程功能实现所依存的重要环境是高等教育管理体制机制问题,关键仍是高校办学自主权的落实和扩大。然而,高校办学自主权很难真正落实的原因和我国长期形成的"强政府—弱社会"的结构直接相关。① 随着市场经济体制的建立和完善,为了遵循大学办学规律并激活大学活力,政府开始逐步放权。但长期计划体制下的管理方式的被动惯性,造成大学的内生性动力不足,当大学在获得自主权的同时,却因为不会用权、用不好权而出现了实践中的权力滥用现象,给高校的办学活动造成一定的混乱,这就是所谓的"一放就乱"。但具有控制本能和惯性的政府又重新收回下放的大学自主权,这又出现"一收就死"现象。

由于我国大学章程的法律地位不明确以及政府与高校关系的复杂性,通过章程本身明确政府与高校之间权利与义务关系的制度设计较难实现。一方面,就目前大多数高校章程文本内容来看,关于政府与高校之间关系的表述较为模糊或"避而不谈"。另一方面,由于缺乏明确的法律依据,即使章程中对政府与高校之间的权责关系做出规定,也有可能难以获得核准;或者由于实际上无法对政府权力进行有效规制而失去执行的效力,从而导致章程实施过程中的功能难以真正发挥。事实上,由高校自身制定的大学章程只能为高校发展提供内在动力,很难有效平衡政府与学校关系。②

大学办学自主权作为大学章程实施外部环境的核心要素,它的落实和扩大在我国之所以很难,归根结底是由于计划性、强行政的集权管理方式没能得到根本的转变,大学章程功能实现受制于一定的政治和经济社会背景。③

总之,我国大学章程功能实现与外部政治环境的同构性较低,这在很

---

① 周光礼:《中国大学办学自主权(1952—2012):政策变迁的制度解释》,《中国地质大学学报》(社会科学版)2012年第3期。

② 袁春艳、张东:《大学章程的历史回溯与思考》,《重庆邮电大学学报》(社会科学版)2013年第3期。

③ 王承绪:《高等教育新论:多学简报研究》,浙江大学出版社1988年版,第123页。

大程度上影响了章程的实施。大学章程强调的是依法治校，即按照章程自主办学，自主、自律是章程的主旨。然而，章程功能实现的外部环境却表现出强控制性、计划性和行政化，造成了章程功能实现与外部环境的低同构性，甚至出现相互冲突的现象，同构性逻辑制约着章程的有效实施。

二 官本位与科层制的文化环境阻滞章程功能发挥

社会学制度主义强调文化逻辑与历史传统对制度变迁的影响，包括大学章程在内的制度与相关行动的顺利开展都离不开传统的连续性和累积性。"一旦一种既定形态的教育得以存在，它就会对后来教育的变革产生深刻影响"[1]，对大学章程实施进行分析离不开对历史的、文化环境的考察。章程功能实现过程中涉及众多不同利益身份的行动主体，这些行动主体处于一定的文化环境中，通过自身有目的、有意识的主动行为选择与文化环境互动，从而影响章程的实施。与政治环境、国际环境和制度环境相比，章程功能实现与文化环境之间以内隐的方式发生联系。大学通过对文化的传承、选择、创新等影响文化；同时高校的文化选择也是不同行动者基于多方面考虑而做出的主动行为。因此，高校与章程功能实现处于一定的文化背景中，在多元互动中使文化得以传承和传播。

（一）"官本与人治"的传统文化与章程功能实现

中国现代大学是在中西文化冲突与融合的背景下诞生的，深深地浸润着中国传统文化的烙印、植根于中华传统文化的土壤。文化常常表现为特定时期人们的思想观点、价值信仰和心态特征，文化对包括教育活动在内的人类社会实践所产生的影响是隐性的、潜在的。我国现代大学发展的历程表明，大学存在办学模式频繁变换、"一收就死、一放就乱"等现象，造成这一现象除了受政治、经济制度等因素影响外，同时也是我国传统文化隐性选择的结果。中国大学百年现代化演变反映了中西方文化的冲突。西方文化中的公平、正义、人权、自治、学术自由等一直被大学所追随，表现为显性主导；而以儒家思想为核心的我国传统文化则表现为隐性主

---

① 周光礼：《中国大学办学自主权1949—2010：政策变迁的制度解释》，《中国教育法制评论》2011年第12期。

导。中国文化如何选择、渗透、整合西方文化，最终决定了中国大学的理念、目标及高等教育的管理体制。① 文化特别是传统文化具有高度的综合性、融合性和广泛的弥散性，它以整体的、渗透的方式影响高等教育改革的方方面面。传统文化极强的历史惯性和延伸性会影响教育改革的成败与效果。从本质上看，它是一种长期的、持久的心理积淀和价值认同，是一种稳定的心理价值取向。作为现代大学制度重要组成部分的章程，不可避免地受到文化特别是传统文化的强影响。

首先，传统文化中的"官本与特权"逻辑。中国传统文化在国家观念上趋于家国一体化、在政治思想实行君主民本、在统治方式上提倡伦常秩序、在价值取向上呈现权力本位。② 在"大一统"的封建集权官僚体制影响下产生了"唯权是尊""崇尚权威"的权力至上观念；"民贱官贵""下卑上尊"的等级观念；由此造成了社会生活中的"官本位"现象。儒家思想倡导修身、齐家、治国、平天下，而要达到"治国、平天下"的途径是"学而优则仕"，此观念的根深蒂固与我国漫长封建社会的等级与特权制度息息相关。在特定历史时期教育领域的体现方式是"读书做官"，做官可以突显地位与身份，可以享受特权与等级。③

我国传统文化的政治性特质对中国古代与当代的高等教育都产生了强烈的影响。在我国古代，从教师和学生的身份看，教师称学官，学生则为"准官员"；从培养目标看，以培养统治阶级人才为目的。当代升学主义、学历主义盛行，而中国人如此重视上大学的主要原因仍与"官本与特权"的传统文化息息相关。名牌大学与高学历在一定程度上成为社会地位与身份的象征，成为安身立命的根本。传统文化的政治性会以新的方式、新的手法呈现于不同的时期，表现出隐蔽性。这就需要我们对当下社会，尤其是教育领域的诸多问题进行深入的审视。为何大学教授对行政职务趋之若鹜？为何院士拥有诸多职务？为何公务员考试持续升温？其中原因错综复杂，但不可谓不与权力相关，是中国传统文化中的官本位与特权思维在新

① 茹宁：《中国大学百年——模式转换与文化冲突》，知识产权出版社 2012 年版，第 1—3 页。
② 张华青：《论政治现代化与公民文化》，《复旦大学学报》（社会科学版）2003 年第 1 期。
③ 张应强：《论传统文化与高等教育改革》，《高等教育研究》1996 年第 3 期。

时期的表现。

传统文化中的"官本与特权"逻辑对章程建设和实施均会产生消极影响。章程是高校依法自主办学的准则,自主、民主、自由、参与的精神元素需要学校内外部高度同构性的文化氛围。然而,传统文化"官本与特权"逻辑影响使高校行政化问题比较严重。一方面,政府对学校的过度干预阻滞了学校固有功能的发挥;同时高校的行政级别强化了学校的官本位性质,弱化了学校组织固有的特性和文化特征。另一方面,在学校内部逐渐生成的行政化集团,官场习气侵蚀大学组织,行政化倾向严重影响了大学的学术创新与发展等。

其次,传统文化中的"人治"逻辑。人治和法治问题是世界文明史上的一个基本政治问题。人治,字面解读即特权人的统治。在我国古代,人治主要表现为德治、君主专制两种模式。德治是指统治者通过推行某种政治观念、价值伦理,劝说和奴化民众自愿接受和奉行其施政纲领,达到统治者所期待的社会行为的治理方式。君主专制是指作为统治者的君主运用其掌控的专断权力,强制民众接受政府主张和施政举措的治理方式。君主专制治理方式往往以"君权神授"为借口,以强制性暴力为工具,以治理者与被治理者间"命令—服从"的压制型社会关系为特征。[①] 人治思想的危害使人们过度地相信人际关系的至关重要性,甚至达到人情高于一切的程度。为此,走后门、托关系的不良风气流行,以至许多人常常不由自主地陷入"人情困境"之中。

传统文化中"人治"思想对大学章程的实施必将产生消极影响。大学章程是高校依法自主办学、实施管理和履行公共职能的基本准则,章程功能的发挥依赖于高校内外良好的法治环境。章程倡导的学术自由、自主管理、公平正义、秩序效益与"法治"所倡导的理性之道、公平之道、长久之道的思想相统一。因而,良好的法治文化氛围对章程的有效实施具有重要的影响。然而,我国高等教育受到传统文化人治思想的影响,阻碍了高校依法治校的进程。现实中政府部门对高校不断放权,而高校却仍呼吁没有自主权;下放的部分权利被高校某些特权者所控制,从某种程度上说,

---

① 韩春晖:《人治与法治的历史碰撞与时代抉择》,《国家行政学院学报》2015 年第 3 期。

高校的自主变成了某些领导的权力垄断。

（二）科层制的组织文化与章程功能实现

科层制又称为官僚制，作为学术性术语最早出现于德国的《大布劳克豪斯百科全书》（1819），马克斯·韦伯开创性地拓展了科层制理论。韦伯在《社会与经济组织理论》（1921）中提出了科层制概念，"科层制是对人实现强制控制的最合理的已知手段，它在精确性、稳定性、纪律的严格性和可靠性方面都优于其他任何形式"① 可见，科层制以职能和职位对权力进行划分，强调管理组织体系和方式中的正式规则。科层制既是组织结构又是管理方式：作为组织结构，科层制对组织社会学具有重要的影响；作为管理方式，科层制为现代组织提供了管理的工具和手段。

我国公立高等院校普遍采取了科层制管理模式。经过改革开放四十余年的发展，我国高等教育取得了长足进步。科层制管理模式以其效率和理性的优点推动了社会的进步，也推动了高校的发展。当前我国高等教育由精英化阶段向大众化阶段发展，学生数激增造成了巨型学校，学校管理的复杂性也随之增加，这就更加需要科学有效的管理模式在高校中发挥作用。科层制以其效率优势在学生管理、后勤管理、分担学术性事务等方面发挥作用；以其理性优势在依规章制度办事等方面非人格化倾向；以其机会和职位优势有助于激发教职工的竞争和责任意识；以其明确的考核机制有效检查教学和科研水平，促进教师和行政管理人员的竞争。合理的科层制架构有助于提高高校行政事务、教师管理、教学和科研水平等的效率和质量，激发学校的办学活力。然而，由于高校行政权力所具有的强制力和优越性，容易造成实践中对其他权力的越位或者凌驾，科层制的管理模式给高校管理带来了一系列的问题和矛盾。

首先，科层制管理易造成行政权力泛化。行政权力泛化指高校主要采取行政手段和科层制的管理方式，包括高校的学术性事务处理也使用行政化的命令和手段。我国高校作为事业单位，习惯于行政化的组织管理与结构形态，大学比照行政体制建立，运作模式依据政府机构的行政方式，制

---

① ［英］D. S. 皮尤：《组织理论精萃》，彭和平、杨小工译，中国人民大学出版社 1990 年版，第 13 页。

度设计以行政管理为主的体制。大学内部行政权力来源于授权或职位而获得，并且通过自上而下的层级控制实现管理效能。行政权力与行政化的运行模式被运用于高校组织管理的各个方面，并作为主导性权力控制着大学的日常组织运行。然而，任何组织运行都不存在绝对的理性，组织运行中总是会有非理性参与。

其次，科层制的组织管理滋生官本位思想。组织中等级越森严、权力划分越明显，相应的官僚气氛就越重。我国高校在长期的科层制管理体制下，形成校长—处长—院长强大的权力链条，并且通过对学术资源的控制和分配操控并获得了大量的学术权力，他们几乎垄断了所有的行政权力。科层制组织缺乏上下级之间的有效沟通，特别是自下而上的监督机制，这种内部层级划分过多易滋生官本位，官僚主义成风。

最后，科层制的组织管理影响高校创新。培养创新型人才和学术科研创造是高校的两大功能，长时期的科层制管理严重影响了高校人才培养和学术研究的创新性。科层制对于具有特殊性的高校组织过于简单，教师们长期处于层级烦琐、规章制度严格的组织文化环境中，容易感到压抑。教师在组织实现目标管理的过程中变得呆板，妨碍创造性和自主性发挥，进而导致形式主义。行政权力独大以及对高校绝大多数资源的控制使得部分具有浓厚造诣和学术潜能的教师陷入追名逐利的困境，这无疑会给高校人才培养和学术研究带来重大影响。与此同时，本身不具有管理经验的学术人员从事行政管理则有可能降低大学的运行速度和工作效率。

高校科层制的组织文化对章程功能实现必然产生消极的阻碍作用。大学章程旨在通过科学合理的制度设计，对高校利益相关者的权力和利益进行再分配，实现大学功能。高校长期以来沿用的科层制管理方式对于提高大学管理效率等方面确实产生过积极的促进作用。然而，在当前我国进一步深化高等教育体制机制改革和"双一流"建设的背景和要求下，已经暴露出许多深层次的矛盾，阻碍了我国高等教育的整体发展进程。一方面，科层制管理带来的官本位思想必将影响行动者的行为选择，阻碍大学章程的有效实施。高校教职工在科层制的组织结构和管理方式的作用下，对权力追求的欲望不断膨胀，甚至不惜放弃自身多年的学术理想而沉浸在对权力的追逐中。为使利益最大化，权力的掌控者必将以自身需求和利益作为接受与执行章程与否的标准，从而做出最为有利自身的行动选择。行动者行为选择过程中或许对章程功能实现起促进作用，但更多的是消极阻碍作用。行动者为保护自身利益不被削弱并使之最大化，必将极尽所能选择最有利的行为方式，而这种行为选择很有可能是对其他行动者利益的侵害或削弱。

我国高校现行科层制结构中，行政权力大小取决于授权和系统中的位置，并且通过行政人员的职位表现出来。校长办公会以及党委会的决策一般要经由学校相关职能部门后，再落实到学院或系；在院、校、系的等级结构上权力中心明显上移。章程中明确了建立校院两级管理体制，对二级学院权力予以明确。但是，由于组织科层制在高校管理中表现出的惯性制约着权力的下放，章程中学院自主权难以落实。

另一方面，科层制管理造成的行政权力依然强势，学术权力式微，实践中章程分权制衡作用难显。高校科层制的组织文化对大学内部权力分配和权利行使影响长久且深远，行动者惯性思想主导下的惯性行为选择较难改变。

长期以来，学校从各个方面掌控着学院的发展，学院自主权较小，特别是学院的学术权力依然弱势，想要通过章程实施立竿见影地建立起有效的校院两级管理制度困难较大。掌握行政权力的行动者将在今后一段时间内继续控制权力和资源的分配，在权力与权力的博弈中保持强势。也就是说科层制的管理方式将成为制度实施的惯性和依赖，影响和阻碍章程功能实现。

高校本身也即环境的重要组成部分，高校内部组织文化通过作用于行动主体从而影响章程的实施。高校科层制的组织文化形成了"金字塔式"的分层等级管理结构，作为章程功能实现的环境与行动者和章程制度设计发生互动。高校科层制的组织文化对于章程功能实现而言，将产生较大的消极和阻碍作用，尤其是高校长期实行的科层制管理而产生的官本位思想和官僚主义、行政权力泛化制约高校创新性发展等问题，已然成为我国高等教育体制机制改革中的阻力，必然阻滞章程的有效实施。在科层制组织文化与章程功能实现的互动中，行动者将以自身利益为目标导向，在章程功能实现的进程中扮演利益缓冲器的作用，与章程功能实现持续性博弈互动。

三　制度环境的路径依赖阻碍章程功能达成

制度主义认为制度包括正式制度和非正式制度。正式制度主要是指司法规则、政治规则、经济规则等，具体如法律、法规、部门规章、政策、条例、政府组织原则等。非正式制度又称为非正式约束，主要指约定俗成、共同信守的行为准则，具体包括伦理规范、价值信念、文化习俗、人情关系等。正式制度和非正式制度均会对章程功能实现产生影响。

关于制度变迁的路径依赖（path dependence）理论创立最早始于诺贝尔经济学奖得主诺斯（North）。他指出，制度变迁和技术变迁具有相同的机理，各自均会进行自增强（self-reinforcing）或正反馈（positive feedback）。这种机制证明制度的存在既具有一定的能动性又具有强大的历史稳固性，即一个具有自增强机制的系统一旦采纳外部偶遇性事件的影响，就会顺着一定的路径发展前进，系统就可能对这种不管好坏的路径产生依赖，很难被其他更优的体系所取代，结果常常被固定于某种状态，从而形成对制度变迁轨迹的依赖。①

我们可以从路径依赖理论的性质、产生动力和结果三个方面对其进行简要的分析。从性质看，路径依赖具有非遍历性（non-ergodic），即是一个随机动态过程。"非遍历性"与"遍历性"相对，如果初始条件对系统最终可能到达的状态不会产生影响，这个过程就是"遍历性"的，否则就是"非遍历性"的。路径依赖的非遍历性要求重视制度形成的初始条件，在遍历性过程中，初始条件可能对过程的发展和最终结果影响不大，但初始条件在非遍历性过程中发挥至关重要的作用。一个新制度的产生，其初始条件往往与原有的制度、传统息息相关，即不可能摆脱历史传统的束缚。② 从路径依赖产生的条件看，初始条件的偶然性和正反馈机制，即微小的"偶发事件"在各种可能的路径中"选择"了某种路径后，在正反机制的作用下，该过程会沿着该路径不断发展，从而逐步形成路径依赖。③ 从路径依赖的结果看，表现出某种锁定状态，即在

---

① 吴敬链：《路径依赖与中国改革——对诺斯教授演讲的评论》，《改革》1995 年第 3 期。

② C. Antonelli, "Path Dependence, Localized Technological Change and the Quest for Dynamic" B. H. Hall and W. E. Steinmueller（eds.），New Frontiers in the Economics of Innovation and New Technology Cheltenham: Edward Elgar, 2005, pp. 51 – 69.

③ P. A. David, "Path Dependence: a Foundational Concept for Historical Social Science", Cliometrica, Vol. 1, No. 2（July 2007），pp. 91 – 114.

制度形成的过程中，当正反馈机制超过"临界容量"时，锁定状态可能就会出现，并且这种状态不容易打破。可见，制度变迁的路径依赖理论的逻辑是：制度当前和未来的状态、行动往往取决于其过去的状态、行动，过去人们做出的抉择很大程度上影响着他们现在的选择。

　　章程实施受到现有制度环境的影响。根据路径依赖的非遍历性理论，章程产生与实施的初始条件非常重要，即要对章程所面临的观念、价值及管理模式等进行分析。例如章程所倡导的自主管理、学术自由与现实的行政化产生了冲突，这对章程的实施产生消极影响。运用路径依赖理论分析发现，行政化是我国长期官本位和计划经济体制下的产物，它对作为新生事物的大学章程制定与实施必然产生影响，因为制度变迁离不开过去的观念、行动。此外，章程实施还面临诸多观念性与政策性的历史与现实问题，其中包括章程文本设计本身。

　　章程功能实现受到路径依赖理论中权力惯性的阻碍。权力惯性是指掌权者的权力行为方式在空间范围内扩张、在时间范围内延续、在频率上不断重复，以致形成稳固且较难打破的权力形态。[①] 制度变迁过程中会受到物理学中的惯性影响，由于既定利益、适应性预期等因素的影响，制度变迁会朝着既定方向并在发展中自我强化，形成对制度变迁轨迹的依赖。章程的制定和实施是典型的制度变迁，现有的权力格局将形成固化的依赖路径，权力惯性将影响章程的实施。

　　章程功能实现受原有制度执行模式的制约。大学章程的执行模式主要包括行政外推模式和组织内生模式。[②] 行政外推模式强调章程制定和执行过程中以政府行政力量为主导；高校内生模式强调大学内部生发出的以需求为导向的章程制定和实施。当前我国大学章程从制定到实施主要是依靠来自国家、政府等行政外推性力量的作用，高校内部行动主体的内生性动力不足，特别是教师、学生等群体执行或遵守章程的动力和意向都较弱。数据分析表明，师生在权利受到侵害后寻求章程保护的意向较弱（见图6-1和图6-2）。可见，章程实施将受到制度执行模式的影响，章程实施

---

　① 李威、熊庆年：《大学章程实施中的权力惯性》，《复旦教育论坛》2016年第6期。
　② 李威、熊庆年：《大学章程实施中的权力惯性》，《复旦教育论坛》2016年第6期。

中外推的模式必然影响高校内生性动力的激发。因此，我国章程制度具有明显的准政府行为属性，因而章程实施过程中主要依靠政府行政外推力主导的执行模式使得章程功能实现不可避免地对行政权力产生路径依赖。

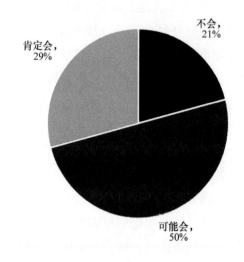

图 6 - 1 寻求章程保护意向分布（教师）

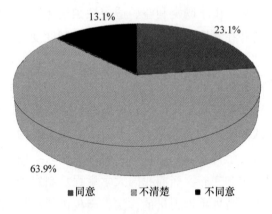

图 6 - 2 寻求章程保护意向分布（学生）

大学章程实施并非处于制度真空，现有的制度环境将对章程功能实现产生较大的影响和制约作用。玛格丽特·列维（Margaret Levi）指出："路径依赖有一种含义，特定制度安排所筑起壁垒将阻碍初始选择中非常容易的转换。"新制度的确立与实施受到原制度路径和权力安排的限制，章程制定与实施离不开制度环境。章程功能实现受到路径依赖理论的影响，同时还要面对当下的创生过程，制度变迁的路径依赖具有积极性和消极性。由于我国高校长期没有大学章程，高校对政府高度的依赖很容易使章程实施陷入消极路径模式，落入路径依赖的窠臼，阻挡章程功能的实现路径。

四　全球化和信息化的国际环境影响章程功能实现

大学章程的实施处于我国"双一流"建设的宏观背景中，加快推进世界一流大学和世界一流学科建设正是当前我国高等教育改革的战略性布局，也是实现我国高等教育国际化，与世界一流大学接轨的必然要求。我国大学章程建设与实施离不开一定的国际环境，与国际高等教育改革与发展的环境互动。章程功能实现与国际环境的互动是指国际高等教育环境因其先进的办学理念、成熟的办学经验、规范的办学体制和卓然的办学成就对我国大学治理结构和模式产生影响，国外高校章程也将成为我国章程建设与实施、高校改革的经验借鉴与指导；与此同时，通过章程的实施推动大学治理改革，而这种改革也将为高校发展带来一定的竞争，促进我国高等教育国际化程度和水平。

美国经济学家莱维于 1985 年明确提出全球化这一概念，成为当下社会科学领域最为时髦的概念。学界一般认为全球化包括经济、文化、科技和环境等多方面，是一个被运用于表述某种发展趋势或过程的概念。尽管不同学科领域学者对全球化做出了不同的阐释，但是全球化概念自 20 世纪 90 年代以来，被用于描述世界范围内不同国家、文化背景和经济体之间的相互依存和利益关联性。其本质在于强调人口、信息、符号和产品等要素的跨时空运动，最终使人类社会能够成为一个互动的社会。阿特巴赫认为："全球化是指一个由更加一体化的世界经济、信息及通信技术、国际知识网络的出现、英语所起的作用，以及学术机构控制之外的其他力量共同塑造的现实。"① 世界从来没有像现在这样紧密联系在一起，特别是全球市场的形成、文化价值的明确、文明的共享和先进理念的流动等，将世

---

① ［美］阿特巴赫：《比较高等教育：知识、大学与发展》，人民教育出版社教育室译，人民教育出版社 2001 年版，第 4—5 页。

界的利益和发展紧密联系在一起。

20世纪90年代以来信息化技术的高速发展加强了各民族国家在经济、文化等各方面的联系，加快了全球化的进程。当前现代信息技术和网络技术快速发展，知识和技术的传播瞬间即可完成，区域性和世界范围的网络已经生成。在信息化的推动下，人与人之间的交往更加密切、程度也越来越深刻，"交往密度"不断提高。人们不但享受到更加便捷的生活，更能获得网络和信息现代化带来的知识和技术等专业领域更迭的最新资讯。信息网络技术变革不但改变了人们传统的学习方式，同时也改变了人们的思维方式，世界范围内的终身学习、世界公民等意识也愈演愈烈。

我国高等教育的改革处于全球化和信息化的国际背景下，全球化和信息化对高等教育已经产生了重要的持续性影响，即高等教育全球化和高等教育信息化。"高等教育不只是被动地应对全球化，也是全球化舞台上的积极参与者"[1]，高等教育全球化正在发生。与此同时，随着现代信息网络技术的推广和运用，在高等教育领域里的知识和技术的生产传播更加频繁与快速，高校与高校之间、高校与其他教育机构之间、高校与社会之间均已实现网络化的互动，国际性课程学习成为潮流。教育信息化和网络化已经成为人类迈入知识经济和信息社会的重要途径，也为高等教育全球化提供了强有力的路径和手段。高等教育全球化和信息化相互渗透与推动：网络信息化推动高等教育全球化进程；高等教育全球化依赖信息化的持续性推动。

高等教育全球化和信息化不仅为我国高校的发展与变革带来了机遇，同时也带来了问题与挑战。一方面，世界各国共享先进的高等教育理念和制度；加快文化、知识和信息技术的全球流动；以及更加广泛的学术成果共享等。另一方面，全球化和信息化使得高等教育的同质化和商业化现象严重、国与国之间的人才竞争、民族特色消退等问题。因此，在面对高等教育全球化和信息化的国际环境时，章程功能实现必然与之互动。要提升章程功能实现的有效性，实现章程的价值和功能就需要促进两者良性的科

---

[1] Altbach P. G., Peterson P. M., Higher Education the New Century: Global Challenges and Innovative ideas, Rotterdam: Sense Publishers, 2008, p. 148.

学互动：既科学地借鉴先进的制度范本及经验启示；又立足于本国国情和实际，建设符合中国特色的章程制度并落实。

首先，国际环境使我国的高等教育国际化程度提高，也为高校治理结构优化和章程落实带来了机遇。全球化和信息化的国际环境使我国高等教育逐步开放并与世界接轨，国际先进的高等教育治理理念、拔尖人才培养模式、先进的办学体制为我国高校治理提供了新的发展观和治理观。在日益国际化的高等教育发展过程中，我国高校治理模式和结构的调整无不受到国际高等教育先进治理理念的影响。长期以来，大学被认为是具有国家性和政治性的，并且用国家性和政治性来区分大学性质。唯有坚持大学的基本性质和共同价值，才能使不同管理制度和教育体系的高等教育秉持基本的信念和目标追求。正是这些基本的信念和共同的价值目标成为高等教育国际化和全球化的基础，也正是因为坚守的这些信念和价值成为大学治理的根本。我国先有大学而后才"补"章程，这也是我国在全球化和信息化背景下学习和借鉴国际高等教育发展经验，通过章程理顺高校办学过程中的各种关系，合理配置权力和资源以实现高校善治的重要举措。高等教育全球化和信息化为我们带来了国际高等教育先进的办学经验和治理理念，为我们带来了多样化的章程制度设计，也为我们带来了可资借鉴的通过章程保障高校办学和治理的经验启示。在多元化的相互影响下，我国高等教育国际化水平和程度越来越高，逐渐融入全球化和信息化的国际发展背景中。在此背景下，大学章程功能实现已然处于全球化和信息化背景中并受国际环境的重要影响。

其次，我国高等教育面临着国际环境带来的冲击和挑战，倒逼我国章程功能实现以推进高校治理。随着国际环境的开放，高等教育全球化作为一种发展趋势和现象已经成为事实。高等教育全球化及信息化在带给我们机遇的同时，也向我们的高校发展提出了要求和挑战。现代大学制度从学术研究阶段进入实践改革就是我国高等教育与国际接轨，应对全球化的重要举措。大学制度与国家的政治体制和文化传统高度相关，现代社会的大学制度已成为国家制度的重要组成部分，表现鲜明的国家特色。我国大学章程是建设现代大学制度的重要部分，其实施是在高等教育全球化和信息化语境下进行的，章程的实施着力解决高校办学自主权问题、高校去行政化等重要问题。全球化背景下的大学自主权问题的解决需要从大学发展的内生性规律入手，优化高校内外部章程功能实现的环境。我国政府在解决高校办学自主权的过程中也尝试引入社会和市场这一办学主体，但由于我国高校的特殊性，政府计划体制仍在起作用，教育主管部门依旧运用计划手段掣肘着高校发展的重要领域和事项，社会和市场的作用难以显现。随着高等教育全球化和信息化的加快，各国对教育资源的竞争尤其是人才竞争将愈演愈烈。国外先进的办学理念、一流的师资和人才待遇能吸引国内优秀生向国外或境外高校流动，造成我国优秀人才的流失。面对国际环境的压力，我国高校必须进行体制机制等方面的变革，包括通过章程功能实现完善高校治理，适应国际环境竞争，使我国在面对国际环境的压力和挑战时占有更多的优势；在与国际环境的互动中发挥出竞争优势，提升国际竞争力。

随着高等教育全球化的加速，全世界各国高等教育依存性越来越强，信息技术运用于高等教育领域使得先进的理念和思想能在全球范围流动。高等教育全球化依赖信息技术的推进与支持；高等教育信息化又依赖并制约着全球化的进程。国际环境与章程功能实现之间同样存在着一种双向和多维的互动。全球化和信息化的国际背景在为我国高等教育提供先进理念和办学条件经验借鉴的同时，也为我国带来了一流的大学制度和可资借鉴的章程制度，通过借鉴国外章程文本设计和成功的做法，在立足于本国实际的情况下促进高校优化章程并提高章程的实施效果。我国高等教育在国际化的进程中，在融入全球化和信息化的国际高等教育中，必须通过建立健全以章程为统领的现代大学制度优化高校治理，提高我国高等教育的国际化程度和水平，提升国际竞争力和影响力。

第七章　提升大学章程功能
实现的建议

当前大学章程实施中功能实现遭遇困境，影响章程功能实现的因素主要包括行动者的冲突与失衡、章程制度设计以及环境等。本文基于影响章程功能实现的三大因素，建议从提高行动主体的价值认同、权力合理配置、完善章程制度设计、改善章程实施环境等方面着手充分发挥大学章程的功能。

第一节　逻辑起点：提高行动者的价值认同

根据 ASD 理论的认知逻辑，行动者各主体的认知方式、认同水平对系统和制度的变迁将产生重要的影响。因此，提高大学章程行动主体的认知水平和认同度，形成对大学章程价值和功能的认可与利益共识，是优化大学章程功能的起点和内生动力。

一　扩大章程宣传，提高行动者的认知水平

公共政策学指出，政策的有效传播可以增强政策影响主体对公共政策的了解、理解、信任及支持，从而减少抵触、冷漠、对抗、抵制等消极情绪，减少政策实施的阻力。大学章程功能之发挥首先受制于相关主体的认知水平。如果章程不被认知，其实施必然受到影响，且有可能最终变成一纸空文，成为"纸上画画、墙上挂挂"的花瓶摆设而已。调研发现，部分高校章程相关主体对章程的性质、主要内容、功能等认知度不高，从而影响了章程的有效实施。"上通下达的宣传工

作很重要，这样章程才有可能被大家所知道和了解，否则怎么发挥作用。"① 可见，相关主体对章程的认知水平与学校宣传和组织学习工作执行程度密切相关。

研究采用皮尔森（Pearson）相关系数来度量教师和学生对章程的了解程度与章程校内宣传或组织学习程度之间的线性关系。表 7-1 和表 7-2 表明，无论是教师还是学生，对章程的了解程度与章程宣传之间具有一定的线性相关关系，简单相关系数为 0.150 和 0.087，且在显著性水平为 0.01 时，通过统计检验，呈现显著正相关，② 即宣传或学习得越好，师生的了解程度越高。这表明高校章程宣传和组织学习工作还要进一步加强，以提高师生对本校章程的了解程度。

表 7-1　　章程了解程度与章程宣传或学习的相关性分析（教师）

		是否了解章程	宣传与学习
是否了解章程	皮尔森相关	1	0.150**
	显著性（双尾）		0.000
	N	962	962
宣传与学习	皮尔森相关	0.150**	1
	显著性（双尾）	0.000	
	N	962	962

注：** 表示相关性在 0.01 层上显著（双尾）。

表 7-2　　章程了解程度与章程宣传或学习的相关性分析（学生）

		是否了解章程	宣传与学习
是否了解章程	皮尔森相关	1	0.087**
	显著性（双尾）		0.000
	N	1746	1746

---

① 资料来源：访谈记录整理（某高校行政管理人员）。

② 法丽娜：《中国社会经济指标和法律指标之间的相关性分析——基于中国法律体系及成本的相关统计数据》，《理论月刊》2011 年第 4 期。

续表

		是否了解章程	宣传与学习
章程宣传与学习	皮尔森相关	0.087 **	1
	显著性（双尾）	0.000	
	N	1746	1746

注：** 表示相关性在 0.01 层上显著（双尾）。

从上面的数据分析可以看出，行动者对于章程的认知水平与高校的宣传工作和学习密切相关。因此，我们要从章程制定的背景和意义、章程的功能与价值、章程文本的解读等方面加大章程宣传力度，组织师生学习和讨论，提高章程实施行动者的认知水平。具体包括以下几个方面。

（一）教育行政部门应当提高认识，依法依章治校

当前我国大学章程主要是在政府部门的主导下制定的，章程建设工作取得了阶段性的成果，高校章程进入全面实施阶段。无论是章程的制定与核准，还是章程的贯彻与落实，教育行政主管部门始终都是章程建设过程中的核心行动者和重要的参与者。教育行政部门有关章程功能与价值的正确认识、章程制度设计的正确理解等对章程的实施具有重要的作用。为此，教育主管部门应当从各个方面提高对章程的认知水平，保障章程落地与实施。主要包括提高对章程功能和价值的认识，切实加强和推进大学章程的制定和实施工作，严格依法依章对高校进行管理；同时转变职能，积极参与并支持高校的章程制定和修改工作，切实保障大学"按照章程自主管理"的权利；要通过章程的制定与实施，牢固树立"依章治校"的观念，将章程作为监督与管理高校的重要依据并纳入对大学管理的重要事项，进一步推进章程的实施工作。当然，教育行政部门对于高校的具体指导与管理是由其工作人员来执行的，因而要落实章程就必须要提高教育行政部门工作人员的理论水平和章程素养，严格依法依章对高校的办学活动进行指导和监管，保障章程功能的充分实现。

（二）提高高校内部各主体认知水平，依法依章办学

章程是高校内部治理的最高"宪法"，章程的贯彻落实对于优化内部治理结构、推动高校各项改革具有重要的作用。作为章程制定的主体，高

校要以此为契机，调动校内相关主体参与章程建设的积极性和主动性，通过各种方式和途径提高主体对章程的认知水平，从而推动章程的实施并实现其功能。具体可以从以下几个方面着力。

1. 要提高学校领导对于章程的认知水平。学校管理层是章程建设的催化剂，学校领导层的章程认知水平对章程的实施起着重要的作用。从某种程度上讲，学校领导的认知水平与重视程度直接影响着学校章程建设工作的质量，也影响全校人员的行动力，并最终影响章程功能的发挥。从调研数据分析来看，教师认为章程实施阻力来自很多方面，而其中学校领导重视程度排在第三位，占比 16.9%。（见图 7 - 1）

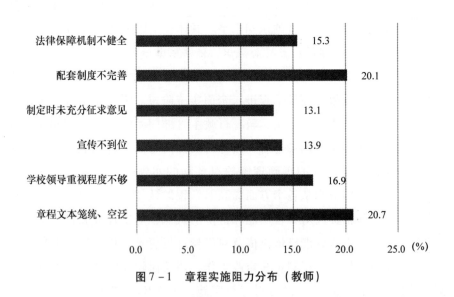

图 7 - 1　章程实施阻力分布（教师）

2. 要提高高校内部成员的认知水平。教师和学生是高校的主体，章程建设必不能缺少师生的参与；只有将章程理念融入师生的日常工作和学习之中，提高师生对章程的认知水平，才能培育师生运用章程维护自身权利的章程思维。因此，要提升章程的实施效果，还必须要加强全校师生对大学章程功能和价值的认识，通过多种渠道和方式的宣传，加强师生对章程地位和作用的认识，养成自觉遵守章程的理念和精神。

3. 拓宽途径，扩大章程宣传。高校可以通过报刊、网络、研讨活动、宣传片等多种方式和途径，广泛宣传大学章程制定和实施的重要意义，使各相关利益主体了解章程的功能和价值，树立和增强章程意识。高校应着眼于新进教师和新生的入学宣传工作。高校可以在新进教师的岗前培训和新生入学教育中对本校章程进行宣传，通过制定教师和学生指导手册，扩大宣传力度。

二　尊重主体地位，提高行动者的认同度

社会制度认同理论认为，制度中存在着一个自增强机制使得制度结构得以形成和巩固，而在这个自增强机制中，制度相关人最为关键。制度相关主体具有同一类型的感知方式，并以大致相同的方式解释外部环境的信息，这对制度的认同和强化非常有利。本文认为，要尊重主体的地位和权利，从而使行动者从内心真正地认可和接受章程，并且愿意遵守及执行章程，从而增强章程功能实现的内生性动力。

（一）政府要尊重高校主体地位，落实和保障高校办学自主权

大学是特殊的组织，学术是大学产生的逻辑起点，无论是人才培养还是科学研究，都离不开自由的学术环境。对大学的管理与对其他社会组织的管理有明显不同，高校办学规律要求必须尊重和扩大高校办学自主权。这就需要政府转变职能，不再扮演"掌舵又划桨"的全能型政府角色，而是从宏观上对高校的办学方向、宗旨等方面进行监督和调控，从而使高校在一个自主、宽松与自治的环境中发展，尊重学校的主体地位。

研究采用皮尔森（Pearson）相关系数来度量师生问卷章程执行度与功能实现之间的线性关系。表 7 - 3 和表 7 - 4 表明，两者之间具有较强的线性相关关系，其中教师问卷的简单相关系数为 0.520，学生问卷的简单相关系数为 0.272，且显著性水平为 0.01 时，通过统计检验，呈现出明显的线性相关关系，即章程执行度越高，章程功能实现度越高。

表 7 - 3　　　　章程执行度与功能实现度相关性分析（教师）

		章程执行度	功能实现度
章程执行度	皮尔森相关	1	0.520 **
	显著性（双尾）		0.000
	N	962	962

续表

		章程执行度	功能实现度
功能实现度	皮尔森相关	0.520**	1
	显著性（双尾）	0.000	
	N	962	962

注：** 表示相关性在 0.01 层上显著（双尾）。

表 7 - 4 　　　　　　　　　章程执行度与功能实现度相关性分析（学生）

		章程执行度	功能实现度
章程执行度	皮尔森相关	1	0.272**
	显著性（双尾）		0.000
	N	1746	1746
功能实现度	皮尔森相关	0.272**	1
	显著性（双尾）	0.000	
	N	1746	1746

注：** 表示相关性在 0.01 层上显著（双尾）。

（二）高校要尊重教师和学生的主体地位，健全服务型高校治理

服务型高校治理必须尊重师生的主体地位、正确认识师生的价值并充分调动师生的主观能动性。学校教育应处处体现人文关怀，不仅在学术上要以人为本，在管理活动中同样要围绕选人、用人、育人等方面展开。

长期以来我国高校套用政府行政管理模式，管理中存在着"官念"意识强、服务意识差，特别是职能管理部门权力过大等现象。服务型高校需要管理者与被管理者同时转变职责和角色：管理者要转变观念、树立服务意识，减少对被管理者的控制和管束；被管理者要主动参与管理过程，获取信息和资源、在不断的知识积累中实现组织目标和个人价值。

1. 要提高教师的章程认同度，特别是省属高校。数据分析表明，章程认同度越高则章程功能实现度越高，并且不同类型高校教师对于章程的认同度是有差别的，211 高校整体认同度最高，其次是 985 高校，省属高校最低。由于教师的认同度影响章程功能实现度，因而 211 高校和 985 高校

的章程功能实现度要高于省属高校。表7-5和表7-6显示方差非齐性，不同类型高校教师功能实现度评分存在显著差异。进行多重比较：省属高校与985、211高校教师功能实现度评分存在极其显著差异（p值为0.000）；985高校和211高校不存在显著差异，211高校评价最高，省属高校评价最低（表7-5和图7-2）。

表7-5　不同类型高校章程功能实现度的整体评价情况统计（教师）

高校类型	N	平均数	标准差	标准误	平均值的95%信赖区间		最小值	最大值
					下限	上限		
985 工程高校	339	26.4248	4.82499	0.26206	25.9093	26.9402	16	36
211 工程高校	323	26.7957	5.61124	0.31222	26.1814	27.4099	9	36
省属高校	300	24.86	5.08987	0.29386	24.2817	25.4383	11	36
总计	962	26.0613	5.24185	0.169	25.7297	26.393	9	36

因此，省属地方高校要切实转变管理方式，充分尊重教师的主体地位，健全教师权利保障和救济制度，树立服务型高校治理理念；进一步提高教师对章程的认同度，从而全面提升章程的功能实现度。

表7-6　不同类型高校章程功能实现度的方差齐性检验（教师）

Levene 统计资料	df1	df2	显著性
1.743	2	959	0.176

表7-7　不同类型高校章程功能实现度的方差分析（教师）

	平方和	df	平均值平方	F	显著性
群组之间	651.916	2	325.958	12.138	0.000
在群组内	25753.466	959	26.855		
总计	26405.381	961			

表 7 - 8   不同类型高校章程功能实现度的多重比较（教师）

（I）院校	（J）院校	平均差异（I-J）	标准误	显著性
985 工程高校	211 工程高校	- 0.37089	0.40294	0.358
985 工程高校	省属高校	1.56478 *	0.41077	0.000
211 工程高校	省属高校	1.93567 *	0.41552	0.000

注：* 表示平均值差异在 0.05 层级显著。

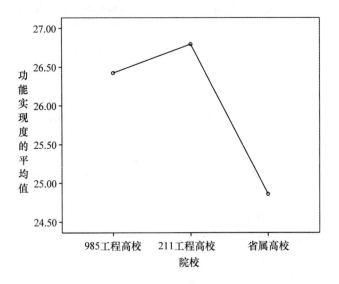

图 7 - 2   不同类型高校功能实现度整体评价平均值分布（教师）

2. 要提高学生的章程认同度。数据分析表明，不同年级学生对于章程的认同度也存在显著差异，2015 级学生的认同度最高。研究采用独立样本 T 检验。表 7 - 10 显示，不同年级学生评价存在极其显著差异（t 值为 5.006，p 值为 0.000 < 0.01），2015 级学生显著高于其他年级学生。（表 7 - 9）

表 7 - 9   2015 级与其他年级章程功能实现度的评价情况统计（学生）

年级	N	平均数	标准差	标准错误平均值
2015 级	644	19.8587	3.28059	0.12927
其他年级	1102	19.0299	3.37109	0.10155

表 7 - 10 2015 级与其他年级章程功能实现度评价的差异检验（学生）

	T	显著性（双尾）
功能实现度	5.006	0.000

章程执行度影响行动者的认同度，而认同度又影响着章程功能的实现度。要全面实现章程的功能，就必须通过各种途径提升行动者主体的章程认同度。章程必须被信仰，否则它将形同虚设。著名法学家博登海默认为："一个法律之实效的首要保障必须是它能为社会所接受，而强制性制裁只能是次要的和辅助的保障。"① 我们应当激发有利于章程功能实现的内生性动力，培育行动主体同一的感知、心理和行为模式，生成制度变迁的自增强机制。只有充分尊重大学办学规律、尊重主体的地位和权利，章程实施的行动主体才能在心理、理念与行为方面找到共同的认识基础，从而提高对章程的认同度，并使其成为章程功能实现的动力。因此，要发挥大学章程的功能，高校必须持续性地落实章程实施工作，提高章程行动主体对章程的认同和信仰，加强主体法治意识和法律思维，树立章程权威。

三 形成价值认同，达成利益共识

制度从本质上来看是利益或价值的再分配，其制定与实施的过程都内隐着一定的价值取向，即制度制定者对价值理想的追求而形成的先在性的观念活动。② 大学是共同利益关系的人们组成的资源依赖组织，在某种意义上讲，大学章程平衡的是各相关主体之间的利益关系。章程的实施是一个较为复杂的系统过程，涉及不同的权力主体和利益群体，章程功能的实现路径并非简单的理性决策过程，它是不同行动者通过博弈和互动达成利益共识的过程。

首先，从本质属性来看，大学章程功能实现面临的是行政权力与学术

---

① ［美］博登海默：《法理学：法律哲学与法律方法》，邓正来译，中国政法大学出版社 2004 年版，第 29 页。

② 孙国友：《超越路径依赖：我国大学章程制度价值实现的路向研究》，《黑龙江高教研究》2015 年第 10 期。

权力间的冲突与利益均衡问题，达成"行政服务于学术"的共识是章程功能实现的内在需要。威廉·洪堡将大学功能界定为"探究博大精深学术"，学术性成为大学的核心价值和最本质属性。[①] 大学以继承、传播和创新知识及人才培养为己任，承担着"育人和知识创新"的核心使命，大学能保持活力并得以延续的最根本原因在于其学术使命和价值。作为大学中具有"宪法"意义的章程，其根本属性是"学术性"，章程功能实现的过程实质上是学术自由的价值取向得到认可和实现的过程。与此同时，我国高校存在的行政权力越位、行政利益追逐的历史惯性等不和谐之音，严重阻碍了高校学术本性。特别是当前部分高校"官位代替学术权威，领导意图代替学术规律，以行政手段管理学术"的风气，给大学文化造成了巨大冲击，造成学术行政化倾向，学术向行政"俯首称臣"并全面依附于行政。[②] 本质上这是高校学术权力弱于行政权力、行政管理强于学术管理的表现。正如研究表明，目前我国高校内部行政权力惯性依然强势，章程向学院全面推进遭遇阻碍，从而阻滞大学章程所倡导的学术自由价值取向的达成。[③]

其次，从具体利益主体看，大学章程规制的利益体现在两个方面：一是平衡大学举办者、教育行政部门和社会中介组织等主体间的利益，即规制大学与外部行动主体的关系；二是大学章程平衡大学与院系、高校管理者、师生等主体之间关系时所产生的影响和作用，即规制大学组织内部各行动主体的关系。大学章程有效实施的前提是行动者达成章程价值和利益获得机制的共识，特别是行政主体与学术主体间的共识。大学是学术性组织，章程是学术自由的保障，行政主体服务于大学的学术自由和创造是其自身利益获得和价值实现的根本所在。

第二节 关键要素：制衡行动者之间的权力与权利

权力制衡是指权力在运行过程中维持一种健康、可持续、相对稳定

---

① 劳凯声：《尊重学术自由 培育大学精神》，《教书育人》2011 年第 3 期。
② 裘指挥、张丽：《理性捍卫学术自由》，《高等教育研究》2015 年第 10 期。
③ 李威、熊庆年：《大学章程实施中的权力惯性》，《复旦教育论坛》2016 年第 6 期。

发展的状态，并不是指权力各主体要达到一个绝对的均衡。权力与权利是大学章程功能实现中的二元要素。大学章程虽在制度设计上规制了各行动主体的权力与权利，但实施中各利益主体的权力与权利却在互动中不断地发生冲突与妥协。合理界分权力边界、保障主体权利，通过权力与权利之间的互动促进双方制衡，这是优化大学章程功能实现的行动者逻辑。

一　权力与权力之间的制衡

"以权力制约权力"是一种内部的、横向的权力制约，主要是通过分权实现不同主体间权力的制衡，也就是权力分割及其相互制衡。权力制衡权力理论的形成是一个逐步实践与完善的过程，他的最终目的不是为了制约而制约，也不是为了分权而分权，而是所有权力围绕一个共同的组织目标，为达成既定的目标而进行合理的分权与制衡。大学章程是现代高校内部治理的根本性制度，章程基于保障高校办学自主权和学术自由的出发点，从制度层面规制了不同权力主体间的博弈关系，制衡权力主体间的权力诉求。为此，章程的有效实施需要在高校内部治理中运用"以权力制约权力"理论，构建高校多主体间的权力分立与制衡的现代治理模式。我们认为，高校治理中权力形态主要表现为行政权力、政治权力和学术权力三种，三种权力的互动与制衡共同推动大学章程功能实现。

（一）学术权力对行政权力的制约

这主要表现为学术权力的充分性与行政权力的"有限性"。学术权力的充分保障和行政权力的有限运行既是章程内在价值属性的体现，也是章程功能得以发挥的重要举措。学术权力是指由以教授为代表的学术组织、学术人员运用专门性的知识对学术事务进行评价或判断的影响力和控制力。大学是强学术性组织，这一特性决定了大学拥有学术权力是其内在逻辑的客观要求，是大学本质特性的外化而不是外部赋予的权力。另外，学术权力主要依靠学术组织和学者自身的权威对学术事务产生影响，具有很强的专业性，其运行方式更多的是自下而上的。学术组织和学术人员的特点决定了学术权力在大学中的重要地位，学术人员应该广泛参与大学学术管理事务，从而提高大学办学决策的科学性与民主性。① 当然高校治理也离不开行政权力，但是由于历史和现实的种种原因，当前大学内部仍然存在着学术权力与行政权力关系失衡的现象。要处理好权力与权力之间的冲突具体包括。

第一，要合理界定学术权力与行政权力的界限。就学术权力与行政权力来看，应该是学术决策、行政执行，行政不干预学术决策，保证行政权力对学术的执行和服务的边界。比如学科发展、教学评价、新专业设置、学位授予标准的制定等学术事务，主要通过专业人员的集体智慧论证和决策。在此过程中行政权力因不具有相应的专业资格和能力，不得干预决策并且要做好决策后的落实与服务工作。第二，深入推进"教授治学"。"教授治学"包括"治学术""治学科""治教学""治学风"。② 教授治学的根本在于合理构建学术权力框架，突显学术权力应有的地位和权威，把学术权力从政治权力和行政权力中剥离，保障学术权力行使于相对独立的领域，使三者统一在学校治理活动之中，建立一种职能范围清晰、目标一致的相互合作与制衡的关系。③ 第三，健全学术权力保障机制。一是要强化学术民主制度建设，明确学术委员会的职责与权限，保障学术权力落到实处，真正发挥学术委员会的功能。二是要强化高等教育管理决策的科学化和专业化，积极营造敬学者、重学生、尚学术的氛围，畅通民主管理和依法治校的渠道，实现行政本位向学术本位的重心转移。

（二）行政权力对学术权力的影响

这主要表现为行政权力对学术权力的有序性、规范性进行制约。行政权力是教育行政部门和以校长为首的行政人员对职权范围内行政事务的影响力和控制力。章程的价值诉求之一就是保障大学组织高效运转的秩序，提升大学的运行效率，推动大学章程实施。具体而言包括以下几个方面。

1. 行政权力对学术活动的有序性、效率性提出要求。行政权力泛化必然会影响学者和学术组织的创造性和积极性，但过分松散的学术权力则会

---

① 钟秉林：《现代大学学术权力与行政权力的关系及其协调》，《中国高等教育》2005 年第 19 期。

② 张君辉：《中国大学教授委员会制度的本质论析》，《教育研究》2007 年第 1 期。

③ 张君辉：《中国大学教授委员会制度的本质论析》，《教育研究》2007 年第 1 期。

破坏大学的秩序性，影响大学效率的提高和整体目标的实现。行政具有规划、协调和执行等功能，作为强学术性的大学组织在开展学术活动时需要高效的行政管理作为保障。学术权力是符合大学内在属性要求的核心权力，但大学生存发展的内外部环境越来越复杂、影响因素也越来越多，完全依靠学术权力、由学者或学术团体来处理大学事务已不可能，需要高效的行政参与保证大学事务有序和高效的执行。另外，学术权力由于主体的专业性、特殊性而常常带有一定的狭隘性和保守性，学术人员和学术组织行使学术权力时常局限于某个专业或学科而忽略全局的利益，学术权力追求自主、平等的价值取向有时难免会牺牲秩序与效率。[①] 学术人员在处理学术事务时，其重心是专业性的规划与决策，而对于达成目标的人力、财力、物力等要素则需要行政权力给予大力支持。在高校治理中科学合理的行政权力是学术权力有效运转的保障。

2. 行政权力对学术活动的规范性提出要求。高校的行政权力与大学的科层组织息息相关，"照章办事"是行政权力的基本原则。由于学术活动的复杂性、不确定性等特点以及学者的学术水平、专业能力、道德感和责任心等差异，学术权力运行有时也存在风险。如果学术权力偏离规范的轨道，抑或没有合理的边界就有可能成为学术霸权，并造成学术腐败；与此同时，学术研究的质量就会下降，学术权力的公信力和学校的声誉都会受到影响。为避免上述问题的产生，需借助行政力量对学术活动及学术权力进行监督和制约，明确制定学术规范和制度防止并惩罚学术权力的滥用。例如，许多高校为严肃学术道德，严明学术纪律，规范学术行为，营造良好的学术氛围和学术环境，纷纷出台了学术道德规范和管理制度，实现对学术权力运行的制约。

（三）政治权力对学术权力和行政权力的监督

这主要是指政治权力为学术权力和行政权力提供方向性保障。高校政治权力是党委对于高校办学活动的领导、组织和决策的权力。大学章程是我国现代大学制度的核心组成，是国家和政府意志的体现，高校治理中政

---

① 袁永红、王效美、季林海：《对高校学术权力与行政权力概念及其关系的再认识》，《中国石油大学学报》（社会科学版）2006 年第 2 期。

治权力是保障大学章程功能实现的政治基础。第一，政治权力要对高校学术活动和行政管理提出鲜明的方向性要求。《高等教育法》明确规定我国高校实行党委领导下的校长负责制，这充分体现了政治权力在高校治理中的重要地位。高校的政治权力具有全局性、战略性，决定着高校的基本发展方向，因为政治权力是坚持中国共产党领导在高校的集中表现。政治权力要求学术权力和行政权力的运用必须坚持社会主义办学方向和人才政治素质。作为高校政治权力集中体现的党委必须切实负起领导责任，协调、监管学术权力和行政权力的运行。第二，政治权力要对学术权力和行政权力的行使程序提出正当性要求。即在学术权力和行政权力行使过程中要贯彻民主集中制原则，实行集体领导、民主决策；广泛征求各方意见，做到公开透明，充分发挥教代会、学术委员会、教授委员会、工会、学生会等的民主管理和监督权，畅通权力制约权力的渠道。

当然，权力制衡权力的最终目的不是为了制约而制约，而是让行政权力、学术权力与政治权力在维持相互配合的情况下实现共同的目标，维持权力间的相互配合，充分发挥各种权力的独特功能和价值，保证大学在整体稳定有序的状态下不断发展和提高。①

二　权利对权力的制衡

"以权利制约权力"是一种外部制约，体现民权对官权的制约，强调法律的权力制衡，即权力源于人民的授权和优先公民权利的宪政原则。公民的基本权利核心体现为法律面前人人平等，为此法治建设中"以权利制约权力"变得尤为重要。要从法律上将权力运行纳入法治约束和控制的轨道，从而维护权利主体的正当权利。"以权利制约权力"思想的核心是防止权力行使中侵害其他权利主体的权益而设置的权利对权力的监督。② 通过有效发挥权利的功用，使权利对权力形成一种"他律"式的外在约束。大学章程既是对权力的规制，更是对权利的亮剑。权利是高校治理活动开

---

① 钟秉林：《现代大学学术权力与行政权力的关系及其协调》，《中国高等教育》2005 年第19 期。

② 甘齐：《高校招生自主权研究》，硕士学位论文，南昌大学，2017 年。

展的基础和起点，保障高校各主体的权利是大学章程有效实施的充分体现。根据前文所述，我们认为章程功能实现的核心行动者（主体），也即高校用以制约权力的权利形态主要包括办学自主权、学院权利、教师和学生的权利、民主管理权等。

（一）高校办学自主权对政府及其相关部门行政权力的制约

办学自主权的主体是高校，旨在保证大学依据自身组织特性和发展规律独立自主地进行教学、科研和社会服务的法定权利。从高校与外部政府关系看，政府的有限管理与权力，是处理好高校与政府关系的基础，是实现高校办学自主权利对政府行政权力有效制约的前提。《高等教育法》和《教育法》明确规定了学校的自主权，学校行使这些公法权利时政府理应在法律规定的权限内通过法定方式对学校进行公共管理和监督，也即理性的有限监督和管理。这也就意味着学校在面向社会从事民事活动时，不需要事事征得政府同意；在从事教学、科研、师生管理等领域具有独立的主体资格。① 为此，政府应给予高校充分的办学自主权，从控制走向监督，实现管理权与办学权分开。

我国的章程建设比较特殊，是先有大学而后有章程，章程在某种意义上承载了理顺政府与高校关系，合理界分两者权责的使命。政府与高校之间的关系成为我国高等教育领域改革的关键性因素，也是高校改革的根本所在。在大学越来越卷入社会中心后，也越来越依靠政府的资金与政策支持，政府主要是通过资助和拨款、校长遴选与任命、评估等方式掌控大学的发展方向和进程。从现状来看，政府对高校适度分权主要是要解决好两个关键因素即用人权和财权。政府要给予高校充分的用人自主权，比如实行高校校长的选聘制而不是任命制。在政府放权与高校办学自主权的博弈过程中，一边是政府不断地放权，一边是大学并没有自主；造成这种尴尬局面的部分原因在于权力只是下放到了高校领导手中，增大的是高校领导的个人意志。也就是说，校长几乎成为政府的受托人和代言人，政府权力下放越大，领导拥有的权力就越大，大学自主某种意义上异化为"大学领导自主"，实行高校校长专业化以及聘任制能从一定程度上缓解上述问题。

---

① 申素平：《以权利制约权力：教育改革 40 年的法治命题》，《探索与争鸣》2018 年第 8 期。

此外，政府还应当给予高校相应的财权，利用财政投入、项目资助等方式监管而不是控制高校的发展。政府不能直接干预高校内部事务，应该把财政投入及为高校发展营造良好的社会生态环境作为重要的职责予以落实，将人权和财权还给高校，并通过多种渠道拓宽高校办学渠道，促进高校独立自主的发展。

具体而言，一方面，教育主管部门要依章治校。章程体现了举办者的意志和利益，承载了举办者对高校发展的期待与愿景。教育行政部门应切实加强和推进大学章程的实施，严格依法依章对高校进行管理，切实保障大学"按照章程自主管理"的权利。另一方面，将章程落实情况纳入高校评估体系，与"双一流"高校遴选制度相结合。章程既是高校办学自主权的保障，也是高校自律的制度设计。教育行政部门不仅是章程制定的推动者，更应是章程功能实现的主动参与者和监督者。将章程功能实现情况纳入高校管理事项和评估体系，与当前国家大力推动与支持"双一流"高校建设制度结合，将章程落实情况作为"双一流"建设高校评价的重要指标，既符合国家对"双一流"高校建设的具体实施工作要求，更重要的是能反向推动高校大力实施章程，充分调动学校"依章办学"的积极性。

（二）学院自主权对学校及职能部门行政权力的制约

学院作为大学的二级机构和基层办学主体，实现着人才培养、科学研究以及社会服务等功能，具有自主开展教学活动和管理活动的能力和资格。学院是人才培养、专业建设、学科发展的基本单元。学院作为专业性组织，开展学术活动具有专业性和学术性；学院作为二级单位，开展相应的职能管理具有行政性。学院的专业性和行政性使其具有自身组织运行机制和发展规律。因此，建立校院两级管理体制，学校应当充分考虑学院的学科专业属性，尊重学院的学术性和专业性，将"学术的还给学院"；此外，学院行政工作对于学校的依附性以及自身运行的独特性，学校应减少对学院行政事务的干预，从制度层面给予一定的宏观指导，将"行政部分地还给学院"。学术事务下放与行政事务有限下放的校院两级管理体制源于"权利制衡权力"，体现了院系自主权对于学校行政权力的制约。

具体而言主要包括：第一，合理确定校院权责边界，保证学院自主权的落实。学校应将主要精力集中放在有关学校发展的战略性、全局性和方向性等重大事项上，构建以简政放权、宏观决策、调控为主的校级行政管理系统。具体来说学校应在办学方向、重大制度、机构和人事改革、财务管理等方面发挥主要作用；将具体的执行权和实施权下放给学院，主要有人才培养权即在学校的总体规划下，根据学院学科发展和社会需要，设置专业，制定并实施人才培养方案；学术研究权即根据学院学科特点和学术人员研究专长，组织实施学术研究的权利；人事权即学院有权根据本学科的特点和人才成长规律自主决定本学院的人才引进、人事招聘等权利，因为学院才最为了解学院发展所迫切需要的人才专业和学科属性，引进最合适的学科人才。第二，学校职能部门功能定位调整，强化服务意识。随着学校管理重心的下移和权力的下放，作为执行学校决策意志的中枢机构——职能部门，需要重新设定功能、明确权责，以"服务为主、管理为辅"为理念做出功能和职责的调整，强化与完善制度设计，承担协调、服务、监督等职能，充分保障学院在人才培养、科学研究等方面自主权利的实现。

（三）师生权利对学校及职能部门行政权力的制衡

教师和学生是高校办学活动的两大主体，师生的权利属于法定权利。如《教师法》规定了教师有"专业自主权、学术研究权、指导评价权、获取报酬权、民主管理权、培训进修权、申诉权和诉讼权"等权利；《教育法》规定了学生的"平等受教育权、教育资源使用权、物质帮助权、公正评价权、申诉与诉讼权"等权利。教师和学生作为组织中的行动主体，必须遵守学校的规章制度，接受学校的管理。但是，学校职能部门在行使权力时的泛行政化管理方式侵犯了师生正当的权利。因此，要保障教师和学生两大行动主体的合法权益，必然需要对学校职能部门的行政权力进行有效规制，防止行政权力行使越位与泛化，这也体现了师生权利对学校行政权力的制约。

具体而言主要包括：第一，高校要强化"学术本位""民主协商"的组织文化，营造尊重师生权利的氛围，畅通师生权利表达渠道。"学术本位"的治理文化，表征着学校对师生的充分尊重和教师治理权利的实现；"学术本位"的价值理念不仅在教师层面得到认同，更应在学校的管理人员层面得到认可，从而为教师在工作中的权利表达，在学术活动中主导作用的发挥提供内在的保障。"民主协商"要求多主体参与高校治理，获取与表达利益渠道畅通，从而使教师和学生享有获得正当利益的权利。[①]　第二，完善师生权利保障制度。一是要完善现有法律与政策文本中关于师生权利的相关规定。如师生对于学校事务的知情权；教师对学术资源配置和学术发展规划的建议权与决策权；对学校事务的制定和执行过程的监督权等，应当在相关法律政策中明确。二是要健全决策信息公开制度和反馈机制，保障师生对学校各项事务充分全面的了解，畅通师生权利行使渠道。

总之，权力与权利是两个既有联系又有区别的概念。权力指向的是国家对其他社会主体的强制性支配力量；而权利指向的则是社会规范所保障的社会主体的行为自由。但从本质上讲，权力与权利都是社会发展的产物，具有物质同源性。"权力是外在赋予，施之于外的力量"，而"权利是天赋的内在拥有和自身享有的"。[②]　大学章程核心行动者各自掌握权力或权利，在章程实施中由于权力互动表现出的冲突与失衡制约着章程功能的实现。运用权力制衡理论，协调权力与权利的冲突与不平衡状态，协调行动者的权力和利益，保障章程功能的充分发挥。

第三节　制度基础：优化章程的制度设计

要进一步落实和推动章程实施，充分发挥章程的功能必须要有好的制度安排和设计，以精准的制度安排作为章程功能实现的保障与支撑。从章程法律地位的确立到章程实施的配套性制度的建立等方面优化章程制度设计，从而确保章程功能的实现。

一　明确大学章程的法律地位

大学章程的法律地位指章程在我国整个教育法律体系和高校内部规章制度中的位阶。相对于教育法律法规而言，章程是"下位法"，章程的制

[①]　杨挺、李璐钏：《高校内部治理中教师权利实现的影响因素分析》，《高等教育研究》2018年第10期。

[②]　张楚廷：《张楚廷教育文集》，《高等教育哲学卷》，湖南教育出版社2000年版，第201页。

定必须以教育法律法规为依据，并不得与之相抵触。从这个意义上讲，章程与教育法律法规是特殊与一般的关系。章程将法律中基本的、原则化的内容，结合学校实际具体化、个性化，成为各校办学活动的基本准则。然而，目前我国大学章程在教育法律体系中的法律地位不明确，缺乏执行力。章程在现行法律层级上没有一席之地，也没有国家强制力保障实施，其法律效力没有保证，从而导致章程功能实现中的被虚置，章程功能实现的效果并不明显。"貌似具有法律效力，但实质仍旧是学校行政规章，司法机关、其他政府部门、社会机构以至受教育者，并不承认其法律效力。"[1]"准入式"的效力不能从根本上对政府、教育行政管理部门和公立高校权利进行有效的法律约束，也不能产生违反章程后追究相应责任的震慑作用，[2]导致章程功能实现受阻。

大学章程功能的发挥需要营造有利于章程实施的法治环境，通过立法明确章程的法律地位和效力。将章程宣示性权利变为可诉性权利，必须增加违反章程的责任追究制度。章程不仅规定相关主体的权利与义务，同时也是主体权利的保障书，在权利未得到保障时可以依据章程规定提请诉讼，进入司法救济。如果大学章程建设仅以高校出台具有宣示性的章程文本而告终，那将表明章程实施的失效。明确大学章程的法律地位有以下路径：一是修改《高等教育法》，明确章程的法律地位；二是将大学章程的核准权交由教育行政部门同级的立法机关，使章程正式进入法律体系，获致正式的法律效力，为章程功能实现尤其是司法适用提供正当的依据；三是通过《学校法》的研究和制定，对章程的法律位阶、法律效力等问题予以明确，为章程功能实现提供法律保障。

二　完善大学章程文本

现代法治是"良法"与"善治"的结合，"良法"是"善治"的前提和保障。大学章程功能的充分发挥以完善的章程文本为前提。章程建设并非以文本发布作为终结，能否在大学治理中发挥实际作用才是最为关

---

[1]　熊丙奇：《谈如何依法制订大学章程》，《中国高等教育》2011 年第 8 期。
[2]　焦志勇、杨军：《提升公立大学章程效力的根本途径》，《湖北社会科学》2011 年第 2 期。

键的。

因此，我们要重视并完善章程文本建设，为章程运行中功能的有效发挥提供良好的基础与前提。

（一）缘法而制，提高章程的权威性

大学章程是高校内部的最高"法"，对保障大学自主权和有效治理发挥重要作用。但由于目前我国章程建设尚处于初创阶段，从法治的角度对其进行审视还存在一定的瑕疵，影响了章程的权威性，降低了文本的有效性。大学章程是"上承国家法律法规下启内部各项规章制度的大学最高纲领"①，章程的制定与实施应严格遵守国家法律法规，这是章程有效实施的前提，也是各主体从内心和行为上尊重并维护章程的基础。

1. 缘法而制的大学章程必须依据法律法规、地方性法规和部门规章等。法律层面，大学章程制定应当以《高等教育法》和《教育法》作为核心依据；章程中部分具体条款应参照"特别法"的规定。例如教师权利与义务等内容可以参照《教师法》、学位事项可以参照《学位条例》。省属地市高校章程的制定还应当参考地方性法律法规。此外，各校章程的制定还需要参照部门规章。例如以《暂行办法》为代表的多部部门规章对章程制定做出了较为详细明确的规定，是高校章程制定的指南；《高等学校学术委员会规程》是制定章程时有关学术组织内容的重要参照。

2. 缘法而制的大学章程内容不得与法律相冲突或抵触，同时要避免结构性缺失。当前我国高校章程中还存在少量与法律法规相抵触的内容；章程必要记载事项还存在一些结构性缺失，部分法定内容未能在章程中呈现。章程应当依法明确十项必要记载事项，不得存在缺损现象，特别是有关举办者、学校、教师和学生、学术组织等主体的权利与义务规定，必须明确且具体。《高等教育法》和《暂行办法》均要求章程应载明"举办者与学校之间的权利和义务"，但就样本高校章程文本来看，只有少数高校章程中设有专章对举办者的权利与义务做出了较为详细的规定；而多数高校章程文本中要么内容缺损，要么宣言式地移植法律条文。因此，高校在制定和修改章程时，必须对照相关法律法规中的必要记载事项，如学校名

---

① 周光礼：《完善中国现代大学制度》，《大学》（学术版）2012年第1期。

称和地址、办学宗旨、管理体制和运行机制、财务制度、举办者和学校、教师和学生的权利义务、章程制定修改等事项的完整性，避免必要记载事项的缺损而降低章程的完整性和权威性。此外，在章程制定时要综合"确定列举"与"不确定列举"的原则，即章程的法定内容不应局限于"确定列举"，更要结合其他法律法规和学校实际，落实好"不确定列举"原则，从而充实章程的内容。① 总之，明确且完备的章程制度设计是章程功能实现的重要基础。

（二）完善程序条款，增强章程的可操作性

大学章程文本质量的提高需要完备、明确的程序性条款，从而增强章程的操作性。英国古典"自然正义"（Natural Justice）非常重视程序的正义性价值，它对"程序"精辟而形象的表达是"任何人不得做自己案件的法官"，"程序是正义的蒙眼布"。美国学者罗尔斯认为"公正的法治秩序是正义的内在基本要求，更难能可贵的是将程序正义作为独立的范畴来加以类型划分，在纯粹正义的场合只要程序要件满足并被严格遵守，那么结果无论如何都是公证的。"② 程序创生制度的合法性与正当性，是"各种人权的守护者"，能使制度相关人亲眼见证正义的实现。

然而，从样本高校章程文本来看，多数高校文本表述抽象和笼统，缺乏明确的操作性，校内机构运行程序与议事规则缺位，教师和学生权利保护的程序性规定不明确，章程程序性条款匮乏。

完善章程的程序条款，提高章程的操作性主要包括：一是明晰高校内部各类组织机构的议事规则和运行程序，特别是党委会和校长办公会的议事规则；二是细化各类学术性组织的议事规则、人员组成等内容；三是明确师生权利救济程序，畅通申诉渠道。明确学校申诉受理机构和程序，通过具体可操作的程序条款设计切实保障教师和学生的合法权益。总之，通过程序性条款的完善彰显章程的正义性、正当性和民主性，获得行动者的广泛认可与认同并自觉遵守。只有健全和完善的程序性条款才能确保程序

① 湛中乐：《中国大学章程内容的缘法与求新》，《陕西师范大学学报》（哲学社会科学版）2014 年第 3 期。

② ［美］罗尔斯：《正义论》，何怀宏等译，中国社会科学出版社 1988 年版，第 82—83 页。

正义，真正发挥章程的功能。

（三）提高制章技术，确保章程的科学性

我国公立高校的章程正处于从无到有、从有到优的逐步建设过程。然而，由于我国高校制章技术还很不成熟，章程文本还存在一些问题。要提升章程文本的质量，就必须从章程的制定入手，提高制章技术，增强章程的科学性。我国的大学章程主要是由高校负责制定，报教育行政部门核准后生效。也就是说，高校作为章程制定的重要主体负责章程制定的相关工作。具体而言，要提高章程文本质量应从以下方面着力。

1. 提高制章语言技术。任何立法都必须通过立法语言表达出来，这是一项重要的立法技术。高校章程的制定应当借鉴相应的立法技术，严谨而慎重地使用字词、句子，甚至是标点符号等，唯有如此才能规范章程表达。具体而言，章程的语言必须明确、简洁、易懂、严谨、规范。明确意味着章程用语清晰、准确，没有含混不清，也没有模棱两可；简洁意味着章程语言应言简意赅、切中要害，使用具有高度概括性或专门的法律术语来表达；易懂意味着章程制定应尽量使用易于大家理解和掌握的语言文字，易于达成共识；严谨则意味着语言文字的使用严密周详、逻辑合理；规范意味着章程语言文字符合相关法律法规，不能与法抵触。章程中要避免使用模糊性词语、过于晦涩难懂的文字、有漏洞的词语等。

2. 合理设置章程结构，完善结构性缺损。对章程而言，如何安排其逻辑结构、合理布局，使其成为逻辑合理、层次分明、前后观照、严谨统一的制度设计是章程制定中一个具有较高难度的技术问题。一方面，章程的结构合理要求章程必须层次分明。章程文本可以借鉴成熟的法典结构，使用章、节、条、款、项、目等层次结构体系。另一方面，章程结构合理还要求章程条款内容前后一致、严谨规范。章程文本中不能出现条款内容前后矛盾，也即前后内容既要相互观照，又要避免重复与相互抵触。

3. 改变章程制定主体结构，吸纳多元主体参与。据了解，多数高校章程是由学校行政人员或以行政人员为主体的章程小组负责起草的，这就很难避免章程制定中的科学性；章程草案有的未向学校各方征求意见，或者征求意见的范围很小，以致许多教师和学生不知晓；即使有少数教师和学生代表参与章程制定过程，也往往由于人微言轻、缺乏话语权，其建议不被重视或忽略。在章程制定过程中，举办者或教育行政部门的代表很少参与，他们往往通过章程的核准工作参与制定。章程的制定本身就是一个价值的分配与权力的共享过程，通过章程制定完善利益表达机制。

因此，章程制定要吸纳多元主体的参与、听取他们的建议，只有获得高校大多数主体认可的章程才有可能得到大家的遵守，才能提高章程的执行力。章程制定人员中应当有法学专家、教育学者等具备专业知识和技术的人员参与，从而保证章程制定的合法性和科学性。

4. 教育行政部门应当加强章程的指导和核准工作。高校章程文本中存在的问题既与高校自身制章技术水平不高有关；也与教育行政部门的核准存在一定的关系。因此，教育行政主管部门应当加大对高校章程的核准工作，严格依法核准。首先，教育行政部门要对高校章程制定进行指导，并积极参与到章程的制定工作中，通过参与及时了解情况、掌握信息，为高校章程制定提供针对性的指导。其次，教育行政部门享有章程核准权，章程的生效以核准为必备要件。权力不能放弃，权力也即责任和职责，教育行政部门要积极履行职责、用好手中的权力，规范章程的合法性审查，严格把握章程核准关，提高章程质量。

5. 严格规范章程的制定程序。《暂行办法》对章程制定的程序做出了较为明确的规定，高校在制定章程时要严格遵守《暂行办法》中的相关程序规定，还要充分做好章程制定前的调研工作，这是章程获致行动者认同的基础。同时，加强章程制定技术的研究工作，形成具有普遍意义和指导价值的共识。

（四）明确章程实施行动者的权利

大学章程作为高校内外部治理的正式制度，其中最为核心的内容是对各类权力进行有效规制，以实现对行动者的权利保护。针对章程中主体权利表述的问题，必须对章程内容进行修改和完善。

1. 明确举办者的权利与义务，保障高校办学自主权。一方面，要完善章程中举办者职责的相关规定，通过章程明确举办者的权利与义务，界定其对高校行政管理的边界，真正实现"管办"分离；另一方面，完善和明确章程中有关学校自主权的内容，特别是有关人事权、财务权方面的内容；明确自主权表述，减少原则化和抽象化的内容，为举办者的监管和高校的自主权行使提供有效的指引，进一步落实高校办学自主权，实现章程分权价值诉求。

2. 通过章程完善学术机构职权表述，明确学术组织分工。学术权力的有效行使不仅需要完备的学术机构设置，使学术事务归属明确；更需要通过章程保障学术组织决策的权力与地位。一是完善学术机构职权的表述，明确学术委员会的决策权。高校必须对章程中学术委员会的组成人员予以明确，同时确立学术委员会完整的学术权力；避免学术委员会"决策咨询"而非"决策"的尴尬地位。目前我国高校的学术权力已经形成了对行政权力的路径依赖，如果不能在章程中对学术委员会的决策权予以明确，高校内部将很难形成独立且自主的学术人格力量。二是高校应当对章程中有关各类学术机构地位的表述进行核查，特别是部分高校章程中同时赋予不同学术机构"最高"的表述需要谨慎。地位不明则职责不清、职责不清则秩序不定。通过章程的修改理顺各类学术机构之间的关系和地位、明确划分职责，形成高校有序的教学和科研秩序。

3. 突显"以人为本"的话语设计，扩大师生民主管理。一是章程文本中有关教师和学生权利保护的话语设计必须体现"尊重权利"的价值追求。这就要求教师和学生权利内容表述的精致安排和准确性、对教师和学生权利内容的完备保护，真正落实"以人为本"的权利价值取向。二是通过章程明确"双代会"的主要职权，特别是完善程序性条款保障"双代会"民主管理与监督。具体而言，章程要加强对于教师和学生知情权和参与权的保护。民主管理意味着参与，参与同时意味着对参与事项的关注与了解；如果师生连最基本的知情权和参与权都无法得到保障，其民主管理与监督也必然成为空谈。通过章程明确师生知情和参与的事项和范围、明确参与的程度与形式等。

4. 落实章程制度设计，扩大学院自主权。一是通过章程进一步扩大学院自主权。学院办学活动离不开人、财、物，对应着人事权、财权。要激活学院的自主权，就应当通过章程进一步下放权力，保障学院在依法依章的范围内自主决定本院各类事务，特别是用人权和财权。就章程文本分析来看，学校应在招生建议权、教师聘任、考核奖励与分配权等方面进一步放权。二是通过章程明确学院学术委员会（教授委员会）的职权。目前法律法规对于学院学术委员会的职权和地位没有做出明确规定，造成现实中章程文本学院学术委员会规定的诸多问题。基于学院学术委员会的学科专业属性，仍应将其定位为学院学术事务的"审议、咨询、评定，甚至是决策机构"。建立健全院学术委员会和教授委员会制度，对学院的学科发展、专业建设、人才培养、课程设置等学术事务进行规划与决策，保障学术权力在基层的落地。

三　健全章程实施的配套制度

章程功能的充分发挥有赖于配套制度的健全，通过配套机制和措施的引入，落实大学章程的具体规定，从而确保章程实施落到实处，不被虚置。章程主要是对高校基本和重大问题做出的纲领性、原则性规定，属于宏观上的制度建构，要保证章程能够真正落实，就必须制定与之相配套的具体化、操作性的规章制度。没有支持和保障的章程制度实施必定难以推行，其效果也必将受到影响。

章程是高校内部"宪法"，其他规章制度的制定必须以章程为依据，并不得与之相抵触。一方面，出台章程实施细则提高执行力。章程制度不应是抽象、模糊的条款设计，章程功能的发挥不仅需要章程总纲高层建筑的顶层设计，更加需要具体性的实施细则的支撑。通过章程实施细则的制定，厘清高校章程功能实现核心行动者的权力配置、厘清高校管理体制机制以及事关师生重大切实利益的全局性和根本性问题、厘清权力行使边界和各类组织机构的操作性程序等。另一方面，以章程为依据全面梳理高校内部规章制度。梳理工作并非意味着将章程实施之前的制度全部推倒或否定，而是在章程的统领下，对高校内部管理制度进行清理。对于不符合章程精神和章程规定的、不符合高校改革和发展实践要求的、不合时宜的制度，及时予以废止或者修改；对于章程中提及但实践中并没有的具体制度要尽快着手制定；对于部分保留的制度文件要进行整合，最终形成以章程为核心的规范性配套制度体系。

健全配套性制度主要包括：一是学术组织的制度建设。以学术委员会为核心的学术委员会章程、学科发展、学术学风建设等系列制度和议事规则，充分发挥其在学术性事务方面的决策作用，保障学术委员会校内最高学术机构。[①] 二是完善章程实施监督制度。通过民主管理和监督机制，扩大多元主体的有序参与，加强议事协商，充分发挥教代会、学生会等的民主决策作用。[②] 三是健全章程实施问责制度。构建科学合理的问责机制，将章程功能实现与相关人员与机构职责相联系，通过问责与章程功能实现结合保证章程的有效实施。[③]

总之，章程实施既是制度的执行过程，同时也是制度的建设过程。高校要以章程为准则，凝练本校办学特色和行之有效的做法，将其升华至章程实施细则中，保障章程功能充分发挥。同时通过具体的配套制度的建立健全，落实章程实施。

第四节　场域选择：改善章程的实施环境

大学章程的实施受到各种环境因素影响。从外部看，政府在教育方面的"兴奋点""关注点"对高等教育影响非常大。大学章程的制定主要是在政府的大力推动下完成的，要落实章程实施，需要政府的持续性推动，通过出台支持政策、完善章程实施综合评价等进一步推动章程实施。从内部来看，章程功能实现过程中的路径依赖、配套性制度体系的完善与否等也对章程的实施有着重要的制约。此外，还要改善章程实施的文化环境。

一　通过政府的持续性推动增强章程实施的外部动力

我国大学章程执行属于政府主导的自上而下的形式，政府在章程建设中具有重要的作用。政府应通过相关政策支持、完善章程实施综合考评等措施持续性地推动章程实施，增强章程实施的外部动力，从而充分发挥章程的功能。

（一）强化监督与评价，助推章程功能实现

为建设现代大学制度，在政府的推动下高校纷纷出台本校章程。随着

---

① 国务院关于印发《统筹推进世界一流大学和一流学科建设总体方案的通知》。
② 国务院关于印发《统筹推进世界一流大学和一流学科建设总体方案的通知》。
③ 张磊、周湘林：《问责：大学章程制定实施的制度保障》，《河南社会科学》2013 年第 6 期。

《关于加快推进高等学校章程制定、核准与实施工作的通知》、《依法治教实施纲要》（2016—2020）等教育政策的出台与推进，我国大学章程建设从制定期进入实施和效果检验的新时期。为此，需要进一步强化政府对高校章程功能实现的监督，才能有效保证章程的实施。建立健全监督机制具体而言包括：

1. 建立多元的校外监督机制，重视政府监督与社会中介监督相结合。高校在章程的建设过程中缺乏主动性与积极性，主要是在外力推动下完成本校章程制定的，因而高校对于章程实施的内生性动力不足。外部监督机制是大学章程建设的重要外推力。一方面，政府和教育行政部门进一步对高校章程的合法性与合理性进行审查，指导高校调整与修改本校章程；同时对高校章程功能实现过程进行监管，助推章程功能实现。此外，引入社会中介组织或第三方机构对大学章程的科学性、执行力以及成效进行第三方监督，并定期向社会发布高校落实章程情况的动态报告，加强社会对高校及其章程建设的关注，从而激发高校内生性动力。

2. 完善章程的校内监督机制。首先，校内专项监督主体构成多元化。从监督主体来看，我们应当设立校内专门的章程功能实现监督部门，专门部门的设立本身即是对章程制度安排的具体执行在全校范围内落实章程功能的实现。同时，我们还要发挥教职工代表大会和学生代表大会等基层民主监督组织的作用，通过"双代会"对章程建设工作进行监督，从而保证教师和学生的民主监督权和话语权，维护自身依法依章所享有的权利。其次，校内专项监督程序操作化。一项完善的监督制度需要多元主体的监督形式，也有赖于明确和具体的监督程序，公正的法治秩序是正义的内在基本要求。① 程序创生制度的合法性与正当性，是"各种人权的守护者"。科学和规范的监督机制能保证行动主体的权利与利益，防止大学权力的滥用。完善的监督程序条款，既能提高章程制度本身的有效性，也能保证章程实践中的实施效果。

3. 启动大学章程功能实现效果评价机制。由政府委托第三方对章程的实施进行评估，推动高等教育综合改革和"双一流"建设，保障现代大学

---

① ［美］罗尔斯：《正义论》，何怀宏等译，中国社会科学出版社 1988 年版，第 82—83 页。

制度建设和高等教育内涵式发展。章程功能实现评价制度是指制定科学的评价标准并依据一定的程序对章程实施过程中的质量、效果等进行价值判断的活动。章程功能实现的评价机制旨在提高章程的实施效果、改善章程执行系统，保证章程功能实现。我国大学章程功能实现评价处于起步阶段，诸如大学章程功能实现评价的理论、原则、价值、评价指标体系的建立、评价程序和方法、评价结果的运用等问题还需要进一步地探讨。

（二）抓住改革机遇，推动章程落地

大学章程的实施要与高校改革中的重大和关键事件相联系，抓住改革机遇，推动章程落地。政府应当抓住高等教育发展中的核心、关键事件，从外围推动大学章程的实施。"双一流建设""全面深化教育领域综合改革"等是当前我国高等教育领域中的重大战略和发展规划，这也就成为了推动大学章程功能实现的新机会窗口和核心事件。"双一流"建设的落实离不开高等教育治理体系和治理能力的现代化，要以改革为动力，着力破除体制机制障碍，构建有利于高校科学发展的体制机制。从发展逻辑上看，"双一流"建设要以大学章程为依托，两者是共生共长的互动关系。即"双一流"建设为推动章程功能实现提供了新的机遇，而章程实施的探索成果与经验将促进"双一流"大学和学科的建设。

双一流建设强调学术自由、体制创新、开放活力。但是，由于传统计划和行政体制的影响，大学存在着学术行政化、体制机制固化等制度障碍。"行政化与资源的集中配置、计划任务要求、量化考核、行政管理手段等是共生的，甚至是一种相互依赖、相互强化的关系，它们集体构成了传统的路径依赖"，[①] 这些制约着"双一流"建设的有效开展。推进"双一流"建设就必须加大对学术研究和学术创新的保护，营造更加开放、充满活力的氛围，从而为原创性的学术产出和创新型人才培养提供制度保障，这也是对大学章程实施提出的急切呼唤。要着力加强大学学术自由的文化品格建设，把学术创新和人才培养作为检验章程建设实施效果的标准之一，同时丰富现代大学制度的内涵建设。总之，抓住"双一流"建设这一"新机会窗口"对推动章程功能实现具有重要意义。章程功能实现与"双一流"建设

---

① 王洪才：《"双一流"建设与传统路径依赖超越》，《高校教育管理》2017年第6期。

是事物的一体两面,只有加强章程建设,才能有效推进"双一流"建设。

二 实现路径创造突破原有制度的锁定与依赖

推进大学章程实施需要有意识地偏离对原有制度的路径依赖,打破具有固化力的惯性和锁定状态。大学章程作为现代大学制度的核心,实施过程中"有意识地偏离"是路径创造的核心思想,它强调路径创造主体的主动性和变革性,即能够清晰地意识到合理偏离的重要性,并付诸行动。"有意识地偏离"意味着组织中的主体,特别是决策者能够清晰地认识到何种情形应遵循或偏离。著名经济学家厉以宁谈发展模式转变时指出:"这是一个大问题,传统发展模式不会自动退出,要挤它,这样才能找到新发展方式。路径依赖在思想上已成为一个障碍。"[①] 因此,充分发挥大学章程功能就要有意识地偏离思想上的路径依赖。

高校的决策者要有意识地偏离组织中已存在但却是落后的制度体制、组织框架以及战略方案,采取创生性的能够帮助组织适应新的环境、提高高校运营效率的方案和举措。高校的高层决策者是实施大学章程路径突破的关键行动者,他们对大学所遵循的既有制度的挑战和突破起着关键性作用,他们要努力将各种变革阻力的影响降到最低。"有意识地偏离"也即管理者要从所嵌入的现存结构中挣脱出来,拥有发动集体的力量,并尽量克服在制度的路径创生过程中的负面情绪和惰性。[②] 面对高校原有不合理制度的惯性和锁定状态,高层管理者应当发挥制度创造的能力,突破现有路径的惯性,打破旧的制度和习俗,甚至是彻底废除某些制度和惯例。当然,路径创生并不意味着高校战略选择的不受限。相反,它是对固有组织文化和价值理念的有意偏离,它将嵌入共同创造并有意偏离的组织结构之中。

三 营造良好的文化环境助推章程实施

(一)大力营造循章治校的法治文化

我国大学的管理和办学活动长期受到"官本与人治"文化的影响,高

---

① 厉以宁:《摆脱路径依赖 在新思路指导下前进》,《中国经贸导刊》2018 年第 2 期。
② 李海东、林志扬:《组织结构变革中的路径依赖与路径创造机制研究——以联想集团为例》,《管理学报》2012 年第 8 期。

校管理者们缺乏法制意识，依法治校的理念尚未内化为行动者内部的自觉行动。官本位思想和人治的传统文化不利于我国形成依法治校、依章治校的文化氛围。因此，要提高章程的有效性就要在高校内部营造章程至上、循章治校的法治文化氛围。

大力营造循章治校的法治文化氛围就必须加强高校法治教育。在高校树立法律至上、章程至上、公平正义的基本理念。具体而言，章程一经核准并公布，政府应严格按照章程规定对高校进行管理与监督，既不越权也不疏于监管，维护章程权威；高校管理层应根据章程内容对学校进行治理，充分发挥章程校内"宪法"的功能，权力行使既不缺位又不越位；校内各组织机构按照自组织的原理依章程自主而有序运行；教职工和学生主动履行章程规定的各项义务，捍卫自身权利。广大教职工认真学法、学章，牢固树立法制意识和章程意识，自觉养成办事循章、遇事找章、解决问题和化解矛盾依据章程的法制思维。此外，我们还要树立学生为主的法治教育理念，创新法制教育方式和手段，增强学生的法制意识等。可见，我们要营造从内而外、从上至下的循章治校的氛围，通过章程文化建设提高行动者的认知和认同，形成政府与高校目标同向，校内各主体关系协调，内外行动一致的局面。

（二）坚守大学独特的文化

文化是一个民族的灵魂，文化创新是当代大学重要的使命。教育家夸美纽斯曾说："制度是学校一切工作的'灵魂'"。① 文化和制度都被学者称为大学之"灵魂"，表明制度与文化的天然关系。大学章程是一种制度，在本质上也是一种文化，它体现着大学的信念、品格和追求。因此，必须坚守大学固有的文化、保持大学独特的品格推进章程的实施。

坚守大学独特的文化就是坚守大学组织所固有的精神属性和气质。首先，要坚守崇尚学术的文化。崇尚学术是大学作为特殊社会组织的本质属性所决定的。大学是大师云集之地，大师是学术创造者和传承者。大学是培养优秀人才、研究高深学问的场所，是学校教育体系的最高层次，是研

---

① 陈泳华：《文化传承创新：完善现代大学制度之路径依赖》，《南京理工大学学报》（社会科学版）2012 年第 4 期。

究机构和高智力人才的聚集地，崇尚学术是大学的本质属性。其次，要坚守崇尚自由的文化。这里的自由主要是学术自由，包括教的自由和学的自由。发扬民主、崇尚自由是探究新知识和追求真理的学术氛围，也是突破创新、培育人才的保障和基础。学术自由就是维护学术研究人员免受非学术力量的干预，从而保持学术创新性、多样性和独立性。"教"的自由是指"教师在专业上拥有发现、探索、传授等的自由，这种自由不受武断的限制和干涉"；①"学"的自由是指学生怀疑、探讨、不赞同和提出批评的自由等。② 最后，要坚守追求卓越的文化。大学的创造力和活力是追求卓越文化的核心。纵观世界顶尖著名大学，办学的创造力和活力在于追求卓越的大学文化属性。

　　大学章程功能实现的重要任务就是张扬大学固有的文化属性，高扬人文精神，尊重"大学人"的主体地位，把先进的文化理念和组织特性作为章程的精神内核。遵循学术自由和大学的发展规律，突显学术品性，在章程实施中高扬"崇尚学术、追求真理、平等民主"的价值导向，维护大学固有精神品格。

　　总之，我国大学章程建设是一项庞大而又复杂的系统工程。章程建设不仅有共性问题也有个性问题；不仅有技术层面的问题也有理念的问题。章程功能的实现有利于保障高校办学自主权，完善治理结构，体现大学学术本位精神，彰显高校办学特色，实现民主管理，引领高校走内涵式可持续发展道路。大学章程功能的充分发挥需要高质量的文体和制度设计、良好的实施环境以及章程行动主体的共同推动。完善的章程制度设计是功能实现的基础；良好的环境特别是教育行政部门的持续性推动是章程功能实现的关键；行动主体的高度认同与执行是章程实施的内生动力。当然，大学章程建设是一个持续性的过程，随着我国教育领域综合改革的不断深化，章程也将不断完善并充分发挥其作用。

---

① 眭依凡：《论大学的观念理性》，《高等教育研究》2013 年第 1 期。
② 孙平：《高校去行政化命题之反思》，《教育与考试》2010 年第 9 期。

参考文献

一 中文文献

（一）著作

安宗林：《大学治理的法制框架构建研究》，北京大学出版社 2011 年版。

别敦荣：《中美大学学术管理》，华中理工大学出版社 2000 年版。

毕宪顺：《权力整合与体制创新——中国高等学校内部管理体制改革研究》，教育科学出版社 2006 年版。

陈学飞：《教育政策研究基础》，人民出版社 2011 年版。

陈学飞：《中国高等教育理论研究精论集》，中央编译出版社 2004 年版。

陈立鹏：《大学章程研究——理论与实践的探索》，北京师范大学出版社 2012 年版。

曹淑江：《教育制度和教育组织的经济学分析》，北京师范大学出版社 2007 年版。

陈廷柱等：《中国院校研究案例》，华中科技大学出版社 2018 年版。

丁学良：《什么是世界一流大学生》，北京大学出版社 2004 年版。

黄忠敬：《教育政策研究的多维视角》，教育科学出版社 2014 年版。

贾永堂：《大学素质教育：理论建构与实践审视》，华中科技大学出版社 2006 年版。

柯佑祥：《教育经济学》，华中科技大学出版社 2009 年版。

劳凯声：《教育政策与法律概论》，北京师范大学出版社 2015 年版。

劳凯声：《变革社会中的教育权与受教育权》，教育科学出版社 2003 年版。

李福华：《大学治理的理论基础与组织架构》，教育科学出版社 2008 年版。

李子江、张斌贤：《大学自由、自治与控制》，北京师范大学出版社 2005

年版。

林小英：《教育政策变迁中的策略空间》，北京大学出版社 2012 年版。

刘复兴：《教育政策的价值分析》，教育科学出版社 2003 年版。

刘复兴：《国外教育政策研究基本文献讲读》，北京大学出版社 2013 年版。

马陆亭、范文曜：《大学章程要素的国际比较》，教育科学出版社 2010 年版。

米俊魁：《大学章程价值研究》，中国海洋大学出版社 2006 年版。

闵维方：《高等教育运行机制研究》，人民教育出版社 2002 年版。

秦惠民：《走入教育法制的深处——论教育权的演变》，中国人民公安大学出版社 1998 年版。

申素平：《高等学校的公法人地位研究》，北京师范大学出版社 2010 年版。

眭依凡：《理性捍卫大学》，北京大学出版社 2013 年版。

石中英：《教育哲学》，北京师范大学出版社 2007 年版。

孙雪芬：《现代学校章程建设》，同济大学出版社 2007 年版。

史秋衡：《高等教育大众化阶段质量保障与评价体系研究》，广东高等教育出版社 2012 年版。

王洪才：《中国大学模式探索——中国特色的现代大学制度建构》，教育科学出版社 2013 年版。

王冀生：《大学理念在中国》，高等教育出版社 2008 年版。

文东茅：《走向公共教育：教育民营化的超越》，北京大学出版社 2008 年版。

辛鸣：《制度论——关于制度哲学的理论建构》，人民出版社 2005 年版。

尹力：《教育法学》，人民教育出版社 2015 年版。

余雅风：《构建高等教育公共性的法律保障机制》，北京师范大学出版社 2010 年版。

阎凤桥：《大学组织与治理》，同心出版社 2006 年版。

严文清：《中国大学治理结构研究》，人民出版社 2011 年版。

姚云：《美国高等教育法治研究》，山西教育出版社 2004 年版。

俞可平：《权力政治与公益政治》，社会科学文献出版社 2000 年版。

袁振国：《中国教育政策评论》，教育科学出版社 2005 年版。

袁方：《社会研究方法教程》，北京大学出版社 1997 年版。

湛中乐：《大学章程精选》，中国法制出版社 2010 年版。

湛中乐：《通过章程的大学治理》，中国法制出版社 2011 年版。

张楚廷：《高等教育哲学通论》，高等教育出版社 2010 年版。

张珏等：《中国义务教育公平推进实证研究》，教育科学出版社 2011 年版。

张国有：《大学理念、规则与大学治理》，北京大学出版社 2013 年版。

张华：《大学之合法性》，中国社会科学出版社 2010 年版。

张金辉：《大学章程的功能及其实现》，河北人民出版社 2011 年版。

张维迎：《大学的逻辑》，北京大学出版社 2004 年版。

张文显：《法哲学范畴研究》，中国政法大学出版社 2001 年版。

张应强：《大学的文化精神和使命》，安徽教育出版社 2008 年版。

尹晓敏：《利益相关者参与逻辑下的大学治理研究》，浙江大学出版社
　2010 年版。

周光礼：《教育与法律——中国教育关系的变革》，社会科学文献出版社
　2005 年版。

周光礼、周湘林：《中国高等教育评估体系有效性研究——基于社会问责
　的视角》，湖南人民出版社 2012 年版。

朱益明等：《中国教育改革 40 年：高中教育》，科学出版社 2019 年版。

朱家德：《权力的规制——大学章程的历史流变与当代形态》，中国社会科
　学出版社 2013 年版。

朱国华：《权力的文化逻辑》，上海三联书店 2004 年版。

邹晓红等：《大学章程研究》，吉林大学出版社 2013 年版。

［德］哈贝马斯：《交往行动理论》（第一卷），洪佩郁、蔺青译，重庆出
　版社 1994 年版。

［德］马克斯·韦伯：《经济与社会》（上），林荣远译，商务印书馆 1997
　年版。

［荷］弗兰斯·范富格特：《国家高等教育政策化比较研究》，王承绪译，
　浙江教育出版社 2001 年版。

［美］约瑟夫·W. 韦斯：《商业伦理利益相关分析与问题管理方法》（第 3
　版），符彩霞译，中国人民大学出版社 2005 年版。

［美］詹姆斯·N.罗西瑙:《没有政府的治理》,张胜军等译,江西人民出版社 2001 年版。

［美］约翰·罗尔斯:《正义论》,何怀宏等译,中国社会科学出版社 1988年版。

［美］伯尔曼:《法律与宗教》,梁治平译,商务印书馆 2012 年版。

［美］阿拉斯戴尔·麦金太尔:《谁之正义? 何种合理性?》,邓正来等译,当代中国出版社 1996 年版。

［美］E.博登海默:《法理学——法哲学及其方法》,邓正来等译,中国政法大学出版社 2004 年版。

［美］亨利·罗索夫斯基:《美国校园文化——学生、教授、管理》,谢宗仙等译,山东人民出版社 1996 年版。

［奥］凯尔森:《法与国家的一般理论》,沈宗灵译,中国大百科全书出版社 1996 年版。

［瑞典］汤姆·R.伯恩斯:《经济与社会变迁的结构化——行动者、制度与环境》,周长城等译,社会科学文献出版社 2010 年版。

［日］谷口安平:《程序的正义与诉讼》,王亚新等译,中国政法大学出版社 1996 年版。

［英］彼得·斯坦、约翰·香德:《西方社会的法律价值》,王献平译,中国人民公安大学出版社 1990 年版。

［英］丹宁勋爵:《法律的正当程序》,李克强等译,法律出版社 1999年版。

［英］迈克尔·夏托克:《成功大学的管理之道》,范怡红等译,北京大学出版社 2006 年版。

［英］哈特:《法律的概念》,张文显等译,中国大百科全书出版社 1996年版。

［美］艾尔·巴比:《社会研究方法》(第 11 版),邱泽奇译,华夏出版社 2009 年版。

［美］波斯纳:《法理学问题》,苏力译,中国政法大学出版社 1994 年版。

［英］罗素:《西方哲学史》(上、下),何兆武等译,商务印书馆 1963年版。

［美］马克斯·韦伯：《新教伦理与资本主义精神》，康乐等译，广西师范大学出版社 2010 年版。

［美］马克斯·韦伯：《马克斯·韦伯论经济与社会中的法律》，中国大百科全书出版社 1998 年版。

［美］普特南：《理性、真理与历史》，童世骏等译，上海译文出版社 1997 年版。

［美］伯恩鲍姆：《大学运行模式》，别敦荣译，中国海洋大学出版社 2003 年版。

［英］约翰·亨利·纽曼：《大学的理念》，高师宁等译，贵州教育出版社 2003 年版。

［美］埃伦伯格：《美国的大学治理》，沈文钦等译，北京大学出版社 2003 年版。

［英］罗纳德：《巴尼特》，蓝劲松主译，北京大学出版社 2012 年版。

［英］以赛亚·柏林：《自由论》，胡传胜译，译林出版社 2003 年版。

（二）论文

别敦荣：《论我国大学章程的属性》，《高等教育研究》2014 年第 2 期。

别敦荣：《现代大学制度的演变与特征》，《江苏高教》2017 年第 5 期。

别敦荣：《我国建设现代大学制度的实践探索与时代使命》，《高等工程教育研究》2017 年第 5 期。

鲍威、哈巍、闵维方、吴红斌、万蜓婷、邓尚律：《"985 工程"对中国高校国际学术影响力的驱动效应评估》，《教育研究》2017 年第 9 期。

陈立鹏、陶智：《美国大学章程特点分析》，《中国高等教育》2009 年第 9 期。

陈立鹏：《关于我国大学章程几个重要问题的探讨》，《中国高教研究》2008 年第 7 期。

陈国良：《面向未来科学谋划教育现代化》，《中国教育报》2017 年 6 月 8 日第 6 版。

曹淑江、尹若晨：《我国研究型大学激励机制的误区和解决对策》，《江苏高教》2012 年第 3 期。

曹淑江：《高等教育体制分权化改革的理论分析》，《浙江社会科学》2006

年第 1 期。

陈廷柱：《院系治理改革的路径选择及其系统化策略》，《中国高教研究》
2017 年第 1 期。

陈廷柱：《制定大学章程的理想目标是实现"一校一治"》，《苏州大学学
报》（教育科学版）2015 年第 4 期。

陈立荣、严俊俊：《大学章程：落实高校办学自主权的制度保障——对大
学章程制定主体的思考》，《现代教育科学》2009 年第 5 期。

陈敏：《我国现代大学章程的缘起与困境分析》，《现代教育科学》2007 年
第 7 期。

褚宏启：《教育法学的转折与重构》，《北京师范大学学报》（社会科学版）
2013 年第 5 期。

陈学敏：《关于大学章程的法律分析》，《武汉大学学报》（哲学社会科学
版）2008 年第 2 期。

丁琼：《大学章程研究综述》，《高校教育管理》2011 年第 5 期。

代慧慧：《我国大学章程的法律属性研究》，硕士学位论文，安徽大学，
2012 年。

樊俊飞：《大学自主权研究——以大学章程为依归》，硕士学位论文，西南
财经大学，2013 年。

段海峰：《大学章程的内涵探析》，《高等教育研究学报》2009 年第 2 期。

方芳：《大学章程制定中的困惑与路径突破——基于六所高校章程制定文
本的分析》，《复旦教育论坛》2014 年第 1 期。

方文晖：《当前大学章程制定主体论析》，《中国高教研究》2011 年第
9 期。

方文晖：《我国大学章程制定路径研究》，博士学位论文，南京大学，
2011 年。

郭建如：《社会学组织分析中的新老制度主义与教育研究》，《北京大学教
育评论》2008 年第 3 期。

高焕清：《互动中的行动者与系统力：我国县级政府政策执行研究——基
于 ASD 模型的分析框架》，博士学位论文，华中师范大学，2012 年。

顾寓康、房小琪、蔡煜庭：《试论大学章程的法律依据》，《法学教育研

究》2012 年第 2 期。

郭春发、孙宵兵：《大学章程制定中要认真对待学生的参与权》，《中国高教研究》2012 年第 11 期。

黄忠敬：《当代西方教育政策研究新进展：组织的视角》，《全球教育展望》2011 年第 11 期。

黄忠敬：《学校领导在教育政策过程中的角色》，《教育理论与实践》2010年第 16 期。

黄兴胜、舒刚波、翟刚学：《大学章程与大学内部治理——基于英国、意大利大学章程建设的考察报告》，《中国高教研究》2014 年第 1 期。

哈巍、占雯燕：《"985 工程"对高校本科生源的影响评估》，《北京大学教育评论》2018 年第 4 期。

韩双淼、钟周：《一流大学的国际化战略：一项战略地图分析》，《复旦教育论坛》2014 年第 2 期。

韩双淼、钟周：《大学战略地图的发展：一项比较研究》，《清华大学教育研究》2013 年第 4 期。

季凌燕、陆俊杰：《大学章程的历史生长逻辑与价值预期》，《教育学术月刊》2009 年第 7 期。

焦志勇：《论我国公立大学章程的地位和作用》，《山东科技大学学报》（社会科学版）2009 年第 4 期。

柯佑祥：《高等教育发展的国家特色审视》，《苏州大学学报》（教育科学版）2014 年第 1 期。

刘复兴：《大学治理与制度创新的逻辑起点》，《教育研究》2015 年第11 期。

贾永堂、罗华陶：《新中国高等教育发展道路的历史考察——基于后发展理论的分析》，《高等教育研究》2016 年第 5 期。

贾永堂、杨红旻：《改革开放以来高等教育分权模式的问题与治理》，《高等教育研究》2015 年第 3 期。

林小英：《中国教育政策过程中的策略空间：一个对政策变迁的解释框架》，《北京大学教育评论》2006 年第 4 期。

李立国：《大学治理的内涵与体系建设》，《大学教育科学》2015 年第

1 期。

李立国：《中国高等教育大众化发展模式的转变》，《清华大学教育研究》
2014 年第 1 期。

李福华：《利益相关者视野中大学的责任》，《高等教育研究》2007 年第
1 期。

李昕欣：《我国大学章程历史演进与内涵分析》，《辽宁教育研究》2006 年
第 11 期。

李洋、王辉：《利益相关者理论的动态发展与启示》，《现代财经》（天津
财经学院学报）2004 年第 7 期。

李永亮：《高等学校内部治理结构优化研究》，博士学位论文，山东大学，
2016 年。

刘刚：《中外大学章程内容要素的比较与启示》，《文教资料》2014 年第
5 期。

刘香菊、周光礼：《大学章程的法律透视》，《高教探索》2004 年第 3 期。

刘燕青：《英国大学章程的简要分析》，《科教导刊》2011 年第 3 期。

鲁晓泉：《我国高校学校章程及制定研究》，华东师范大学，2007 年。

马陆亭：《大学章程地位与要素的国际比较》，《教育研究》2009 年第
6 期。

米俊魁：《大学章程的价值研究》，硕士学位论文，华中科技大学，
2005 年。

秦惠民：《从渐进放权走向法治——对高教简政放权的趋势解读》，《探索
与争鸣》2017 年第 8 期。

秦惠民：《我国大学内部治理中的权力制衡与协调——对我国大学权力现
象的解析》，《中国高教研究》2009 年第 8 期。

秦惠民：《有关大学章程认识的若干问题》，《教育研究》2013 年第 2 期。

史秋衡、李玲玲：《大学章程的使命在于提高内生发展质量》，《教育研
究》2014 年第 7 期。

史秋衡、康敏：《我国高校分类设置管理的逻辑进程与制度建构》，《厦门
大学学报》（哲学社会科学版）2017 年第 6 期。

申素平：《对我国公立学校教师法律地位的思考》，《高等教育研究》2008

年第 9 期。

盛冰：《高等教育的治理：重构政府、高校、社会之间的关系》，《高等教育研究》2003 年第 2 期。

王洪才：《大学章程建设何以促进大学之治——兼评〈学术本位视域中的大学章程研究〉》，《现代教育管理》2017 年第 4 期。

王洪才、刘隽颖：《学术自由：现代大学制度的奠基石》，《复旦教育论坛》2016 年第 1 期。

王大泉：《我国高校章程建设的现状与路径》，《中国高等教育》2011 年第 9 期。

文东茅：《转制学校的合法性危机与重建》，《教育发展研究》2008 年第 7 期。

项贤明：《论教育改革与教育创新》，《高等教育研究》2007 年第 12 期。

肖金明、张强：《大学章程的框架体系、治理结构、制度要素与生成机制——基于十所高校章程的文本比较》，《河南财经政法大学学报》2012 年第 1 期。

熊丙奇：《大学章程制定办法的先天缺陷》，《教育与职业》2013 年第 31 期。

袁振国：《双优先：教育现代化的中国模式——为改革开放四十周年而作》，《华东师范大学学报》（教育科学版）2018 年第 4 期。

袁振国：《高等教育大众化之后需要怎样的质量观——大学变革的历史轨迹与启示之二》，《中国高等教育》2016 年第 Z3 期。

袁振国：《培养人才始终是大学的第一使命——大学变革的历史轨迹与启示之一》，《中国高等教育》2016 年第 Z2 期。

于丽娟、张卫良：《我国大学章程的现状及建设》，《江苏高教》2005 年第 6 期。

张珏：《加快教育现代化托举每个学习者的出彩人生》，《中国教育报》2018 年 9 月 25 日第 12 版。

张珏：《创新分类评价管理体系 促进高等学校差异化发展》，《中国高等教育》2018 年第 1 期。

朱益明、顾凤佳：《教育信息化发展的国际性政策及其特点》，《电化教育研究》2017 年第 8 期。

朱益明：《以国际化视野审视教育改革与发展》，《北京社会科学》2014 年第 7 期。

朱家德、周光礼：《权力的规则：大学章程的历史流变与当代形态》，《高等教育研究》2012 年第 6 期。

湛中乐、徐靖：《通过章程的现代大学治理》，《法制与社会发展》2010 年第 3 期。

周光礼、吴越：《我国高校专业设置政策六十年回顾与反思——基于历史制度主义的分析》，《高等工程教育研究》2009 年第 5 期。

周光礼：《从管理到治理：大学章程再定位》，《湖南师范大学教育科学学报》2014 年第 2 期。

周光礼：《学术与政治——高等教育治理的政治学分析》，《中国地质大学学报》（社会科学版）2011 年第 3 期。

张应强、蒋华林：《关于中国特色现代大学制度的理论认识》，《教育研究》2013 年第 11 期。

张应强：《我国院校研究的进展、问题与前景》，《高等教育研究》2011 年第 12 期。

二 外文文献

（一）著作

B. Guy Peters, *Institutional Theory in Political Science：The "New Institution" (second edition)*, London and New York：Continuum, 1999.

Clark kerr, *Troubled Times for American Higher Education：The 1990s and Beyond, SUNY series, Fronties in Education*, Albany, NY：SUNY Press, 1993.

Cowley, W. H., *Presidents Professor, and Trustees：The Evaluation of American Academic Government*, San Francisco：Jossey-Bass Publishers, 1980.

Charles, O. Jones, *An Introduction to the Study of Public*, Harcourt, 1984.

Edited by David Warner and David Palfreyman：Higher education management：The key elements, SRHE and open university Press, 1996.

Edited by Ted I-K-Youn and Patricia B-Murphy：Organizational studies in Higher

Euucation, Garland publishing, Inc, 1997.

Elinor Ostrom, *Governing the Commons: The Evo-lution of Institutions for Collective Action*, New York: Cambridge University Press, 1990.

Freeman, R. E. , *Strategic management: A stakeholder approach*, Boston: Pitman press, 1984.

Feldman, Martha, *Order without Design: Information Production and Policy Marking*, Brighton Sussex: Wheatsheal Books, 1984.

George Dennis O'Brien, *All the essential half-truths about higher education*, The University of Chicago press, 1998.

Goodnow, Frank J. , *Politics and Administration: A Study in Government*New York: Macmillan, 1990.

Fama, E. and Jansen, M. , "Seperation of Ownership and Control", *Journal of Law and Economics*, 1983 (26) .

Hemanta Doloi, "Assessing Stakeholders Influence on Social Performance of Infrastructure Projects", *Facilities*, 2012. (30) .

James Gmarch, *The Dynamics of Rules Change in Written Organizational Codes. Johnson Graduate School of Management*, Comell University press, 2010.

Jiirgen Habermas, *Theory of Communicative Action* (2*vols.*), T. Mc Carthy (trans.), Boston: Beacon Press, 1984, 1987.

Peter M. , *Blau: The Organization of Academic Work*, New Brunsick, New Jersey, 1994.

Peter Scott, *The Meanings of Mass Higher Education. Buckinggham*, Open University Press, 1995.

Roger Bowen, *Born Free but in Chains: Academic Freedom and Rights of Governance. Academe*, Washington Press, 2005.

See Michigan State University Bylaws for Academic Governance, Published by the Office of the Secretary for Academic Governance. 2007.

Sheldon Rothblatt and Bjorn Wittock, *The European and American University Since 1800: Historical and Sociological Essays*, New York: Cambridge University press, 1993

Sandra Tayor, Fazal Rizvi, Bob Lingard, Miriam Henry, *Education Policy and the Politics of Chang*, London and New York: Routledge, 1997.

Turiel, E. , *The Culture of Morality: Social Development, Context, and Conflict*, Cambridge, England: Cambridge University Press, 2002.

The Myth the University: Ideal and Reality in the Education, Paul Shore University Press of American, Inc, 1992.

Williamson, *Markets and Hierarchies: Analysis and Antitrust Implications*, New York: Free Press, 1975.

William K. Cummings, *The Service University: in Comparative Perspective*, Remarks Presented at Beijing Normal University, 2001.

（二）论文

Baumgartner, T. W. Buckley, and T. R. Burns, "Meta-power and Relational Control in Social Life. Social Science Information", 1975.

Burns, T. R. , and P. DeVille, "The Three Faces of the Coin: A Socio-economic Approach to the Institution of Money", *European Journal of Economic and Social Systems*, 2003.

Burns, T. R. , "Revolution: An Evolutionary Perspective", *International Sociology*, 2001.

Burns, T. R. , T. Deitz and F. H. Buttel, "Evolutional Theory in Sociology An Examination of Current Thinking", *Sociolical Forum*, 1990.

Burns, T. R. and T. Deitz, " 'Cultural Evolution Social rule Systme, Selection, and Human Agency' Social rule Systme, Selection, and International Sociology", *Sociolical Forum*, 1992.

Cochran, P. Wartick, S. , "Corporate governance—A review of literature, International Corporate Governance", *Prentice Ball*, 1994, 8.

Claricson M. B. E. , "A Stakeholder Framework for Analyziig and Evaluatiig Corporate Social Performance", *Academy of Management Reuieo*, 1995.

David K. Cohen. James P. Spillane, "The Relation between Government and Instruction", *Review of Research in Education*, 1992 (18) .

Geoffrey Crossick, "Journals in the Arts and Humanities: their Role in Evaluation", *Journals in the Arts and Humanities*, 2007 (20).

Paul Burstein, "Why Estimates of the Impact of Public Opinion on Public Policy are Too High: Empirical and Theoretical Implicatio", *Social Forces*, 2006. 84.

Ronal Brunner, "The Policy Movement as a Policy Problem", *Policy Science*, 1991 (1).

Stephen, "Heimans Education Policy, Practice, and Power", *Educational Policy*, 2012 (3).

T. B. Smith, "The Policy Implementation Process", *Policy Science*, 1973, (2).

Warren C. Hope, Pigford, Aretha. B., "The Principal's Role in Educational Policy Implementation", *Contemporary Education*, 2001 (1).

Wallner, Jennifer, "Legitimacy and Public Policy: Seeing Beyond Effectiveness, Efficiency, and Performance", *Policy Studies Jorunal*, 2007 (3).